Donau-Radweg 2

Von Passau nach Wien

RADTOURENBUCH

Esterbauer

bikeline®-Radtourenbuch Donau-Radweg 2

Hartlgasse 41
A-1200 Wien

7. Auflage 1995

ISBN 3-900869-51-0

Dank an alle, die uns bei der Erstellung dieses Buches tatkräftig unterstützt haben.
Das *bikeline*-Team: Birgit Albrecht, Sándor Bekesi, Herwig Bindar, Ernst Böck, Brigitte Dieplinger, Roland Esterbauer, Armin Hanschitz, Sybille Hantasch, Christiane Hintermann, Wolfgang Krivanec, Claudia Orthofer, Gerhard Stany, Matthias Thal.
Bildnachweis: S. 17 (Schlögener Schlinge), S. 49 (St. Nikola im Strudengau): Donauregion Oberösterreich; S. 79 (Weißenkirchen in der Wachau), Titel (Dürnstein): Archiv.
Kartengrundlage vervielfältigt mit Genehmigung des Bundesamtes für Eich- und Vermessungswesen (Landesaufnahme) in Wien, Zl. L 70 327/94. Stadtplan Wien: © Freytag-Berndt u. Artaria, 1071 Wien
bikeline® ist eingetragenes Warenzeichen; Einband gesetzlich geschützt. Umschlaggestaltung: Schatzl's

Was ist bikeline?

Wir sind ein junges Team von aktiven Radfahrer/innen, die vor sieben Jahren begonnen haben, Radkarten und Radbücher zu produzieren. Heute tun wir dies als Verlag mit großem Erfolg.

Um unsere Bücher immer auf dem letzten Stand zu halten, brauchen wir auch Ihre Hilfe. Schreiben Sie uns, wenn Sie Fehler oder Änderungen entdeckt haben. Oder teilen Sie uns einfach die Erfahrungen und Eindrücke von Ihrer Radtour mit.

Wir freuen uns auf Ihren Brief,

Ihr bikeline-Team

Vorwort

Der Donauradweg zwischen Passau und Wien gilt als die bekannteste und beliebteste Radroute Europas. Und das mit gutem Grund: Denn in kaum einem anderen Abschnitt der Donau begegnen Sie einer solchen Vielfalt an Landschaften und Kulturen, einer solchen Dichte an historischen Zeugnissen. Naturstille Täler, fruchtbare Ebenen und steile Weinterrassen wechseln einander ab, schmucke Bauernhöfe stehen neben pompösen Stiften. Die Schlögener Donauschlinge, Stift Melk, die Wachau sind die Aushängeschilder der rund 350 Kilometer langen Route. Auf gut ausgebauten Radwegen und ruhigen Landstraßen können Radtouristen außerdem das Gefühl haben, im Mittelpunkt zu stehen.

Dieses Radtourenbuch enthält die wichtigsten Informationen, die Sie für Ihren Radurlaub benötigen: präzise Landkarten, genaue Routenbeschreibungen, Angabe der Sehenswürdigkeiten, ein umfassendes Übernachtungsverzeichnis sowie Wissenswertes über Land und Kultur.

Inhalt

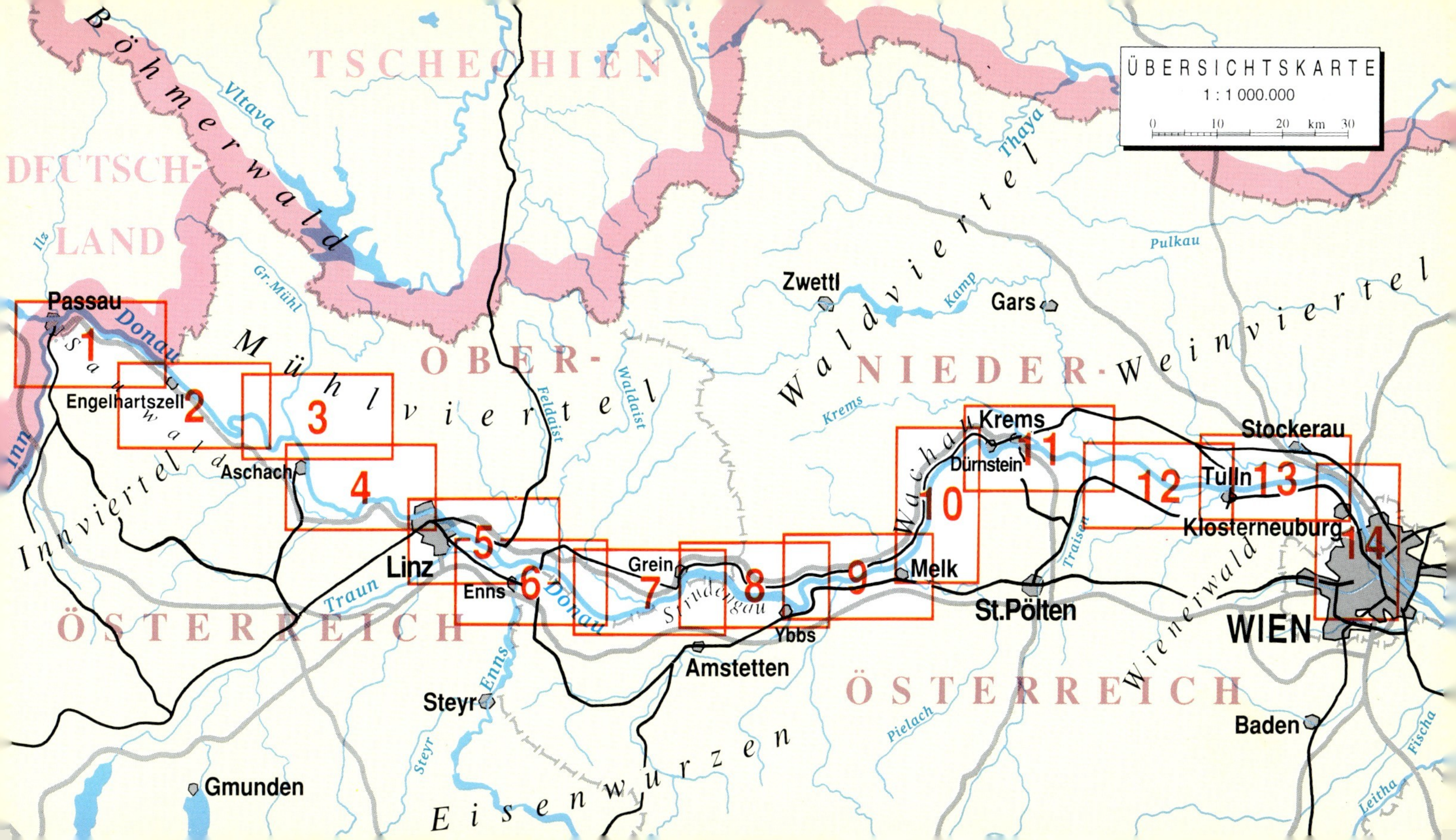
ÜBERSICHTSKARTE
1 : 1 000.000
0 10 20 km 30
TSCHECHIEN
DEUTSCH-
LAND
Böhmerwald
Vltava
Thaya
Ilz
Gr.Mühl
Passau
Donau
Inn
Sauwald
Mühlviertel
Engelhartszell
Aschach
Innviertel
OBER-
ÖSTERREICH
Feldaist
Waldaist
Linz
Traun
Enns
Grein
Strudengau
Ybbs
Amstetten
Steyr
Gmunden
Eisenwurzen
Zwettl
Kamp
Gars
Waldviertel
Pulkau
Krems
NIEDER-
Weinviertel
Wachau
Dürnstein
Melk
St.Pölten
Traisen
Pielach
Stockerau
Tulln
Klosterneuburg
WIEN
Wienerwald
ÖSTERREICH
Baden
Fischa
Leitha
1
2
3
4
5
6
7
8
9
10
11
12
13
14

Legende

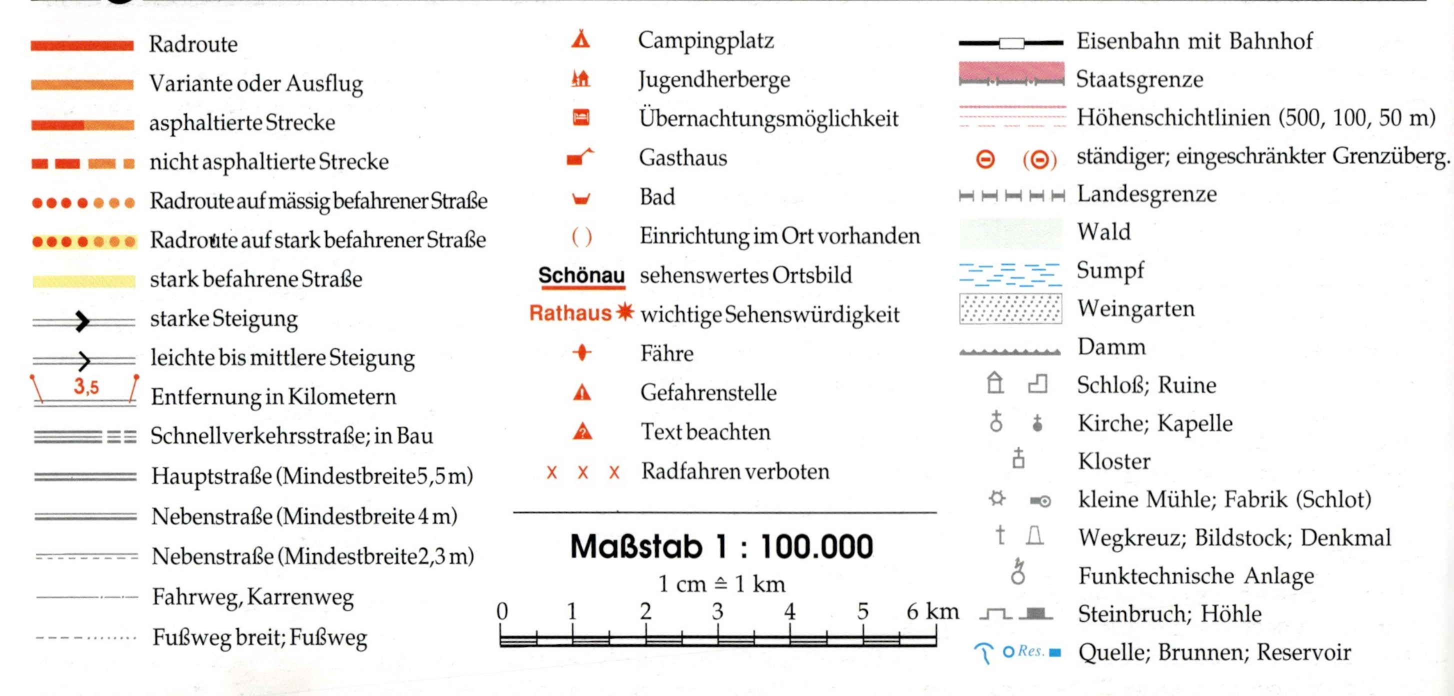

Radroute
Variante oder Ausflug
asphaltierte Strecke
nicht asphaltierte Strecke
Radroute auf mässig befahrener Straße
Radroute auf stark befahrener Straße
stark befahrene Straße
starke Steigung
leichte bis mittlere Steigung
3,5
Entfernung in Kilometern
Schnellverkehrsstraße; in Bau
Hauptstraße (Mindestbreite 5,5 m)
Nebenstraße (Mindestbreite 4 m)
Nebenstraße (Mindestbreite 2,3 m)
Fahrweg, Karrenweg
Fußweg breit; Fußweg
Campingplatz
Jugendherberge
Übernachtungsmöglichkeit
Gasthaus
Bad
Einrichtung im Ort vorhanden
Schönau
sehenswertes Ortsbild
Rathaus
wichtige Sehenswürdigkeit
Fähre
Gefahrenstelle
Text beachten
x x x
Radfahren verboten
Maßstab 1 : 100.000
1 cm ≙ 1 km
0 1 2 3 4 5 6 km
Eisenbahn mit Bahnhof
Staatsgrenze
Höhenschichtlinien (500, 100, 50 m)
ständiger; eingeschränkter Grenzüberg.
Landesgrenze
Wald
Sumpf
Weingarten
Damm
Schloß; Ruine
Kirche; Kapelle
Kloster
kleine Mühle; Fabrik (Schlot)
Wegkreuz; Bildstock; Denkmal
Funktechnische Anlage
Steinbruch; Höhle
Res.
Quelle; Brunnen; Reservoir

Einleitung

Der Donauradweg hat sich im letzten Jahrzehnt zum wichtigsten Radfernweg Europas entwickelt. Grund dafür waren in erster Linie die landschaftliche Schönheit des Donautals sowie der kulturelle und historische Reichtum, der hier anzutreffen ist. Solche Besucherströme sind aber ohne gute Infrastruktur und dazugehöriges Serviceangebot nicht möglich. Dies bedeutet im Falle des Donauradweges gut ausgebaute, beschilderte Radwege und mannigfaltige Dienstleistungen, die sich an den Bedürfnissen von Radreisenden orientieren. Im folgenden sind einige praktische Hinweise zur Handhabung des Buches und zur Erleichterung der Vorbereitungen für die Tour angeführt.

Karten

Einen Überblick über die geographische Lage des Donauradweges gibt Ihnen die Übersichtskarte in Maßstab 1 : 1,250.000 auf Seite 5. Hier sehen Sie auch die Blattschnitte der einzelnen Detailkarten. Diese Detailkarten sind auf der Basis von amtlichen topographischen Karten im Maßstab 1 : 100.000 erstellt. Dies bedeutet, daß 1 Zentimeter auf der Karte einer Strecke von 1 Kilometer in der Realität entspricht. Zusätzlich zum genauen Routenverlauf informieren die Karten auch über die Beschaffenheit des Weges, Steigungen, Entfernungen sowie über kulturelle und touristische Einrichtungen.

Allerdings können selbst die genauesten Karten den Blick in den Routentext nicht immer ersetzen. Beachten Sie, daß die empfohlene Hauptroute immer in Rot, hingegen Varianten und Ausflüge in Orange dargestellt sind. Die genaue Bedeutung der einzelnen Symbole wird in der Legende auf Seite 6 erläutert.

Text

Der Textteil besteht im wesentlichen aus der genauen Routenbeschreibung, welche die empfohlene Hauptroute flußabwärts beinhaltet. Unterbrochen wird dieser Text gegebenenfalls durch Absätze, in einer kleineren Schrift gesetzt, die Varianten und Ausflüge behandeln. Ferner sind alle wichtigen Orte zur besseren Orientierung aus dem Text hervorgehoben. Gibt es interessante Sehenswürdigkeiten in einem Ort, so finden Sie unter dem Ortsbalken die jeweiligen Adressen, Telefonnummern und Öffnungszeiten. Folgende Symbole werden dabei verwendet:

- Tourist-Information
- Schiff und Fähre
- Museum
- Sehenswertes Bauwerk
- Ausgrabung
- Tierpark, Zoo
- Garten, Naturpark
- Sonstiges

Die Beschreibung größerer Orte sowie historisch, kulturell und naturkundlich in-

teressanter Gegebenheiten entlang der Route tragen weiters zu einem abgerundeten Reiseerlebnis bei. Diese Textblöcke sind kursiv gesetzt und unterscheiden sich dadurch optisch vom eigentlichen Routentext.

Rad & Bahn

Am Hauptbahnhof von Passau halten alle Züge, die zwischen Wien und Frankfurt verkehren, die **Anreise** zum Tourbeginn läßt sich also mit der Bahn gut bewerkstelligen. Entlang der Donau sind Schnellzugstrecken zwischen Linz und Melk sowie zwischen Tulln und Wien vorhanden. Keine Möglichkeit zum Umstieg auf die Bahn bietet das Donautal von Passau bis Linz.

Die Österreichischen und die Deutschen Bundesbahnen haben einige **Züge speziell für Radfahrer** eingerichtet, diese sind in den Fahrplänen mit einem 🚲 gekennzeichnet. In Österreich bedeutet (🚲) Sperrzeiten, zu denen keine Fahrräder mitgenommen werden dürfen. In den Zügen müssen Sie Ihr Fahrrad selbst ein-, um- und ausladen. Eine Fahrradkarte kostet in Deutschland DM 8,60 (Reisegruppen ab 6 Personen DM 5,40), bei Entfernungen unter 100 Kilometern und in Zügen des Nahverkehrs beträgt der Preis DM 5,40. In Österreich bezahlen Sie für eine Fahrradtransportkarte öS 30,– bzw. öS 15,–, wenn Sie ein Umweltticket besitzen.

Da gerade am Donauradweg sehr viele Radfahrer unterwegs sind, ist es vor allem für Gruppen empfehlenswert, eine Platzreservierung vorzunehmen. Denn in den Zügen werden Fahrräder nur im Rahmen des verfügbaren Laderaumes befördert.

Wenn Sie mit dem Zug nach Passau anreisen, können Sie Ihr Fahrrad gegen Vorlage Ihres Fahrscheines auch als **Reisegepäck** aufgeben. In Deutschland wird das Fahrrad von zu Hause abgeholt, verpackt und zum Zielort transportiert, dies kostet DM 46,–. In Österreich bezahlen Sie für den Transport öS 70,–, ohne zusätzlichen Service. Sie sollten aber Ihr Fahrrad einige Tage vor Antritt der Reise zum Zielbahnhof voraussenden.

Rad-Tramper: Dieser spezielle Zug der ÖBB führt adaptierte Waggons mit Fahrradständern und fährt in Wien/Franz-Josefs-Bahnhof um 9.19 Uhr ab und erreicht Passau über St. Pölten, Linz und Wels um 14.45 Uhr (29. Mai bis 19. Juni und 9. Sept. bis 25. Sept. Fr–So, 24. Juni bis 4. Sept. täglich). Vorsichtshalber sollten Sie sich aber 1 Tag vor der Rückfahrt aus Wien um den Rücktransport der Fahrräder kümmern.

Radverleih am Bahnhof

Entlang der Donau sind folgende Bahnhöfe ganzjährig mit Leihfahrrädern ausgestattet:

Passau Hauptbahnhof, ☎ 0851/5304-397
Linz Hauptbahnhof, ☎ 0732/1700 oder 56411-3459
Mühlkreisbahnhof **Linz-Urfahr**, ☎ 0732/56411-5010
Mauthausen, ☎ 07238/2207
Enns, ☎ 07223/2133
Grein/Bad-Kreuzen, ☎ 07268/334
Ybbs/Donau, ☎ 07412/2600
Pöchlarn, ☎ 02757/7301-385

Melk, ☎ 02752/2321
Spitz, ☎ 02713/2220
Krems, ☎ 02732/82536-357
Tulln, ☎ 02272/24380
Stockerau, ☎ 02266/62721-0
Korneuburg, ☎ 02262/2467-0
Klosterneuburg-Weidling, ☎ 02243/2073
Wien Westbahnhof, ☎ 0222/5800-32985
Wien Südbahnhof, ☎ 0222/5800-35886

Der Mietpreis beträgt pro Tag für ein Tourenrad öS 90,–/DM 13,– (bei Anreise mit der Bahn öS 45,–/DM 9,–), erforderlich ist dazu ein Lichtbildausweis. Das gemietete Rad kann in Österreich bei jedem besetzten ÖBB-Bahnhof zurückgegeben werden. In Österreich besteht außerdem für Gruppen die Möglichkeit, einen mobilen Fahrradverleih für jeden Bahnhof zu bestellen.

Rad & Schiff

Das Reisen mit dem Schiff stellt eine reizvolle Ergänzung zur Radtour dar. Die **DDSG** (Donau-Dampfschiffahrtsgesellschaft) bedient die Strecke zwischen Passau und Wien. Die Schiffe fahren in der Haupt- und Nachsaison täglich, zwischen Passau und Linz auch in der Vorsaison von Donnerstag bis Sonntag. Die Mitnahme von Fahrrädern kostet öS 35,–/DM 5,–, bei Gruppen ist Voranmeldung notwendig. Die DDSG verleiht an Passagiere Fahrräder zum Preis von öS 35,–, jeder weitere Tag kostet öS 70,– (ohne Schiffahrt öS 150,–). Auskunft: Wien, ☎ 0222/72750-451.

Zwischen Passau und Linz verkehren außerdem Linienschiffe der Schiffahrtsgesellschaft **Wurm + Köck**, und zwar vom 2. April bis 23. Oktober. Die Beförderung von Fahrrädern ist gratis, aber zwischen den Orten innerhalb Österreichs nicht möglich. Auskunft: Passau ☎ 0851/929292.

Nähere Informationen über Donaureisen mit dem Schiff und örtliche Unternehmen finden Sie im jeweiligen Datenblock.

Rad & Bus

Auf folgenden Linien in der Donauregion können Sie das Fahrrad in Bundesbussen mitführen: Linie 2006 Passau-Linz, Linie 2146 Aschach-Linz, Linie 2202 Grein-Perg, Linie 2216 Grein-Amstetten. Generell nehmen die Busse 5-7 Fahrräder mit. Bei größeren Gruppen ist eine Vorbestellung eines Radanhängers (bis 20 Fahrräder) möglich. Information: Linz ☎ 0732/1671.

Wichtige Adressen

Für weitere Informationen wenden Sie sich an regionale Tourismusverbände:
Tourismuswerbegemeinschaft Oberes Donautal, Engelhartszell ☎ 07717/8055-0
Oberösterreich Touristik, Schillerstr. 50, 4021 Linz, ☎ 0732/663024
Landesverband für Tourismus in Oberösterreich, Linz ☎ 0732/600221-242
Tourismusregion Mühlviertel, Linz ☎ 0732/235020
Werbegemeinschaft Donauland-Strudengau, Grein ☎ 07268/7290
Tourismusverband Tullner Donauraum, Tulln, ☎ 02272/5836

Internationale Vorwahlen

Österreich–Deutschland 0049
Deutschland–Österreich 0043

Deutschland–Wien 00431
Österreich–Wien 0222

Beschilderung

Die Orientierung am Donauradweg wird durchgehend durch spezielle Wegweiser erleichtert, was jedoch nicht ausschließt, daß hie und da ein Radschild fehlt oder verdreht wurde.

Die Radwege sind in Ober- und Niederösterreich mit grünen, rechteckigen Schildern versehen. Der Donauradweg ist in den meisten Fällen als solcher namentlich gekennzeichnet. An diesen schließen regionale Radwanderwege an. Ausflüge und Varianten folgen zum Teil solchen Beschilderungen, im Text wird darauf ausdrücklich hingewiesen.

Rad & Info

Entlang des Donauradweges sind speziell für Radtouristen Informationsstellen eingerichtet worden. Sie geben Auskunft über das touristische Angebot und die Sehenswürdigkeiten einer Region und vermitteln auch Unterkünfte. In folgenden Orten (oft neben einem Kraftwerk) sind derzeit solche Radstationen zu finden: Passau (Hauptbahnhof), Engelhartszell (Freibad), Jochenstein, Kramesau, Aschach, Mauthausen und Mitterkirchen.

Tourenplanung

Die Beschreibung des insgesamt 324 Kilometer langen Donauradweges erfolgt in diesem Buch in der Flußrichtung, das heißt, von West nach Ost. Einerseits nutzen Sie auf diese Weise die Hauptwindrichtung und das – wenn auch geringe – Gefälle der Donau, andererseits mag das für viele „fahrpsychologisch“ einfach die bevorzugte Fahrtrichtung sein.

Der Donauradweg verläuft zum größten Teil auf beiden Ufern und ist ohne Unterscheidung als solcher ausgeschildert. Die in diesem Buch empfohlene Hauptroute soll Ihnen die Wahl erleichtern und stellt die jeweils bessere Kombination von Radweg, touristischem Angebot und Vorankommen dar.

Die Bezeichnung linkes und rechtes Ufer ist stets in Flußrichtung gemeint. Die Zählung der Flußkilometer erfolgt an der Donau – im Gegensatz zu anderen großen Flüssen – von der Mündung aufwärts. Zur leichteren Orientierung sind hinter den Ortsnamen die jeweiligen Stromkilometer angegeben (z. B. Passau **≈km 2226** oder Wien **≈km 1929**).

Die Einteilung in drei Abschnitte dient mehr der großräumigen Orientierung und bezieht sich nicht unbedingt auf Tagesetappen. Wenn Sie auch Museumsbesuche und Badestopps in die Reise einplanen, sollten Sie für die Tour mit mindestens einer Woche rechnen. Im Buch stehen kürzere und längere Ausflüge ins Umland zur Auswahl, wodurch sich der Donauradweg je nach Lust und Interesse optimal ergänzen läßt.

Sollten Sie sich einmal bezüglich Routenlänge verplant haben, so stehen Ihnen für den Notfall im ersten Abschnitt regionale **Fahrradtaxi-Unternehmen** zur Verfügung. Die Telefonnummern finden Sie jeweils im Datenblock.

ALLE WEGE FÜHREN IN DIE AK

Die Experten der Arbeiterkammer beraten Sie in vier Beratungsstellen in ganz Wien. Sie bieten Rat und Hilfe

- ☐ in arbeitsrechtlichen Angelegenheiten (zum Beispiel Urlaubsrecht, Kündigungsrecht, Mutterschutz und Jugendschutz)

- ☐ in sozialversicherungsrechtlichen Angelegenheiten (zum Beispiel Krankenversicherung, Pensionsversicherung)

- ☐ in Bildungsfragen

Die jeweiligen Beratungszeiten und Beratungsangebote erfragen Sie bitte telefonisch!

Floridsdorf
Ottakring
AK-Zentrale
Liesing

AK die richtige Adresse, wenn es um Ihr Recht im Betrieb geht!

Kammer für Arbeiter und Angestellte für Wien (Zentrale)
1040 Wien, Prinz-Eugen-Straße 20–22,
Telefon: 501 65-0

AK Informations- u. Beratungsstelle Ottakring
1160 Wien, Thaliastraße 75,
Telefon: 492 41 35

AK Informations- u. Beratungsstelle Floridsdorf
1210 Wien, Prager Straße 31,
Telefon: 30 69 20 oder 38 76 73

AK Informations- u. Beratungsstelle Liesing
1235 Wien, Perchtoldsdorfer Straße 1,
Telefon: **86 59 366** oder 865 21 42

Übernachtung

Infolge des lebhaften (Rad-)Tourismus in der Donauregion können in der Hochsaison die Gasthöfe und Hotels in manchen Abschnitten ausgebucht sein. Das gilt vor allem für das relativ dünn besiedelte Donautal zwischen Passau und Aschach. Deshalb haben sich manche Beherbergungsbetriebe abseits der Donau hier und im Nibelungengau zwischen Ybbs und Melk darauf eingestellt, Radtouristen vom Radweg abzuholen. Insgesamt empfiehlt es sich, die Unterkunft der nächsten Etappe in den Sommermonaten 1 bis 2 Tage im voraus telefonisch zu sichern. Auf den letzten Seiten dieses Radtourenbuches finden Sie ein umfassendes Verzeichnis mit Hotels, Gasthöfen, Pensionen, Privatquartieren, Bauernhöfen, aber auch Jugendherbergen und Campingplätzen, das Ihnen bei der Zimmersuche wertvolle Dienste leisten kann.

Reisezeit

Wegen der großen Beliebtheit des Donauradweges ist in der Hochsaison im Sommer mit regem Radverkehr vor allem auf der Hauptroute zu rechnen.

Das Donautal unterliegt zumeist dem Einfluß von atlantischen Großwetterlagen, das Windaufkommen kann sich durch die West-Ost-Tallage der Donau noch verstärken. Das verheißt für Sie auf der Fahrtrichtung nach Osten angenehmen Rückenwind, schließt aber gelegentlich Tage anhaltender Ostwinde nicht aus. Weiter östlich nimmt teilweise schon kontinental-pannonisches Klima Einfluß auf das Wetter, was auch stabilere Schönwetterperioden ermöglicht.

Wenn Sie in Hinblick auf zu erwartende Windverhältnisse während der Reise sichergehen wollen, informieren Sie sich beim **Wetterdienst** der Zentralanstalt für Meteorologie in Wien (☎ 0222/365670-2310).

Kinder und Radwandern

Der Donauradweg zeichnet sich unter anderem dadurch aus, daß er fast zur Gänze auf asphaltierten Wegen verläuft und so gut wie keine Steigungen aufweist. Außerdem fahren Sie auf jener Strecke, die in diesem Buch für die Hauptroute ausgewählt wurde, auf Radwegen oder auf verkehrsarmen Landstraßen. Eine Ausnahme stellt derzeit der Bereich zwischen Passau und Obernzell dar, wo der Radweg erst ab Mitte 1995 fertiggestellt wird. Die Hauptroute ist daher für Kinder ab 12 Jahren ohne weiteres zu empfehlen.

Für Kinder unter 12 Jahren sind folgende Etappen nur mit Einschränkung geeignet: Schlögener Schlinge und Strudengau (Anrainerverkehr auf schmaler Straße), zwischen Wallsee und Ardagger-Markt (Landstraße), Wachau (schmaler Zweirichtungsradweg entlang der Bundesstraße).

Grundsätzlich gilt: Überschätzen Sie die Ausdauer der Kinder nicht, planen Sie auch die Möglichkeit ein, eine Strecke einmal mit einer Zug- oder Schiffahrt zurückzulegen. Kinder bewältigen je nach Sportlichkeit durchaus Etappen zwischen 30 und 50 Kilometern. Bedenken Sie aber, daß Kinder sich nicht stundenlang auf verkehrsgerechtes Fahren konzentrieren können. Wählen Sie vorrangig Radwege und schwach befahrene Straßen. Das Kinderfahrrad sollte, um unnötige Mühsal zu ersparen, in der Qualität zumindest dem Standard Ihres eigenen Rades entsprechen.

Das Rad für die Tour

Der Donauradweg ist praktisch mit jedem funktionstüchtigen Fahrrad zu bewältigen, denn die Route enthält keine Steigungen und verläuft durchwegs auf gut asphaltierten Wegen. Ein Fahrrad mit Schaltung empfiehlt sich nur bei manchen Ausflügen, die aus dem Donautal hinausführen, wie zum Beispiel ins Mühlviertel oder nach Klam. Den besten Reisekomfort bieten jedenfalls Tourenräder und Trekkingbikes, die auf langen, ebenen Strecken das beste Verhältnis zwischen Geschwindigkeit und Robustheit herstellen.

Ob also Waffenrad oder Rennrad, selbst das beste Gerät wird während einer langen Reise nicht immer von Pannen verschont und braucht auch Pflege. Es lohnt sich daher, eine Grundausrüstung an Werkzeug und Zubehör mitzunehmen.

Bekleidung

Zum Spaß am Radfahren trägt auch die Beschaffenheit der Kleidung bei. Für die Unterwäsche eignen sich die sogenannten Zweischichtmaterialien am besten: innen eine Kunstfaser, die den Schweiß von der Haut wegführt, und außen eine spezielle Baumwoll- oder Wollschicht, welche die Feuchtigkeit aufnimmt und verdunsten läßt. An kalten oder feuchten Tagen tragen Sie eine zusätzliche äußere Schicht, die Wind und Regen nicht durchläßt (Gore-Tex).

Wichtig sind auch Handschuhe, die im Falle eines Sturzes schützen und einen festen Griff an der Lenkstange ermöglichen, Brillen gegen Sonne und Insekten (Auwald!) sowie bequeme Radhosen mit Innenleder.

Radfahren in Wien

Wiener Radwege haben, wie Sie sehen werden, so ihre Eigenart, und die Autofahrer fühlen sich immer noch zu oft als die Könige der Straße. Daher seien hier die wichtigsten Regelungen erwähnt.

Bei Radwegende oder beim Verlassen einer sogenannten Radfahranlage (Radweg, Radstreifen, Mehrzweckstreifen, Radfahrerüberfahrt) haben Radfahrer Nachrang. Auf Radfahrerüberfahrten (Blockmarkierung auf dem Boden) haben Pedalritter Vorfahrt, dürfen aber nicht schneller als 10 km/h fahren. Radfahren gegen die Einbahn ist nur dann erlaubt, wenn dies ausdrücklich angegeben ist. In der Wiener Fußgängerzone herrscht für Radfahrer derzeit Fahrverbot.

Literaturtips

Für jene, die gerne mehr über die Donau wissen wollen, seien hier ein paar Bücher empfohlen: **Kultur und Freizeit im Donautal**. Zwischen Passau und Grein, Reinhold Tauber, Landesverlag, Linz 1994. **Literaturreisen. Die Donau von Passau bis Wien** , Susanne Schaber, Klett Verlag, Stuttgart 1993.

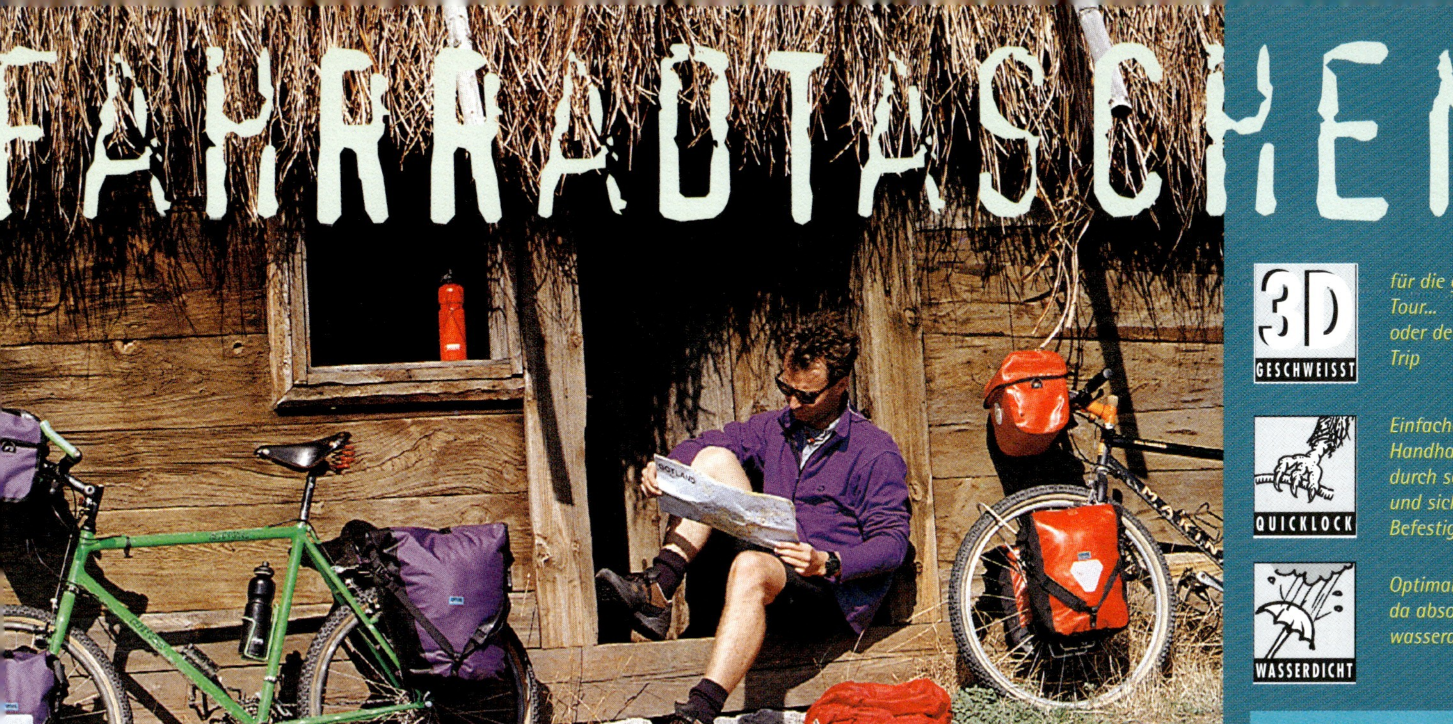
FAHRRADTASCHEN
3D GESCHWEISST
für die große Tour... oder den kleinen Trip
QUICKLOCK
Einfache Handhabung durch schnelle und sichere Befestigung
WASSERDICHT
Optimaler Schutz, da absolut wasserdicht!
ORTLIEB®
OUTDOOR-EQUIPMENT
Händlernachweis für D Fachhandel · A Techno Trade-Guni GmbH, Wels · Tel.: +43-7242-66285 · Fax: 6628511 CH EXPED AG, Zürich · Tel: +41-1-4933300 · Fax 4935881

Von Passau nach Linz 98 km

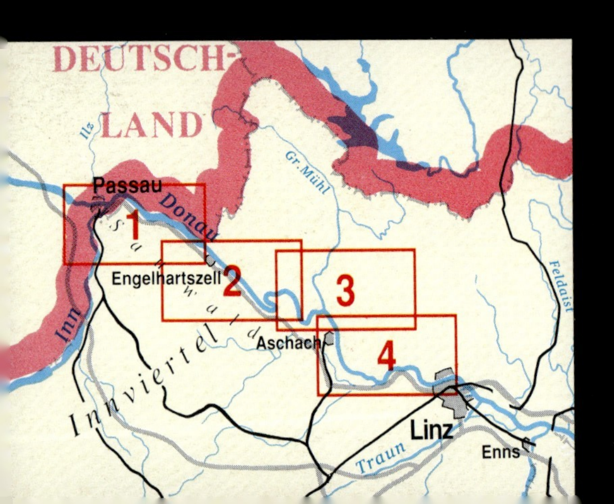

Nach der bayerischen Dreiflüssestadt fließt die Donau, von dichtbewaldeten Hängen begleitet, durch das enge Tal zwischen dem Bayerischen Wald und dem Sauwald geradlinig bis Schlögen. Hier zwingt der harte Granit den Fluß zu einer derart engen Schleife, daß die Donau quasi zurückfließt. Nach diesem großartigen Naturschauspiel in der Schlögener Schlinge tritt die Donau bei Aschach in das fruchtbare Eferdinger Becken ein. Inmitten des oberösterreichischen Gemüsegartens beeindrucken imposante Vierkanthöfe. Ziel des Abschnitts ist die Stahlmetropole Linz, die aber entgegen ihrem Ruf viel Kulturelles zu bieten hat.

Zwischen Passau und Linz finden Sie fast durchgehend auf beiden Ufern beschilderte Radrouten, die zum Teil auf Radwegen, zum Teil auf Nebenstraßen verlaufen. Zwei Ausflüge entführen Sie ins hügelige Mühlviertel oder durch das ebene Eferdinger Becken.

Die Radtour beginnt am Hauptbahnhof von Passau, hier befindet sich auch eine Rad-Infostelle für die Stadt sowie für Oberösterreich. Von hier ist der Weg zum Donauradweg einfach: Wenn Sie Stufen nicht scheuen, verlassen Sie die Bahnhofsvorplatz geradeaus, fahren unter der Straßenrampe durch und wenden sich am Uferweg nach rechts. Stolz im Sattel hingegen, halten Sie sich vor dem Bahnhofsgebäude zunächst rechts, um dann gleich links in die Parkhausgasse abzubiegen. An der Donaulände fahren Sie rechts, bis Sie nach 50 Metern bei einem Parkplatz auf den Uferweg wechseln können. Flußaufwärts macht das auffällige Männchen des Rotel Inn auf sich aufmerksam. Wenn Sie sich für die Donau-Strecke vor Passau interessieren, steht Ihnen das *bikeline*-Radtourenbuch Donau-Radweg Teil 1: Donaueschingen–Passau zur Verfügung.

Nun nähern Sie sich neben der hier noch relativ schmalen Donau der Passauer Altstadt, von der die ersten hübschen Häuserzeilen künden. Nach der Schanzlbrücke geht es auf der Fahrbahn der Oberen Donaulände weiter. Die Innenstadt zeigt sich bald mit Souvenirläden und einladenden Straßencafés, zu denen auf der anderen Flußseite die Veste Oberhaus die gebührende Kulisse bildet.

Vor dem Renaissancerathaus mit dem Uhrturm zweigt dann die Route für die Stadtbesichtigung und weiter für die Südufer-Variante ab. Hier am Eck finden Wissensdurstige auch die Touristen-Information. Die Hauptroute verläuft geradeaus bis zur nächsten Brücke, der Luitpoldbrücke, und überquert dann die Donau.

Aber vorerst nützen Sie das vielfältige Kulturangebot und genießen eine Spazierfahrt durch den historischen Stadtkern! Hierfür verlassen Sie den Rathausplatz über die Schrottgasse und lenken darauffolgend bei der querenden Schustergasse nach rechts. So stehen Sie bald am Residenzplatz vor dem berühmten Dom St. Stephan, in dem die größte Orgel der Welt ertönt.

Abb. Seite 17:
Die Schlögener Schlinge

PASSAU (D) ≈km 2226

Vorwahl: 0851

Tourist-Information, Rathauspl. 3, ☎ 3919-0.

Rad-Infostelle, Hauptbahnhof, ☎ 751463, ÖZ: Apr.-Okt. tägl. 9-17 Uhr.

Donauschiffahrt Wurm + Köck, Höllg. 26, ☎ 929292. Dreiflüsserundfahrten von März bis Okt., tägl. Linienfahrten nach Engelhartszell, Schlögen und Linz vom 2. Apr. bis 23. Okt. Fahrradmitnahme gratis, jedoch keine Beförderung zw. Orten innerhalb Österreichs!

DDSG-Donaureisen, Im Ort 14, ☎ 33035, Linienfahrten zw. Passau und Wien vom 30. Apr. bis 15. Mai Do-So, 19. Mai bis 25. Sept. tägl. Fahrradmitnahme gegen vorherige Anmeldung.

Inn-Schiffahrt Schärding, ☎ 07712-3231. Tägl. Kursfahrten am Inn vom 1. Apr. bis 26. Okt. nach Wernstein-Neuburg, Ingling und Schärding.

Museum in der Veste Oberhaus, ☎ 396-312, ÖZ: Di-So 9-17, Fr 9-19 Uhr. Historisches Stadtmuseum mit Exponaten zu Schiffahrt und Salzhandel, Böhmerwaldmuseum und Neue Galerie der Stadt. Aussichtsturm. Pendelbus ab Rathaus 11.30-17 Uhr alle 30 Min.

Domschatz- und Diözesanmuseum, Zugang durch den Dom, ÖZ: Mai bis Okt. Mo-Sa 10-16 Uhr. Geschichte des einst größten Bistums im Heiligen Römischen Reich.

Römermuseum Kastell Boiotro, Innstadt - Ledererg. 43, ☎ 34769, ÖZ: März-Nov. Di-So 10-12 und 14-16 Uhr, Juni-August

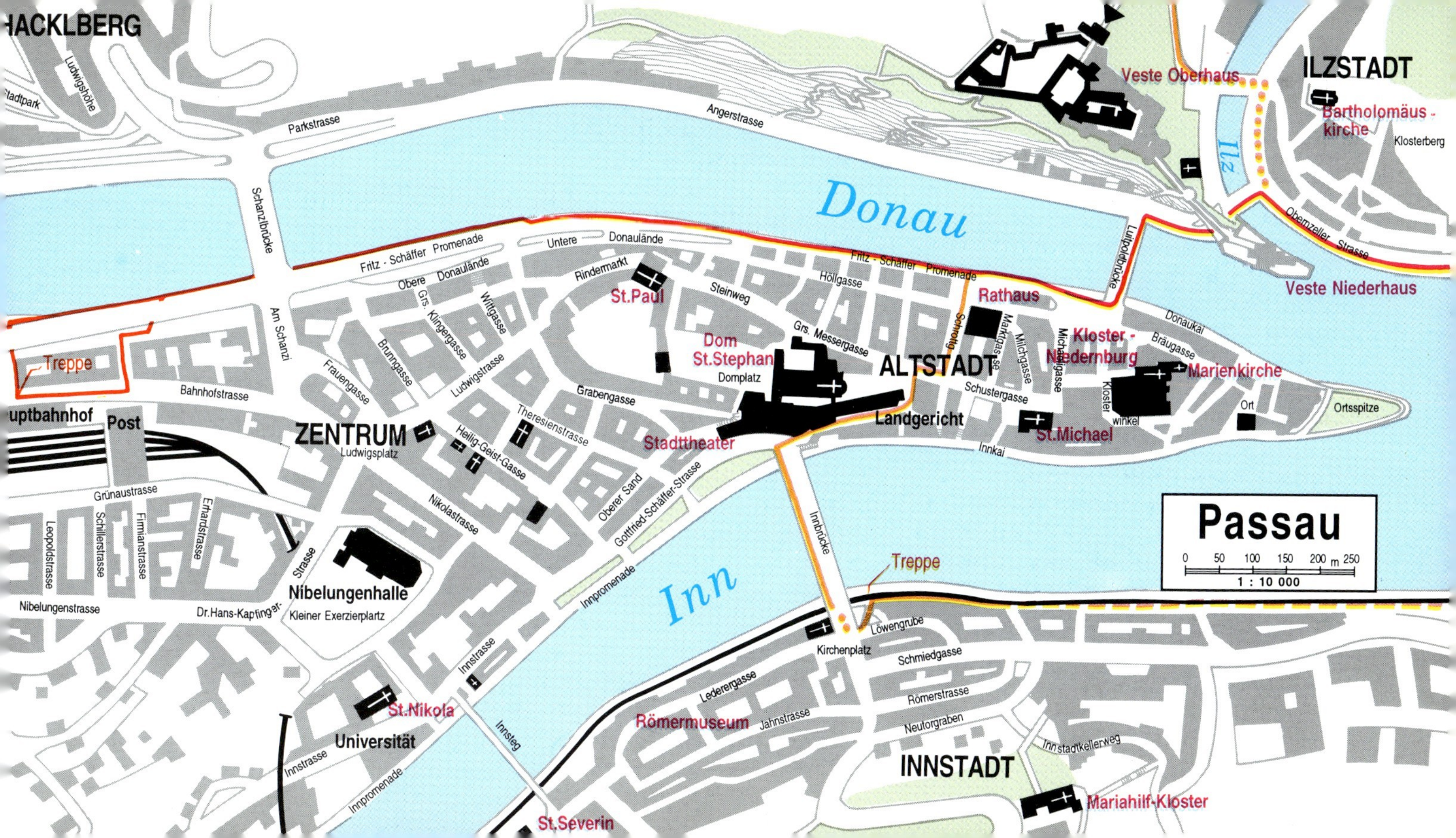

HACKLBERG
Ludwigshöhe
Stadtpark
Parkstrasse
Angerstrasse
Veste Oberhaus
ILZSTADT
Bartholomäus-kirche
Klosterberg
Ilz
Donau
Schanzlbrücke
Fritz - Schäffer Promenade
Untere Donaulände
Obere Donaulände
Luitpoldbrücke
Obernzeller Strasse
Veste Niederhaus
Rindermarkt
St.Paul
Steinweg
Höllgasse
Rathaus
Donaukai
Am Schanzl
Grs. Klingergasse
Wittgasse
Dom St.Stephan
Grs. Messergasse
Schrottg.
Marktgasse
Milchgasse
Michaeligasse
Kloster-Niedernburg
Bräugasse
Marienkirche
Treppe
Bahnhofstrasse
Frauengasse
Brunngasse
Ludwigstrasse
Domplatz
ALTSTADT
Schustergasse
Kloster winkel
Ort
Ortsspitze
Hauptbahnhof
Post
ZENTRUM
Ludwigsplatz
Grabengasse
Theresienstrasse
Heilig-Geist-Gasse
Stadttheater
Landgericht
St.Michael
Innkai
Grünaustrasse
Leopoldstrasse
Schillerstrasse
Firmianstrasse
Erhardstrasse
Strasse
Nikolastrasse
Oberer Sand
Gottfried-Schäffer-Strasse
Innbrücke
Passau
0 50 100 150 200 m 250
1 : 10 000
Nibelungenhalle
Kleiner Exerzierplatz
Nibelungenstrasse
Dr.Hans-Kapfinger.
Innpromenade
Inn
Treppe
Löwengrube
Kirchenplatz
Schmiedgasse
Innstrasse
Lederergasse
Römerstrasse
St.Nikola
Römermuseum
Jahnstrasse
Neutorgraben
Universität
Innsteg
Innstrasse
Innstadtkellerweg
INNSTADT
Innpromenade
St.Severin
Mariahilf-Kloster

10-12 und 13-16 Uhr. Neben freigelegten Kastellfundamenten sind archäologische Funde aus Passau und Umgebung zu sehen.

- **Passauer Glasmuseum**, im „Wilden Mann“, Rathauspl., ☎ 35071, ÖZ: tägl. 10-16 Uhr, Vor-/Nachsaison 14-16 Uhr. Die Sammlung dokumentiert mit 30.000 Exponaten das weltberühmte „Böhmische Glas“ von Biedermeier über Jugendstil bis Art deco.
- **Museum Moderner Kunst - Stiftung Wörlen**, Altstadt - Bräug. 17, ☎ ÖZ: Di-So 10-18 Uhr. In einem der schönsten Altstadthäuser Passaus finden wechselnde internationale Ausstellungen mit Kunst des 20 Jh. statt.
- **Dom St. Stephan**. Der älteste Dom wurde 977 zerstört, das heutige Basilika-Langhaus nach dem Salzburger Renaissance-Vorbild 1677 vollendet und gilt als der größte sakrale Barockraum nördlich der Alpen. Besonders sehenswert die Stuckarbeiten, die Fresken, die weltgrößte Orgel und die mächtigen Marmoraltäre. Orgelkonzerte: werktags 12-12.30 Uhr.
- **Rathaus**, Rathauspl. Besonders sehenswert der Große Saal (um 1405) mit Kolossalgemälden vom Historienmaler Ferdinand Wagner (19. Jh.). Glockenspiel des Rathausturmes: tägl. 10.30, 14 und 19.25 Uhr, Sa auch 15.30 Uhr.
- **Neue Residenz**, Residenzplatz, ÖZ: Apr.-Okt. tägl. 10-16 Uhr. An der Stelle des frühmittelalterlichen Königshofes und Anfang des 18. Jh. entsprechend dem Repräsentationsbedürfnis der Fürstbischöfe errichtet. Die schmucklose Fassade stellt einen bedeutenden Bau des Wiener Frühklassizismus in Passau dar.
- **Nibelungenhalle**, Kleiner Exerzierplatz. Mit Baujahr 1935 ist sie traditioneller Austragungsort der „Europäischen Wochen“, einer Demonstration westlich-abendländischer Kultur seit 1952 und bis zur politischen Wende gegen den Eisernen Vorhang gerichtet, heute in Brückenfunktion zwischen Ost und West.
- **Stadttheater**, Innbrücke. Das ehemalige fürstbischöfliche Opernhaus von 1783 ist heute der einzige erhaltene frühklassizistische Theaterbau Bayerns.
- **Veste Oberhaus,** Georgiberg. Neben dem Dom und der Wallfahrtskirche Mariahilf eine der drei städtebaulichen Dominanten der Stadt. Die mächtige Anlage entwickelte sich von einer bischöflichen Gründung gegen die aufständische Bürgerschaft im Jahr 1219 zur Landesfestung im 19. Jh.
- **Veste Niederhaus**, über der Ilzmündung. Dem Oberhaus vorgelagert und vermutlich im 14. Jh. errichtet. Im 17. Jh. diente sie als Gefängnis, später als Arbeitshaus, heute in Privatbesitz.
- **St. Severin**, beim Innsteg. Die Kirche geht vermutlich auf das 5. Jh. zurück und birgt die Klosterzelle des hl. Severin.
- **Kloster Niedernburg**, Ortsspitze. Niedernburg zählt zu den ältesten kontinuierlich genutzten Klöstern Bayerns, seine Gründung soll bereits um 750 von Tassilo III. (Begründer von Kremsmünster) erfolgt sein.
- **Wallfahrtskirche Mariahilf**, Mariahilfberg. Mit dem Bau der Kirche wurde 1627 begonnen. Nach dem Sieg über die Türken 1683, Kaiser Leopold I. flüchtete während der Belagerung Wiens nach Passau, stieg das Gnadenbild zum habsburgischen „Staats-Gnadenbild“ auf.

Die „Dreiflüssestadt“ ***Passau*** *wurde schon früh als eine der schönsten Städte Deutschlands bezeichnet. Die einmalige Lage am Zusammenfluß von Donau und Inn, die von Norden noch Verstärkung durch die Ilz bekommen, schuf dafür günstige Rahmenbedingungen. Mit Kultur „gefüllt“ wurde dieses Naturgeschenk dann von der ruhmreichen Geschichte der Stadt als Bistum und Herrschaftszentrum des Katholizismus. Um 460 ließ der heilige Severin hier ein Kloster errichten, der drei*

Jahrhunderte später zum Bischofssitz wurde. Pilgrim von Pöchlarn, der erste große Passauer Bischof, ließ vermutlich das Nibelungenlied aufzeichnen. Er hatte auch bei der Missionierung des Donauraumes großen Erfolg, der Einfluß reichte bis nach Ungarn. Selbst der Wiener Stephansdom ist eine Passauer Gründung.

Das Stadtbild spiegelt heute noch die große Bedeutung des Bischofssitzes wider, obwohl viele Bauten durch den verheerenden Brand von 1662 verloren gingen. Auf den gotischen Ruinen wurde eine neue Stadt im italienischen Barockstil errichtet, die mehr denn je Macht und Autorität repräsentiert.

Auf dem ersten Teilstück des Donauradweges bis Engelhartszell stehen zwei Ufervarianten zur Auswahl: Die Hauptroute folgt dem Nordufer, da Sie hier voraussichtlich ab Sommer '95 durchgehend auf verkehrsfreien Wegen radeln können. Bis dorthin soll die letzte fehlende Radwegstrecke eröffnet werden. Auch bis es soweit ist, hält sich die Belastung auf der Bundesstraße in Grenzen, und für den Besuch vom südufrigen Engelhartszell stehen die Überfahrt beim Kraftwerk Jochenstein oder weiter flußabwärts die Fähre zur Verfügung. Die Route am Südufer verläuft teils auf Radwegen und Güterwegen, teils auf der Bundesstraße. Beide Varianten sind ausgeschildert.

Die Hauptroute überquert also die Donau gegenüber der Veste Oberhaus auf der Luitpoldbrücke. Drüben wenden Sie sich nach rechts, fahren durch den Tunnel und über das Flüßchen Ilz, das hier der Donau zustrebt.

Zur Veste Oberhaus biegen Sie hier links ab und kehren bei der nächsten Brücke auf die andere Seite zurück, um dann halbrechts den Berg zu bezwingen.

Auf dem Donauradweg hingegen halten Sie sich rechts und fahren am Rad- und Gehweg entlang der Bundesstraße Richtung Obernzell. Bewaldete Steilhänge und stille Landschaft lösen bald die Stadt ab, die Reise im großartigen Donautal beginnt. Nach der Eisenbahnbrücke bei Lindau tritt der Hang zurück, und kurz bestimmt ein Gewerbebetrieb das Bild. Nach Durchfahren einer Flußbiegung eröffnen sich die ersten weiten Ausblicke auf den Fluß.

Ab der Löwmühle rollen Sie – voraussichtlich von Sommer '95 an – auf dem neuen begleitenden Radweg weiter. Gegen Erlau rücken von der anderen Seite die Anhöhen des Sauwaldes näher, die Donau strömt in mehrfachen Windungen in einem beeindruckenden engen Tal dahin.

*Das **Naturschutzgebiet Donauleiten** erstreckt sich entlang der Donau linksufrig von Passau bis zur Landesgrenze bei Jochenstein. Die sechs Landschaftsteile wie Fuchsberg, Fürstberg oder Jochenstein umfassen zusammen 405 Hektar. Die steil aufragenden Leiten (Talhänge) bilden den Südrand des Bayerischen Waldes. Die Donau hat sich hier bis zu 300 Meter in das harte Gestein des Mittelgebirges eingetieft, welches sich auf österreichischer Seite im Sauwald fortsetzt. Zum größten Teil sind die Hänge von vielgestaltigen Laub- und Mischwäldern bedeckt, nur in den steilsten Partien steht das nackte Gestein in bizarren Felsbastionen an.*

Der hohe Sonnengenuß der südseitigen Leiten sind günstige Lebensbedingungen für eine Vielzahl seltener wärmeliebender Pflanzen- und Tierarten. Bemerkenswert ist, daß an den Donauleiten Pflanzenarten verschiedenster Gebietsherkunft zusammentreffen. Vertreter der vor- und ostalpinen Flora wie z. B. Alpenveilchen wachsen hier neben Besen-Beifuß oder Ästiger Graslilie aus südlichen und östlichen Wärme- und Trockengebieten. Auch die Tierwelt der Donauleiten zeichnet sich durch das Nebeneinander von charakteristischen Berglandbewohnern und wärmeliebenden „Südländern" aus. Landesweit einzigartig ist die Reptilienfauna des Gebietes: Sieben der neun einheimischen Eidechsen- und Schlangenarten kommen hier vor. Zudem sind zwei seltene, aus Südeuropa stammende Arten wie die Smaragdeidechse und die Äskulapnatter, die größte und vielleicht schönste der heimischen Schlangen, an den Donauleiten ansässig.

In der kleinen Siedlung **Erlau** radeln Sie über den gleichnamigen Bach, und es geht auf Flußniveau und dicht unter dem Hang weiter. Gegenüber das Kirchlein von Pyrawang, in dem vor einigen Jahren frühgotische Fresken freigelegt wurden. Vor Obernzell weitet sich das Tal, und Sie rollen bald durch den langen Marktplatz des Ortes, dessen Häuser noch an den farbenprächtigen Inn-Salzach-Stil erinnern.

OBERNZELL (D) ≈km 2210,5

Vorwahl: 08591

Verkehrsamt, Rathaus, ☎ 1877 oder 555

Fähre nach Kasten: 1. Mai bis 25. Sept. Mo-Fr 6.15-18.15, Sa, So-Fei 7.30 - 18.15 Uhr.

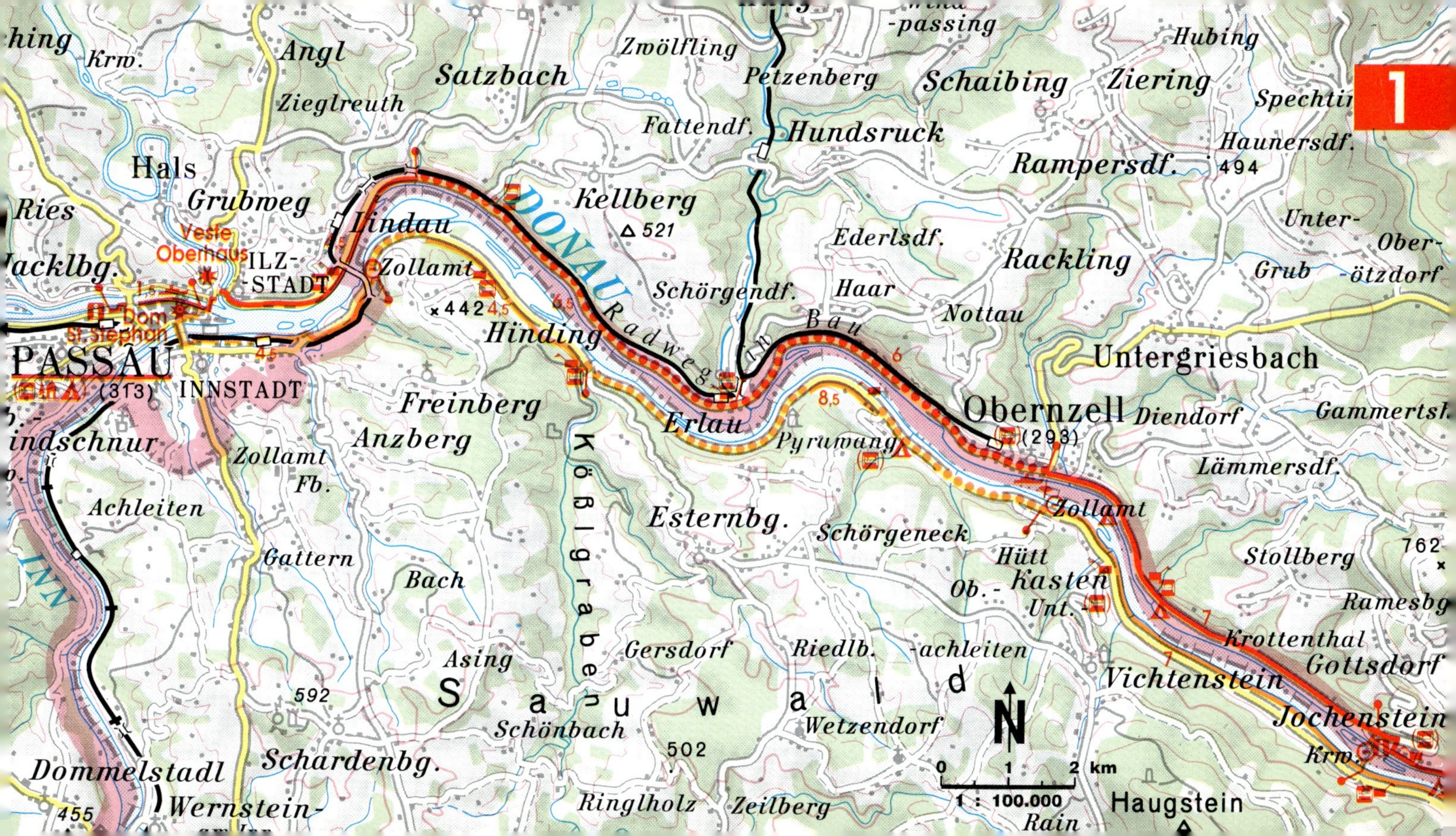

1

-passing
Hubing
Zwölfling
Krw.
Angl
Satzbach
Petzenberg
Schaibing
Ziering
Spechtir
Zieglreuth
Fattendf.
Hundsruck
Haunersdf.
494
Hals
Rampersdf.
Grubweg
Kellberg
Ries
Lindau
DONAU
521
Ederlsdf.
Unter-
Ober-
Veste
Oberhaus
ILZ-
STADT
Zollamt
Rackling
Grub
-ötzdorf
acklbg.
Schörgendf.
Haar
442
4,5
5,5
Radweg
Nottau
Dom
St. Stephan
Hinding
Bau
PASSAU
4,5
6
Untergriesbach
(313)
INNSTADT
Freinberg
8,5
Obernzell
Diendorf
Gammertsh
Erlau
Pyrawang
(293)
indschnur
Anzberg
Zollamt
Fb.
Kößlgraben
Lämmersdf.
Zollamt
Achleiten
Esternbg.
Schörgeneck
Hütt
762
Gattern
Stollberg
Bach
Ob.-
Kasten
Unt.
INN
Ramesbg
7
Krottenthal
Gersdorf
Riedlb.
-achleiten
Asing
Gottsdorf
7
Vichtenstein
Sauwald
592
N
Jochenstein
Schönbach
Wetzendorf
502
Krw.
Schardenbg.
0 1 2 km
Dommelstadl
1 : 100.000
Haugstein
455
Wernstein-
Ringlholz
Zeilberg
Rain

Schiffahrt. Von Obernzell zur Schlögener Donauschleife und zurück, Di-So 11.50 Uhr.

Keramikmuseum, Schloß Obernzell, ☎ 1066, ÖZ: April bis Okt. Di-So 10-17 Uhr. Zweigmuseum des Bayerischen Nationalmuseums. Die Schau umfaßt Keramik von der Jungsteinzeit bis in die Gegenwart, so auch Irdenware, Schwarzware, Steinzeug, Fayencen, Steingut und Porzellan.

Schloß. Hauptattraktion in der einstigen Nebenresidenz der Passauer Bischöfe (16. Jh.) ist der Rittersaal im Stil der Passauer Renaissance.

Gasthof Zur Post, Marktpl. 1. Die sehenswerten Puttenreliefs des 1805-10 entstandenen Gebäudes, welche fröhliche Szenen der Zubereitung und Verkostung des Weins zeigen, erinnern an die Vergangenheit Obernzells als Weinort.

Pfarrkirche, Marktplatz. Erbaut im Stil des Rokoko.

Der Ort hieß lange Zeit Hafnerzell, dies wegen der zahlreichen Hafner (=Töpfer), die hier tätig waren. An diese Tradition knüpft das reichhaltige Keramikmuseum im Schloß an.

Durch Obernzell gefahren, schwenken Sie vor dem Schloß flußwärts und lassen damit den Autoverkehr für eine Weile hinter sich. Vorbei an der Fähre und dem Zollamt führt eine ruhige Nebenstraße die Donau entlang. Das kommende Donautal verspricht das bisherige noch an landschaftlicher Schönheit zu übertreffen. 3 Kilometer weiter teilen das Gasthaus „Kohlbachmühle" und ein Campingplatz den schmalen Uferstreifen miteinander. Gegenüber, auf der anderen Seite der Donau, erhebt sich **Burg Vichtenstein**, eine mächtige Anlage aus dem 12. Jahrhundert. Dahinter der Haugstein, mit 895 Metern die höchste Erhebung des Alpenvorlandes.

Nach weiteren 4 Kilometern ist die Staustufe Jochenstein erreicht, beim Eingang vermittelt eine Informationsstelle Zimmer und Wissenswertes. Der Grenzübergang ist von 6 bis 22 Uhr geöffnet, eine Zollabfertigung ist hier – wie an der nächsten Grenzstation bei Wegscheid – nicht möglich.

JOCHENSTEIN (D) ≈km 2203

Vorwahl: 08591

Rad-Infostelle, beim Kraftwerk, ☎ 762, ÖZ: Juni-Sept. tägl. 15-19 Uhr.

Tourist-Information Gottsdorf, ☎ 08593/1066

Weiter am Nordufer unterwegs, biegen Sie nach dem Umspannwerk rechts in das Weglein „Am Jochenstein" ab. Immer in Ufernähe radeln Sie an der Ortschaft Jochenstein vorbei und folgen danach dem mit Betonplatten befestigten Weg, der zur Grenze abzweigt. Gemütlich geht es jetzt durch Obstgärten und kleine Felder. Vorne der sagenumwobene **Jochensteinfelsen**, der hier aus der Donau ragt und als Sitz der Donaunixe „Isa", eine Schwester der Loreley, gilt. Beim Dandlbach treffen Sie auf die unbewachte **Grenze** zwischen Deutschland und Österreich, die von 6 bis 22 Uhr passierbar ist.

Hinter der Grenze setzen Sie die Tour auf dem Treppelweg und begleitet von den Wegweisern des „Oberösterreichischen Landesradwanderweges" fort. Reizvoll führt der schmale Weg an steilen Donauleiten entlang. Etwa 700 Meter weiter befördert die **Radfähre** ihre Gäste von 9 bis 19 Uhr ans andere Ufer, nach Engelhartszell. Der Ort mit dem einzigen Trappistenkloster des Landes ist gewiß einen Besuch wert. Für die Weiterfahrt nach Schlögen (ca. 15 Kilometer) lohnt sich dann die Rückkehr an diese Flußseite, da drüben nur die Bundesstraße zur Verfügung steht. Und sie ist in diesem Bereich wirklich nicht zu empfehlen. Die Hauptroute bleibt daher am Nordufer und führt Richtung Niederranna weiter.

Am Südufer von Passau nach Engelhartszell

Die Fahrt am südlichen Donauufer führt zunächst zum zweiten Passauer Fluß, zum Inn. Am Domplatz in der Passauer Altstadt biegen Sie aus der Schustergasse kommend links in die schmale und verwinkelte Innbrückgasse ein. Sie geleitet zu jenem Fluß, der die Donau erst zum Strom macht und den Sie auf der Marienbrücke überqueren. Auf der Brücke bietet der Gehsteig angenehme Fahrmöglichkeit. Die Route innaufwärts finden Sie übrigens im *bikeline*-Radtourenbuch „Innradweg" beschrieben. Drüben am Kirchplatz schwenken Sie links in die Löwengrube. Wer das Römermuseum anschauen will, folgt rechtsherum der Ledererqasse. Von der Löwengrube gelangen Sie über eine breitstufige Treppe zum Inn hinunter, in Zukunft soll hier eine Rampe mehr Komfort bieten. Am Uferweg verabschiedet sich Passau mit einer hervorragenden Aussicht über den Inn, auf den Dom St. Stephan und die Veste Oberhaus.

Entlang einer Gleisanlage und kurz auf geschottertem Untergrund gelangen Sie dann zum Bahnhof Rosenau. Vor dem Gebäude überqueren Sie die Schienen und fahren linker Hand in den Rosenauer Weg. Am Ende dieser Gasse, die von blumenbeschmückten Vorgartenhäusern gesäumt wird, führt ein feingeschotterter Rad- und Gehweg am Rande einer Kleingartensiedlung weiter. Die Donau schimmert hinter den Bäumen und Büschen bereits durch.

Nach den Gärten nähert sich der Weg der Bahn an und wird ziemlich eng. Sie können aber getrost links der Gleise weiterradeln. Bald kommen Sie hinter einem alten Lagerhaus zu einer Nebenstraße und halten sich dort rechts. Nach Überquerung der Bundesstraße geht es dann auf dem Begleitradweg Richtung Zollamt Achleiten. Auf österreichischem Gebiet hört dann der Radweg auf, und Sie müssen auf die Fahrbahn wechseln. Etwa einen Kilometer weiter zweigt rechts ein breiter Radweg von der Straße ab. Zwischen ihr und dem Weg breiten sich bald saftige Wiesen aus, gesäumt von dunklem Nadelwald. Auch nach dem Weiler **Parz** führt der Weg angenehm durch Wiesen und Gehölz, bis das Gasthaus Faberhof erreicht ist. Hier schließt sich der Radweg wieder dem Verlauf der Bundesstraße an, um schließlich beim Gasthof Höllmühle zu enden.

Ab hier setzen Sie die Fahrt auf der Straße fort, und wenn Sie zu einer günstigen Tageszeit unterwegs sind, werden Sie vom Verkehr kaum belästigt. Ein leichter Anstieg deutet eine Flußterrasse an. Über der Donau erhöht, strampeln Sie dann an der Schloßruine Krämpelstein vorbei und können den offenen Blick ins Tal genießen. Etwa 700 Meter nach der einstigen Mautburg der Passauer Bischöfe beginnt erneut ein Radweg und führt Sie durch die Häusergruppe von Wörth nach Pyrawang. Im Ort erreicht der Weg die Straße und verläuft parallel weiter. Wenn Sie Zeit haben, besuchen Sie die interessante Kirche von Pyrawang.

PYRAWANG ≈km 2213

Vorwahl: 07714

- **Gemeindeamt** Esternberg, ☎ 6655-0
- **Pfarrkirche**. Die kleine Kirche wartet mit frühgotischen Fresken auf, die erst 1982 entdeckt wurden.
- **Radtaxi** Johann Wallner, Esternberg, ☎ 0663/9170321. Rückholdienst von Wien und Linz sowie allfällige Abholungen und Transporte.

Ab Ortsende erwartet Sie wieder die Bundesstraße, auch Nibelungenstraße genannt. Nach 3 Kilometern erreichen Sie die Anlegestelle der **Obernzeller Fähre**, sie ist gleichzeitig Grenzübergang. (ÖZ: 1. Mai bis 25. Sept. Mo-Fr 6.15-18.15 Uhr, Sa, So, Fei 7.30–18.15 Uhr.)

Das ehemalige Hafnerstädtchen **Obernzell** lockt mit einem interessanten Keramikmuseum auf das bayerische Donauufer, wo die Hauptroute verläuft. Sie können aber am rechten Ufer bleiben und auf dem neuerrichteten Radweg ins 10 Kilometer entfernte Engelhartszell radeln. Von dort haben Sie dann die Möglichkeit, mit der Fähre zum Nordufer überzusetzen. Dies ist empfehlenswert, da für die weitere Strecke nach Schlögen nur die Bundesstraße zur Verfügung steht.

Der Radweg nach Engelhartszell beginnt 250 Meter nach der Grenze auf dem linken Straßenrand. Nun steht dem Landschaftgenuß nichts mehr im Wege, zu dem der folgende Talabschnitt genug Gelegenheit bietet. Bei Kasten zweigt die serpentinenartige Straße Richtung **Vichtenstein** ab, die besser nur Bergfreaks einschlagen. Die mächtige Burganlage und der 895 Meter hohe Haugstein, die höchste Erhebung des Voralpenlandes, nehmen sich auch von unten sehr schön aus.

KASTEN ≈km 2209

Vorwahl: 07714

- **Tourismusverband Vichtenstein**, ☎ 8055-0
- **Schloß Vichtenstein**, am Hang des Haugsteines. Die mächtige Burganlage geht auf das 12. Jh. zurück, der Hauptbau in seiner jetzigen Form stammt aus dem 16. Jh. Gut erhalten sind der romanische Bergfried, 2 Wohntürme und die Schloßkapelle. Nicht öffentlich zugänglich.

Die befestigten Adelssitze an der Donau und in anderen Teilen Oberösterreichs sind vorwiegend im 11. bis 13. Jahrhundert entstanden. Der Bau dieser Burgen setzte ein, nachdem die verheerenden Einbrüche der Magyaren durch die Siege an der Unstrut im Jahre 933 und auf dem Lechfeld bei Augsburg 955 endgültig abgewehrt und die bayerische Ostmark, aus der das Herzogtum Österreich hervorging, wieder hergestellt worden war.

Ein paar Kilometer weiter schwenkt die Bundesstraße rechts ab und Sie radeln am Ufer weiter. Von Feldern und Obstgärten umzingelt liegt der Weiler Roning. Darauffolgend können Sie bei der Sperrmauer **Jochenstein** zwischen 6 und 22 Uhr auf das andere Ufer wechseln oder am Brunnen Ihren Durst löschen. Der Uferweg nach Engelhartszell begibt sich sodann über eine kurze Talfahrt auf niedrigeres Flußniveau.

Die andere Flußseite ist von den wunderschönen bewaldeten Hängen und Felswänden der Donauleiten markiert. Bald danach sind der Campingplatz und das Freibad von Engelhartszell erreicht, unterwegs informieren Tafeln über den römischen Limes in Oberösterreich. Ab dem Campingplatz gibt es am Ufer nur einen Wanderweg. Daher schwenken Sie vom Fluß weg und überqueren die Landstraße. Rechtsseitig verläuft ein begleitender Radweg und bringt Sie nach Engelhartszell hinein. Dort geht es in der Nebenfahrbahn weiter. Auf der Höhe der ersten Quergasse finden Sie die **Radfähre**, die zwischen 9 und 19 Uhr verkehrt.

Sie können hier geradeaus weiterfahren, bis Sie kurz nach Ortsende die Abzweigung zum Stift erreichen. Wenn Sie aber auch vom Ortskern etwas sehen wollen, biegen Sie bei der Fähre rechts ab und spazieren durch den Markt und die Fußgängerzone. Danach kehren Sie über die erste Querstraße zur Hauptstraße zurück, direkt gegenüber der neuen gläsernen Schiffstation.

ENGELHARTSZELL ≈km 2201

Vorwahl: 07717

- **Tourismusverband**, ☎ 8245 (Sparkasse)
- **Rad-Infostelle**, beim Freibad, ☎ 8132, ÖZ: Mai-Okt.
- **Fähre**: 9-19 Uhr.
- **Schiffahrt Schlögen**, ☎ 07279/8212, Ausflugsfahrten Engelhartszell - Schlögen.
- **Rundfahrten mit der "Engelszeller Arche"**, Gerlinde Maislinger, ☎ 8059.
- **Stift Engelszell**. Das Stift, das einzige der Trappisten in Österreich, entstand im wesentlichen im 17.-18. Jh.
- **Stiftskirche**. Die 1764 geweihte Kirche markiert einen regionalen Höhepunkt stuckplastischer Rokoko-Ausgestaltung des 18. Jh.

2
Jochenstein
Krw.
Eitzendf.
Schlag
Haugstein
895
Engel-
-hartszell
Engelszell
Ginzldorf
Stadl
Kls.
Stift
Pühret
600
Altenhof
Pfarrkchn.-
-im Mühlkreis
R.Falkenstein
798
Lembach-
-i.Mühlkr.
552
Flenkental
288
Kramesau
Dorf
Hofkirchen-
-im Mühlkreis
Simling
DONAU
Schl.Rannariedl
601
Harrau
Witzersdf.
Kl.Mühl
St.Aegidi
Feichtbg.
777
Emmerstorf
Obernberg
398
Lampersdf.
Niederranna
Höllau
Hackendf.
570
Niederkappel
549
(549)
Marsb.
Paulsdf.
Wesenufer
Obermühl-
284
Wallern
Edern
Dorf
558
Weikersdf.
Witzenedt
Kl.Kesselb.
Atzersdf.
Aichbg.
Innzell
614
Kopfing-
-i.Innkreis
550
Gschwendt
Waldkchn.-
-a.Wesen
543
Ruine
Haichenbach
471
Eckersdorf
Hörzing
St.Sixt
Entholz
Ratzling
Mannsdf.
611
Schlögen
Pasching
Pühret
Haibach
Weibing
648
Kreuz
0
1
2 km
1 : 100.000

Höhepunkt stuckplastischer Rokokoausgestaltung des 18. Jh. Eine Besonderheit ist das Fresko des Langhauses.

- **Pfarrkirche Maria Himmelfahrt**, Ortsmitte. Chor und Langhaus der damals gotischen Marktkirche entstanden 1459-1503. Im Zuge der Barockisierung wurde die Ausstattung erheblich verändert, und die Kirche erhielt ihren prächtigen Hochaltar und den Zwiebelturm.
- **Kaiserliches Mauthaus**. Alte Hochwassermarken und eine Wandmalerei zur Geschichte des alten Donaumarktes zieren das Haus aus dem 15. Jh.
- **Donaukraftwerk Jochenstein**, Übertrittszeit: 6-22 Uhr, Führungen: 0851/391-213 (DKJ Passau). Mit dem Bau des Kraftwerkes 1952-56 sind auf 30 km Länge 6 Engstellen für die internationale Schiffahrt beseitigt worden.

Die Geschichte des Marktes ***Engelhartszell****, seit dem Mittelalter Grenz- und Mautstation, ist eng mit dem Werden von Stift Engelszell verbunden. 1293 vom Passauer Bischof als Zisterzienserkloster gegründet, diente es lange auch als Herberge für Reisende und als Sommersitz der Passauer Domherren. Im Zuge der Reformbestrebungen Kaiser Josefs II. wurde 1786 das Kloster aufgehoben und wechselte fortan häufig seinen Besitzer, zu denen auch Napoleon gehörte.*

Religiöses Leben kehrte erst 1925 wieder in die alten Gemäuer ein, als aus dem Elsaß vertriebene deutsche Trappisten hier einzogen. Die strengen Regeln dieses zisterziensischen Reformordens - Schweigegebot, frühes Aufstehen, vegetarische Kost - umgeben ihn heute noch mit dem Nimbus weltferner Askese. Allerdings zeugen die klostereigene Landwirtschaft, ein Pflegeheim und nicht zuletzt die berühmte Likörerzeugung von den durchaus lebensnahen Tätigkeiten der etwa 30 Mönche.

Sollten Sie es nun eilig haben, so können Sie von Engelhartszell auf der stark befahrenen und nicht steigungsfreien Bundesstraße nach Schlögen weiterfahren. Ab dort verläuft der Donauradweg ohnehin nur am rechten Ufer. Viel gemütlicher und schöner läßt es sich allerdings am Nordufer radeln.

Ab der **Engelhartszeller Radfähre** führt die Hauptroute am Nordufer weiter. Die ruhige Anliegerstraße läßt keinen Wunsch offen, was Beschaulichkeit und Landschaft betrifft. Sie radeln durch Uferwald, Wiesen und Äcker, und immer wieder unterhalb von Steilhängen durch. Nach einem guten Kilometer erreichen Sie das Gehöft Kramesau, wo Sie die Informationsstelle mit einer deftigen Bauernjause erwartet. Der gut ausgebaute Treppelweg, an dem früher Pferde die langen Schiffzüge stromaufwärts zogen, bringt Sie nun weiter. Vor der Einmündung der Ranna in die Donau trifft der Weg auf eine Landstraße, Sie behalten die Richtung bei. Über dem Tal liegt beherrschend das Schloß Rannariedl. Sie erreichen die gleichnamige Ortschaft und biegen nach der Kirche rechts ab. An der nächsten Kreuzung verläuft die Route geradeaus, nur zur Schiffstation und Gasthaus geht es nach rechts ab.

NIEDERRANNA ≈km 2194,5

Vorwahl: 07285

- **Marktgemeindeamt Hofkirchen**, ☎ 255
- **Rad-Infostelle Kramesau**, ☎ 559, ÖZ: Mai-Okt. tägl. 11-18 Uhr.

Schloß Rannariedl. Bis 1357/58 Falkensteiner Besitz, dann gehörte es mit Unterbrechungen den Passauer Fürstbischöfen. Der Wohnflügel mit Laubenhof stammt aus dem 16. Jh., der hohe Rundturm ist noch mittelalterlich.

Am Ende des Ortes schwenkt der Weg nach rechts und führt unter der Donaubrücke durch. Wenn Sie aber in Wesenufer, das jenseits der Donau am Wasser liegt, Halt machen wollen, so folgen Sie dem Wegweiser nach links. Drüben fahren Sie dann auf der Bundesstraße, von der Sie aber nach 400 Metern wieder abbiegen können. Unter der Straße durchgefahren, geht es dann am Ufer in den Ort hinein.

WESENUFER ≈km 2192

Vorwahl: 07718

Tourismusverband Waldkirchen, ☎ 208

Die Hauptroute bleibt aber am linken Ufer und verläuft auf einer schmalen Straße am Fluß. In der Ferne erscheint Schlögen, wo sich die Donau aus bis heute unerklärlichen Gründen spitz nach links abwendet. Gut einen Kilometer nach der Brücke finden Sie bei einem Hof die Abzweigung nach **Marsbach**. Hier beginnt der Ausflug ins Mühlviertel, nach Lembach und zum Tierpark Altenfelden. Sie können wahlweise bei Ober- oder bei Untermühl (15 bzw. 25 Flußkilometer abwärts) zum Donauradweg zurückkehren. Sie sind dabei in einer hügeligen Landschaft auf verkehrsarmen Landstraßen unterwegs und müssen nur am Beginn eine längere starke Steigung überwinden.

Bleiben Sie hingegen auf der Hauptroute, so treffen Sie nach einer 6 Kilometer langen Fahrt entlang der Donau in Schlögen ein.

Durch das Mühlviertel 32 km

Berauschende Hochlandpanoramen bringen herrliche Abwechslung in Ihre Reise. Höhepunkte sind die romantische Ruine Haichenbach über der Donauschlinge oder die Wildtierschau bei Altenfelden.

Sie verlassen also das Donautal Richtung Marsbach und bekommen den Berg bald zu spüren. In engen Kurven schlängelt sich die schmale Straße zur Burg hoch. Der Wald spendet Schatten und läßt den Blick hie und dort auf den Fluß freiwerden. Beim Schloß Marsbach haben Sie das Schlimmste bereits hinter sich. In der Ortschaft Marsbach sorgen Gasthäuser für Stärkung.

MARSBACH

Vorwahl: 07285

Marktgemeindeamt Hofkirchen, ☎ 255

Schloß Marsbach. Erstmals 1198 genannt und vorwiegend Passauer Besitz. Der Bergfried blieb von der mittelalterlichen Anlage stehen. Heute in privater Hand.

- **Fahrradtaxi**, Lembach im Mühlkreis, ☎ 07286/516. Rückholtransport bis zu 16 Personen inkl. Fahrräder.

Danach mäßigt sich die Steigung, und offene Wiesen lösen den Wald ab. Typisch für das Mühlviertel sind die riesigen, scheinbar wahllos über das Land verstreuten Granitblöcke. An der nächsten größeren Kreuzung biegen Sie rechts Richtung Niederkappel ab. Sie können sich rühmen, in etwa 4 Kilometern 300 Höhenmeter bewältigt zu haben. Das war gleichsam die Eintrittskarte ins Mühlviertel! Die Landschaft ist von sanften Bergkuppen geprägt, die allesamt mit einer Waldhaube bedeckt sind. Gepflegte Vierseithöfe ergänzen das Bild zu einer bunten Szenerie.

An den folgenden zwei Weggabelungen halten Sie sich jeweils rechts, immer Richtung Ruine Haichenbach. Nach einem Nadelwald kommen Sie in den Genuß eines weiten Panoramablickes und erreichen nach einem leichten Gefälle die Siedlung **Dorf**. Hier biegen Sie links ab, wenn Sie gleich nach Niederkappel weiterfahren. Wenn

Sie aber mehr von der Schlögener Schlinge sehen oder die Ruine Haichenbach besichtigen wollen, radeln Sie geradeaus weiter. Die **Ruine Haichenbach** liegt auf jener schmalen „Landzunge", die die Donau in ihrer unermüdlichen Arbeit geschaffen hat. Der Weg dorthin ist nur für unverbesserliche Romantiker mit dickbereiften Fahrrädern zu empfehlen. Die Ruine ist nur auf eigene Gefahr zu betreten und über einen holprigen Waldweg zu erreichen. Von der leicht abschüssigen Straße hinter Dorf ist bereits ein Teil der Schlögener Schlinge gut zu überblikken. Im Wald legen Sie dann noch rund einen Kilometer auf einem schlechten Fahrweg zurück, bevor Sie die Ruine erreichen. Vom Bergfried aus genießen Sie einen sagenhaften Ausblick über das Donautal.

Auf der Weiterfahrt von Dorf nach Niederkappel führt der Weg reizvoll durch Weideland und mündet nach 800 Metern in eine größere Straße. Rechts gefahren, passieren Sie auf einer kleinen Anhöhe **Oberbumberg** und sehen danach bereits den „Mühlviertler Dom" von Niederkappel. Eine längere rasante Talfahrt endet in einem Bachtälchen. Aus diesem wieder hochgestrampelt, treffen Sie in Niederkappel ein.

Jene, die nicht weiter ins Mühlviertel vorstoßen wollen, biegen von der Hauptstraße rechts nach Obermühl ab und erreichen nach 3,5 Kilometern wieder die Donau. Vor **Obermühl** mündet der Uferweg landeinwärts in eine größere Straße, wo Sie sich rechts halten.

NIEDERKAPPEL

Vorwahl: 07286

- **Gemeindeamt**, ☎ 555
- **Mühlviertler Dom - Pfarrkirche St. Andreas**. Die heutige Kirche entstand 1890-95 unter Verwendung des Kreuzrippengewölbes des alten gotischen Vorbaus im Stil der Neorenaissance. Bemerkenswert ist die den Hochaltar beherrschende Statue des Kirchenpatrons (Anfang 18. Jh.).
- **Fahrrad-Taxi Streinesberger**, Nr. 9, ☎ 516.

Bleiben Sie aber noch ein Weilchen im Mühlviertel, so radeln Sie durch den hübschen Ort, der ganz von der großen Kirchenanlage bestimmt wird. Nach der Kirche wendet sich die Hauptstraße nach rechts, Richtung Lembach, und Sie fahren wieder durch eine sanfte Landschaft mit leichtem Auf und Ab. In **Witzersdorf** sehen Sie ein schönes Beispiel für einen gefühlvoll restaurierten Bauernhof, von dem es in der Gegend wohl mehrere gibt. An der Abzweigung etwa 700 Meter nach dem Ort halten Sie sich rechts und gelangen auf der kurvigen Landstraße nach Lembach. Nach der Linkskurve zweigt die Route bei der darauffolgenden Vorrangtafel scharf nach rechts ab. Altenfelden ist bereits ausgeschildert. Bevor Sie aber Lembach verlassen, sollten Sie einen kurzen Abstecher in den Ort machen. Dazu schwenken Sie nach links. Der kleine Dorfplatz mit der Linde lädt zu einer beschaulichen Pause ein.

LEMBACH IM MÜHLKREIS

Vorwahl: 07286

- **Tourismusverband**, ☎ 255-11.

Lembach bietet mit seinen barocken Hausgiebeln und blumengeschmückten Fassaden ein reizvolles Bild. Sie sind Zeugen einer Zeit, als die Leinenweberei, das damals wichtigste Gewerbe, dem Mühlviertel wirtschaftlichen Aufschwung brachte.

Hinter Lembach erwartet Sie eine kilometerlange abschüssige Waldstrecke, wo den Radlerfreuden nur die etwas höhere Anzahl der Autos eine Grenze setzt. Beim Gasthof Bruckwirt überqueren Sie dann die Kleine Mühl und schwenken zum Wildpark Altenfeld nach links. Bis dorthin sind es noch 4 Kilometer. Wer sich's anders überlegt hat, kann rechtsherum durch das Tal der Kleinen Mühl bequem **Obermühl** an der Donau anfahren.

Ansonsten zweigen Sie an der nächsten Kreuzung rechts ab und strampeln anfangs sanft, nach der Spitzkehre stärker bergauf. In **Hörhag** geht es nach links zum Wildpark. Knapp einen Kilometer weiter wenden Sie

3
Altenfelden
Blumau
Simaden
Waxenber
Hörhag
Atzesberg
Wildpark Altenfelden
Gr. Mühl
Kl. Mühl
St. Ulrich-i. Mühlkreis
Hansberg
848
St. Veit-i. Mühlkr.
Steinbach
Kleinzell i. Mühlkr.
Witzersdorf
Kepling
Obermühl-a.d. Donau
Niederwaldkchn.
Seibersdf.
Windorf
Wolkersdf.
Kirchbg.-ob d. Donau
Drautendf.
Rammerstorf
Krw.
Plöcking
Dunzendf.
Herzogsdf.
Neußerling
Eidendf.
Zeißendf.
Untermühl
Dorf
DONAU
St. Martin-i. Mühlkreis
Freilassing
Feldstorf
Haibach-ob d. Donau
Lassersdf.
Mußbach
Oberhart
Gerling
Grasbach
Guglbühel
Pesenb.
Schönleiten
Oed in Bergen
Krw.
Eschelberg
Vornholz
Obermallsee
St. Gotthard
0 1 2 km
1 : 100.000
N

sich nach rechts und bezwingen den letzten Hügel nach **Atzesberg**. Dort können Sie sich einmal am herrlichen Ausblick laben, bevor Sie sich in den Tierpark begeben. Falls Sie nach Altenfelden wollen, radeln Sie vor Atzesberg nach links weiter.

ALTENFELDEN

Vorwahl: 07282

- **Marktgemeinde**, ☎ 5590
- **Wildpark Altenfelden**, Verwaltung ☎ 0732/231314, ÖZ: tägl. 8-17 Uhr. Das 82 ha große Gelände mit über 1.000 Tieren von 96 Arten bietet die Gelegenheit, seltene, in der freien Wildbahn bereits ausgestorbene oder sogar rückgezüchtete Tierarten aus Mitteleuropa und aller Welt aus der Nähe zu beobachten. So sind u. a. Davidshirsche, Auerochsen, Vietnamesische Hängebauchschweine, das mit den Bisons verwandte Wisent oder eines der europäischen Wildpferde, der Tarpan, zu sehen.

Auf dem Weg zurück zur Donau halten Sie sich in **Hörhag** geradeaus und radeln durch die Hügellandschaft Richtung Kirchberg. Das Land wird ruhiger und reizvoller, die Straße führt an kleinen Dörfern vorbei. In **Seibersdorf** wählen Sie dann den rechten Weg, und etwa einen Kilometer weiter können Interessierte zum Ahnensitz der Familie Grillparzer nach Kirchberg abzweigen.

KIRCHBERG O. D. DONAU

- **Grillparzer-Hof**. Laut einer Urkunde von 1303 einst Sitz eines passauischen Ministerialen. Die Ahnenreihe des österreichischen Dramatikers Franz Grillparzers (1791-1872) läßt sich hier bis vor 600 Jahren zurückverfolgen.

Danach sausen Sie mit nicht allzuviel Schwung durch die engen Haarnadelkurven hinunter ins Donautal. In **Untermühl** an der Donau angekommen, rollen Sie über die Große Mühl und sind damit wieder auf dem Donauradweg.

Am Nordufer von Obermühl nach Aschach

Diese Variante können in erster Linie Mühlviertel-Ausflügler benützen oder all jene, die sich mal fernab großer Radlerkarawanen bewegen wollen und naturnahe Wege lieben. In Obermühl fahren Sie am historischen Getreidespeicher und der Fähre vorbei. Die weitere Strekke bis Untermühl ist nur bei trockenem Wetter und mit Geländereifen zu empfehlen.

OBERMÜHL ≈km 2157,5

Vorwahl: 07282

- **Gemeinde Kirchberg o. d. Donau**, ☎ 4055
- **Fähre**: März, April, Okt., Nov. 7.30–17 Uhr, Mai-Sept 7.30–18 Uhr, Juni, Juli, Aug. 7.30–19 Uhr.
- **Kornspeicher**, am östlichen Ortsrand. Erbaut wurde er mit dem auffälligen 16 m hohen Dachstuhl im Jahre 1618 und diente als Zollstation. Dieses bedeutende Renaissance-Wirtschaftsbauwerk, dessen charakteristischer Dachstuhl renoviert wurde, entging nur knapp den Folgen des Kraftwerksbaues.

Hinter Obermühl beginnt ein Wald- und Wiesenweg mit zahlreichen Schlaglöchern. Zu diesen gesellen sich noch einige Gesteinsbrocken, und damit ist die ideale Teststrecke für jedes neue Mountainbike perfekt. Sie können gelassen durch die einsame Donaulandschaft kurven. Erst nach 6 Kilometern meldet sich die „Zivilisation" mit dem Gasthof Schirtz zurück, was in diesem Fall auch angenehme Seiten hat. Weiter geht's dann auf einem schmalen Asphaltband durch die Hinteraigener Donauschlinge. Das Grün der Hänge dominiert immer noch das Bild.

Vor der Einmündung der Großen Mühl in die Donau fahren Sie zunächst unter der Brücke durch, um den Bach zu überqueren. Im Ort Untermühl bringt Sie die Fähre ans andere Ufer zur Hauptroute. Falls Sie die linksufrige Variante bis Oberlandshaag wählen, müssen Sie sich auf eine nicht ganz ungefährliche Schiebepartie auf einem schmalen Pfad gefaßt machen. Hier muß das Rad stellenweise sogar getragen werden!

UNTERMÜHL ≈km 2168

- **Fähre:** Mai-Juni 9-19 Uhr, Juli-Sept. 9-20 Uhr.
- **Schlößchen Partenstein**, am Gumpenbach nahe der Donaumündung. Die Burg entstand als passauische Festung auf einem Felsen beim Mühlknie und wird erstmals 1262 genannt. Heimatkundliche Sammlung.

Wer den Steig an den steilen Hängen zur Donau gemeistert hat, kann auf dem Treppelweg bequem weiterradeln. Ein Blick zurück auf das Schloß Neuhaus lohnt sich jedenfalls. Vor dem Kraftwerk Aschach weichen Sie einem kleinen Hafen aus, ein Übertritt auf der Sperrmauer ist nicht möglich. Die traditionsreiche Schifferstadt Aschach zeigt auf dem anderen Ufer seine schönen Häuserzeilen. Unter der Brücke durchgefahren, können Sie sich in der Kreuzung bei einem großen Bauernhof entscheiden: Für die Weiterfahrt auf der nördlichen Hauptroute biegen Sie rechts ab, nach Aschach und für die Südufer-Variante radeln Sie geradeaus und über die Brücke.

Auf der Hauptroute radeln Sie ab **Niederranna** bzw. ab der Abzweigung nach Marsbach auf dem Treppelweg weiter. Bei den Höfen in Freizell erfreuen Obstgärten und Wiesen den Blick. Danach werden Sie vom Uferwald eingehüllt, die Talflanken rücken näher aneinander.

Die Route führt Sie nun direkt um die berühmte Schlögener Schlinge, einige hundert Meter hinter der Feldzunge fließt die Donau bereits „rückwärts“! Von der anderen Flußseite grüßt der namensgebende Ort Schlögen mit einer großen Hotelanlage, die man hier gar nicht erwartet hätte. Und etwa 6 Kilometer weiter treffen Sie vor Au auf die erste **Schlögener Radfähre.** (ÖZ: April 10-17 Uhr, Mai/Juni 9-19 Uhr, Juli/Aug. 8.30-19.30 Uhr, Sept. 9-18 Uhr, Okt. 10-17 Uhr.) Eine zweite Überfuhrgelegenheit findet sich 500 Meter weiter entfernt bei **Au**. (ÖZ: Apr., Sept., Okt. tägl. 7.30-19 Uhr, Mai bis Aug. 7-20 Uhr.)

In Schlögen sollten Sie auf jeden Fall auf das rechte Ufer wechseln, denn es gibt keine zumutbare Möglichkeit, bis nach Obermühl durchzufahren. Der Naturschutz hat hier dem expandierenden Radtourismus eine Grenze gesetzt.

HAIBACH-SCHLÖGEN ≈km 2187

Vorwahl: 07279

- **Tourismusverband Haibach-Schlögen**, ☎ 8235.
- **Schiffahrt Schlögen**, ☎ 8212, Rundfahrten durch die Donauschlinge.
- **Ausgrabungsreste des Römerkastells Joviacum**. Das erhaltene Westtor ist das einzige noch sichtbare Tor eines römischen Lagers an der öst. Donau.
- **St.-Nikolaus-Kirche Inzell**. 900 Jahre alt und in den letzten Jahren renoviert.

Die Schlögener Schlinge

Zwischen Passau und Aschach schneidet sich die Donau tief und in ausgeprägten Mäandern in das böhmische Granitmassiv ein. Sie folgt somit nicht dem Verlauf der geologischen Grenze zwischen der Böhmischen Masse und den Gesteinen des Alpenvorlandes, sondern bildet eine Besonderheit. Nicht ganz freiwillig, wie man meinen könnte. Denn in den weichen Schichten des Tertiär suchte sich die Donau noch frei ihr kurvenreiches Bett. Durch die nachfolgende Hebung der Landmasse blieb dem Fluß kaum etwas anderes über, als sich mehr als 200 Meter tief einzugraben. Auf diese Weise entstand das heute bekannte und bewunderte Engtal. In der

Schlögener Schlinge hat sich allerdings der Granit als stärker erwiesen und die Donau zu einem Richtungswechsel von 180 Grad gezwungen. Wie dies eigentlich möglich war, darüber rätseln die Geologen bis heute.

Die schwierige Zugänglichkeit der bewaldeten Steilhänge bürgt auch für eine naturnahe Vegetation und große Artenvielfalt. Besonders im Frühling und im Herbst ergibt sich ein abwechslungsreiches Farbspektrum, die ausgedehnten Wälder verleihen dem Tal den Eindruck von Ursprünglichkeit. Im Gegensatz dazu rufen uns die kleinen Wiesenflächen und Höfe am Flußufer in Erinnerung, daß wir auf altem Kulturboden stehen.

Der Donauradweg führt also zwischen Schlögen und Obermühl nur auf dem rechten Ufer weiter. Auf einer idyllischen Strekke unter schattigem Laubwerk durchfahren Sie die andere Hälfte der Schlögener Donauschlinge. Nur einige Autos erzwingen auf der schmalen und kurvigen Straße immer wieder Ihre Aufmerksamkeit. Die Ruine Haichenbach ergänzt mit ihrem stumpfen Turm die schönen Landschaftsbilder. Nach 3,5 Kilometern beschaulicher Fahrt passieren Sie das alte Donaudorf Inzell, in dem eine romanische Kirche steht. Weltlichere Genüsse und zahlreiche Möglichkeiten zum Einkehren finden Sie hier ebenfalls.

INZELL ≈km 2183

St.-Nikolaus-Kirche. Das renovierte Kirchlein soll 1155 von einem Reichsgrafen, hier aus den Fluten gerettet, errichtet worden sein.

Im Dorf kehrt die Route wieder zum Fluß zurück, nachdem sie das Schüttland durchquert hat. Ab hier verfügen Sie ausschließlich über einen Radweg. Die landschaftliche Schönheit bleibt erhalten, aus dem Waldboden hervorstehende Granitfelsen erinnern an die formende Kraft des Flusses.

Hinter der nächsten Flußbiegung ist dann schon am Nordufer **Obermühl** zu sehen. Der markante Getreidespeicher aus der Renaissance, erkennbar am hohen hutförmigen Dach, hat die Hebung des Wasserspiegels infolge des Kraftwerksbaues nur mit Müh und Not überdauert. Ein wenig weiter kommen Sie zur Fährstation in **Kobling**, wo die Fähre nach Obermühl verkehrt. (ÖZ: März, Apr., Okt., Nov. 7.30-17 Uhr, Mai-Sept 7.30-18 Uhr, Juni-Aug. 7.30-19 Uhr.) Wer es sich doch noch überlegt hat, kann drüben im romantischen Tal der Kleinen Mühl die Reise zum Wildpark Altenfelden antreten. Außerdem ist am Nordufer bis Untermühl und mit Einschränkungen weiter bis Oberlandshaag eine Radroute vorhanden, die allerdings nur unternehmungslustigen Naturfreaks Freude bereiten wird.

Gleich nach der Touristen-Information in Kolbing, dort wo die Straße anzusteigen beginnt, trennt sich der Donauradweg vom Sauwald-Radweg, und Sie gelangen linker Hand durch einen Jungwald wieder ans Donauufer. Bis Untermühl mit der nächsten Fähre haben Sie noch 10 Kilometer vor sich. Auf einem gut ausgebauten Treppelweg rollen Sie jetzt der nächsten Donauschlinge bei Hinteraigen entgegen. Weiterhin bestimmen Fluß und Wald das Bild, schöner kann eine Radreise kaum sein.

4
Wieshof
Geitenedt
Lichtenbg.
927
Ghf. zur Gis
Eschelberg
St. Gotthard-
-i. Mühlkr.
545
Gramastetten
Oberstraß
Obermallsee
Lacken
Vornholz
Krw.
521
534
Aschach a.d.D.
(268)
Bad-
-Mühllacken
Rottenegg
Türkstetten
Asberg
Lands-
-haag
Bergheim
Mursberg
Hamberg
Neu-
Alt-
-lichtenberg
564
Pesenb.
266
Feldkirchen-
-a.d.Donau
Filialkirche
Freudenst.
Tiergarten
365
390
Walding
270
Nd.-
-Ottensheim
Koglerau
685
263
Rodl
Mühldf.
Pösting
Weidet
262
Ottensheim
Dürnberg
Ufer
258
Wilhering
PÖSTLINGBERG
539
LINZ
(266)
Goldwörth
Krw.
Zisterzienser-
kloster
Unt.-
-Schaden
Wörth
St. Hippolyt
Ob.-
DONAU
Edramsbg.
Puchenau
URFAHR
Kürnberger Wald
EFERDING (271)
N
Mühlb.
Schloß-
museum
Martinskirche
Graben
Güttlfeld
Inn
261
Gstocket
Bergham
Raffelding
0 1 2 km
1 : 100.000
526
WALDEGG

Oberhalb von Untermühl, auf der gegenüberliegenden Seite, erscheint dann der bemerkenswerte Kettenturm vom **Schloß Neuhaus**. Es ist eine der größten Burganlagen im oberösterreichischen Donautal mit schönen Renaissancebauten und heute noch bewohnt. Beim Gasthaus Kaiserhof, zu dem ein großer Campingplatz gehört, laden einige Bänke zur Rast und zum entspannten Blick auf die Donau ein.

Am Ufer befindet sich die Anlegestelle der **Fähre nach Untermühl** (ÖZ: Mai-Juni 9-19 Uhr, Juli-Sept. 9-20 Uhr). Ein Wechsel ans andere Ufer lohnt sich hier jedoch nicht mehr, von Aschach trennen Sie nur noch 8 Kilometer.

Ab dem Kaiserhof fahren Sie wieder auf einer Anrainerstraße am Ufer und können gegenüber die vorläufig letzte Felsenpartie bewundern. Kleine Feuchtbiotope machen unterwegs auf sich aufmerksam, wohl durch die fürsorgliche Hand der Donaukraftwerke AG entstanden. Wo dann die Staustufe Aschach in Sichtweite kommt, halten Sie sich in der Weggabelung rechts. Der faszinierende Talabschnitt geht allmählich in die Ebene des Eferdinger Beckens über, und vor Aschach gesellt sich wieder Industrie zum Landschaftsbild.

Beim Kraftwerk Aschach gibt es wieder eine Informationsstelle mit Zimmervermittlung, eine Überfahrt ist jedoch nicht möglich. Nicht viel weiter haben Sie die ersten Häuser von Aschach erreicht und gelangen kurz darauf an die Uferpromenade. Von der ruhmreichen Schiffervergangenheit des Marktes zeugen heute noch die zahlreichen gepflegten Bürgerhäuser der Donauzeile. Nach der Schiffsanlegestelle erreichen Sie rechter Hand über eine der Seitengassen den historischen Ortskern.

ASCHACH ≈km 2160

Vorwahl: 07273

- **Tourismusverband**, ☎ 6355-12
- **Rad-Info**, beim Kraftwerk, ☎ 7000, ÖZ: Mai-Okt. tägl. 13-19 Uhr.
- **Historischer Ortskern**. Die meisten Althäuser mit ihren reizvollen Höfen und Laubengängen entstammen stilistisch der Gotik oder der Renaissance, ihre Fassaden tragen häufig Stuck des 18. und 19. Jh.
- **Schloß Harrach**, Südende des Markts. Die Anlage entstand um 1606 aus Anlaß der Vermählung Karls von Jörger und war einer der bedeutendsten profanen Renaissancebauten in Oberösterreich. Unter dem Architekten Lukas von Hildebrandt erfolgte 1709 ein größerer Umbau.
- **Pfarrkirche**. Der gotische Bau stammt aus 1490, wurde im 19. Jh. erweitert und in der Folge nach Plänen von Clemens Holzmeister umgebaut. Am Hochaltar das verehrte „Donaukreuz", angeschwemmt in Aschach im Jahre 1693.
- **Zehnertrauner**, Grünanlagen. Das alte Ruderschiff wurde nach Originalvorlagen von 3 alten „Schoppern" gebaut und war Teil der Landesausstellung 1994 in Engelhartszell.
- **Pfarrkirche von Hartkirchen** (1,5 km westlich). Die seit 898 urkundlich erwähnte Kirche ist die älteste in weitem Umkreis. Um 1750 wurde sie barockisiert und mit imposanten Freskenfolgen, spätbarocker Illusionsmalerei und reichem Dekor ausgestattet.
- **Faustschlößl**, Landshaag, linkes Donauufer. Der Sage nach sei Doktor Faust donauabwärts auf einer Reise zu Kaiser Friedrich III., um diesen Alchimie zu lehren, hier vorbeigefahren. Im schloßähnlichen Gebäude Hotelbetrieb.

Die alte Mautstätte ***Aschach*** *geriet im großen Bauernkrieg von 1626 ins Zentrum der Ereignisse und wurde von den Aufständischen mehrmals eingenommen und ausgeraubt. Bis* *zur Wende zum 20. Jahrhundert bestimmten dann Schiffbau und Schiffahrt das Werden des Marktflecken. Hier leben heute noch alte, vielleicht letzte Schopper, die das traditionelle Handwerk verstehen und die rund 20 Meter langen, bis zu 15 Tonnen schweren Donauplätten, eine Art Holzschiff, bauen können.*

Ab Aschach können Sie zwischen zwei gleichwertigen Möglichkeiten für die Weiterfahrt bis Ottensheim wählen: Die Hauptroute am Nordufer führt zunächst ins fruchtbare Schwemmland nach Feldkirchen und verläuft in der Folge am Damm. Von Feldkirchen aus können Sie durch die Südausläufer des Mühlviertels zum kleinen Tiergarten bei Walding gelangen. Die Variante am Südufer bleibt durchgehend am Uferweg, Sie können sie aber durch einen reizvollen Ausflug ins Gemüseland um Eferding ergänzen. Beim Kraftwerk Ottensheim oder bei der Fähre von Wilhering besteht die Möglichkeit, das Ufer zu wechseln.

Für die Hauptroute schwenken Sie unmittelbar vor der Aschacher Donaubrücke nach rechts, um nach 400 Metern auf die Rampe einbiegen zu können. Wenn Sie die

Südufer-Variante wählen, wechseln Sie auf den ufernahen Rad- und Gehweg und fahren unter der Brücke durch.

Der Hauptroute aber auf's Nordufer gefolgt, zweigen Sie bei erster Gelegenheit nach rechts ab. Unten bei der Kreuzung mit dem Bauernhof am Eck halten Sie sich links. Etwa 300 Meter weiter, in **Unterlandshaag**, folgen Sie dem Donauradweg geradeaus und radeln bald durch abwechslungsreiches Bauernland. Felder, Obstgärten und alte Vierkanthöfe säumen die ruhige Straße, die immer wieder markante Haken schlägt. Da es in diesem Bereich keine gut befahrbare Möglichkeit in Ufernähe gibt, begibt sich die Route landeinwärts Richtung Feldkirchen. Dort eingetroffen, biegen Sie an der ersten größeren Kreuzung rechts ab, wenn Sie wieder zur Donau möchten.

FELDKIRCHEN

Vorwahl: 07233

- **Marktgemeindeamt**, ☎ 7255-22
- **Pfarrkirche.** Die gotische Staffelkirche mit Netzrippengewölbe wurde um 1510 errichtet.
- **Wasserschilauf**, Feldkirchner Badesee nahe der Donau, ☎ 6727. Von Mai bis Okt.
- **Modelleisenbahn**, Goldwörth (5 km südöstlich). Hier gibt es die größte Modelleisenbahnanlage Österreichs im Maßstab 1 : 8 zu bewundern.

Für den Ausflug nach Walding fahren Sie etwas nach links versetzt weiter. Diese Route enthält zwar einige Steigungen, dafür bieten sich recht schöne Ausblicke. Nach dem Besuch im Tiergarten Walding kehren Sie dann in Ottensheim zur Hauptroute und zur Donau zurück.

Zum Tiergarten Walding 13 km

Die kleine Mühlviertel-Variante „entführt“ Sie von der Donau zum Schloß Mühldorf und zur Erlebniswelt des Tiergartens Walding.

Sie fahren in Feldkirchen rechts an der Kirche vorbei und erreichen auf einer etwas breiteren Landstraße **Pesenbach**. Vielleicht nehmen Sie sich ein wenig Zeit, um in der Kirche St. Leonhard den Flügelaltar aus dem 15. Jahrhundert zu besichtigen.

PESENBACH

Vorwahl: 07233

- **Schloß Mühldorf**, 2,5 km östlich. Die Burg mit dem gotischen Torturm und ursprünglich von einem Wassergraben umgeben, fand 1347 erstmals Erwähnung, heute in Privatbesitz. Reitmöglichkeit.
- **Filialkirche in Pesenbach**, 1,5 km östlich.. Die dreischiffige Pfeilerbasilika aus der 2. Hälfte des 14. Jh. ist ein bedeutender Wallfahrtsort des hl. Leonhard. Der auch kunsthistorisch wertvolle Hochaltar wurde 1495 angefertigt und das letzte Mal 1857 auf Antreiben Adalbert Stifters renoviert.
- **Naturschutzgebiet Pesenbachtal**, ab Bad Mühllacken. Der Pesenbach schuf durchs Granit des Mühlviertels eine wildromantische Tallandschaft mit bizarren Felsformationen.

Nach Überquerung des Baches lenken Sie nach rechts und folgen weiter der Hauptstraße. Rechter Hand bietet das Mühldorfer Schloß einen imposanten Anblick. Ein kleiner Abstecher zu dieser herrschaftlichen Anlage lohnt sich möglicherweise wegen des dort untergebrachten Gasthofes. Etwa 800 Meter nach der Abzweigung zum Schloß biegen Sie links nach **Vogging** ab. Eine schmale Straße führt den angrenzenden Anhöhen entgegen. Nach zwei kleinen Siedlungen stoßen Sie auf eine verkehrsreiche Straße und fahren nach rechts. Schon nach 400 Metern können Sie die Bundesstraße bereits nach links verlassen.

Dort finden Sie das erste Hinweisschild „Zum Tiergarten“. Gleich nach der Kapelle wählen Sie den Weg zur Rechten, der durch Wald und Grünland bergauf führt. In sanften Kurven bringen Sie die Steigung hinter sich und schwenken bei der Weggabelung hinter den Höfen nach links zum Tiergarten. Er ist noch etwa 1,5 Kilometer entfernt. Von dieser Kreuzung aus wandert der Blick schon wohltuend über das tieferliegende Donauland. Unterwegs zum Tiergarten biegen Sie gleich wieder rechts ab und beanspruchen Ihre Wadenmuskel noch einmal. Der Weg führt Sie durch eine Streusiedlung. Nach gut einem Kilometer zweigen Sie vor einem Gehege rechts ab und sind bald am Ziel angelangt.

WALDING

- **Tiergarten Walding**. ÖZ: tägl. 9-19 Uhr, Elefantenvorführung mit anschließendem Reiten: Sa, So, Fei 15 Uhr. Im Tierpark sind u. a. Waldkauz, Affen, Puma, Jaguar, Lamas und Zwergesel zu sehen.

Nach der Besichtigung können Sie auf dem gleichen Weg zur Route zurück oder, wenn Sie grob beschaffene Wege nicht scheuen und über gute Bremsen verfügen, geradeaus auf dem kürzeren, abschüssigen Fußweg weiterfahren. Hier haben Sie ein paar hundert Meter stark abgenutzten Asphaltbelag und danach eine geschotterte Strecke vor sich. Nach der Einmündung in eine breitere Straße erreichen Sie schließlich bei der Brücke über die Rodl die Hauptstraße und wenden sich nach links.

Folgen Sie jedoch lieber der Asphaltstraße, biegen Sie in **Lindham** links ab und passieren knapp einen Kilometer weiter die Rodl. Vor Walding werden auch die Bundesstraße und die Gleise der Mühlkreisbahn überquert. Wenn Sie sich an der nächsten Kreuzung rechts halten, kommen Sie direkt in den Ortskern von **Walding.**

Dann folgen Sie dem Verlauf der Hauptstraße Richtung Ottensheim. Nach der zweiten Rechtskurve zweigen Sie dann links in die Ottensheimer Straße ab. Sie überqueren einen Steg und fahren entlang von Obstgärten. Weiter geht es auf der Weingartenstraße, womit Sie bis vor dem Ziegelwerk in Ottensheim links der Bahn bleiben. Dort fahren Sie über die Gleisanlage und auch über die Bundesstraße. Mit Blick auf die Kirche radeln Sie auf der

Bahnhofstraße nach Ottensheim hinein. Bei der Kirche halten Sie sich links und finden sich auf dem sehenswerten Marktplatz wieder. Von dort geht's hinunter zum Donauufer, wo Sie auf den Radweg nach Linz treffen.

Die Hauptroute führt von **Feldkirchen** wieder zur Donau zurück. Am Ortsrand biegen Sie Richtung Weidet ab und radeln zwischen den Feldern dahin. In der kleinen Siedlung beschreibt die Straße einen Rechtsknick, 300 Meter weiter, bei der kleinen Holzkapelle, zweigen Sie dann links ab. Sie passieren einen schmalen Uferwald und einen Begleitgraben, dann sind Sie wieder am Treppelweg am Damm angelangt. Gut asphaltiert zieht er schnurgerade dahin. Bis Ottensheim haben Sie noch 12 Kilometer zurückzulegen.

Nach 1,5 Kilometern kommen Sie nahe an den **Feldkirchner Badeseen** vorbei, wo Sie mit dem Wasserschilift auch mal ein anderes Fortbewegungsmittel ausprobieren können. Den See erreichen Sie auf einem schmalen Pfad, der vom Damm hinunterführt, und über einen Steg, der über den Begleitgraben führt. Die Fahrt am Damm erfordert weiter keine Orientierungskünste, das Bild wird zunehmend vom Kraftwerk Ottensheim bestimmt.

Wenn Sie nach einer Einkehrmöglichkeit Ausschau halten, so nehmen Sie am besten die zweite Abzweigung nach **Goldwörth**. Sie befindet sich 3 Kilometer nach den Badeseen. Ein befestigtes Weglein geleitet Sie dann über zwei Wasserarme und linksherum in das einstige Goldwäscherdorf.

Gold und Perlen aus der Donau

Neben Fischfang, Schiffswesen und Energiegewinnung waren diese „Wirtschaftszweige" am Fluß freilich immer nur Zwerge, kulturgeschichtlich sind sie aber umso interessanter. Es waren vor allem die Nebenflüsse der Donau, die aus dem Norden aus dem Urgestein kommen, begehrte Fundorte für die Perlfischer. Perlbäche dürfen nicht viel Kalk enthalten. Die wasserklar bis rot-grünen Kügelchen bilden sich in der etwa 10 cm langen Flußperlmuschel (Margaritana margaritifera). Durch ein Sandkörnchen entsteht eine Stelle, an der die Muschel Perlmutt ablagert, ein Prozeß, der 15 bis 20 Jahre dauert. Allerdings barg nicht jede Schale eine Kostbarkeit, so gab es unter 500 bis 2000 Muscheln nur eine mit einer Perle.

In der Diözese Passau wurde die Perlgewinnung sogar systematisch betrieben, und die „Passauer Perlen" erfreuten sich lange Zeit großer Beliebtheit. Aber auch anderswo sind Wertgegenstände mit Flußperlen aus der Donau geschmückt, etwa die Mitra (Bischofsmütze) der Linzer Stadtpfarrkirche.

Ähnlich war's beim Gold: Trotz der scheinbaren Aussichtslosigkeit des Unterfangens, sind an der Donau eine Reihe von Goldwäschen sogar aus der jüngeren Vergangenheit belegt. Im Jahr 1733 wurden beispielsweise 93,3 g Linzer Waschgold bei der Wiener Münze eingelöst, und in Mauthausen gab es noch im 19. Jahrhundert eine bescheidene Goldgewinnung, betrieben vorwiegend von Roma. Ortsnamen wie Goldwörth a. d. Donau, das sich bis ins 11. Jahrhundert zurückverfolgen läßt, geben von dieser „Zunft" Zeugnis.

Die Methoden waren relativ einfach. Durch ein Holzgitter wurde Schotter auf einen

Waschtisch geworfen. Der Schotter blieb im Gitter, der Sand wurde fortgeschwemmt, Goldflitter und Mineralkörner blieben im Wolltuch hängen. Aus diesem Stoff entfernte man schließlich mittels Magnet die restlichen Eisensteinchen. Der nunmehr gebliebene Goldschlich wurde mit Quecksilber legiert, in einen Lederbeutel gefüllt, das flüssige Schwermetall wurde durchgepreßt und das Gold blieb im Beutel. Der Ertrag dieser mühsamen Prozedur war denkbar gering, die Jahresmenge eines erfolgreichen Goldwäschers war ein haselnußgroßes Goldklümpchen. Man nimmt an, daß die gesamte Ausbeute aus der Donau bis heute nicht viel mehr als 20 kg gewaschenes Gold ausmacht. Diese Menge reichte jedoch aus, um in Bayern zwischen 1756 und 1830 Flußdukaten zu prägen oder so manche Meßkelche der Stifte in Klosterneuburg und Göttweig zu vergolden.

Am Damm radeln Sie noch etwa 3 Kilometer bis zur Anlagestelle für Motorboote kurz vor dem **Kraftwerk Ottensheim** und folgen dem Weg, der im rechten Winkel nach Ottensheim abzweigt. Geradeaus ginge es über die Sperrmauer zur südlichen Variante nach Wilhering. Sind Sie erst nach 20 Uhr unterwegs, so müssen Sie für den Übertritt die Gegensprechanlage betätigen.

Die Hauptroute führt nach einer langen Rechtskurve an einem Donauarm entlang, der sichtlich als Ruderstrecke dient. Der Weg macht einen Schlenker in den Auwald, um einen Bach zu überqueren, und verläuft danach weiter am Ufer. Am Horizont kündigen sich zwei bevorstehende Sehenswürdigkeiten an: das Schloß Ottensheim und in der Ferne die Wallfahrtskirche am Pöstlingberg über Linz.

Sie bleiben am Uferweg, bis er schließlich dem Flüßchen Rodl weichen muß und sich landeinwärts wendet. Die Route führt dann nach rechts über die Brücke. Wer zum Camping Rodlhof will, hält sich hier geradeaus und folgt dem Uferweg entlang der Rodl. VorOrtsbeginn von Ottensheim zweigt der Radweg rechts ab und erreicht wieder das Donauufer. Der Promenadeweg führt um den bemerkenswerten Bau des Schlosses herum, das auf einer leichten Erhöhung über einer Häuserzeile thront. Beim Zentrum finden Sie die Station der Rollfähre, die - voll ökologisch! - an einem über die Donau gespannten Stahlseil hängend und dank der Strömungskraft von einem Ufer zum anderen wechselt.

An einer der Hauswände sehen Sie hier alte Hochwassermarken, die letzte verheerende Überschwemmung ereignete sich in dieser Gegend 1954. Zur Linken gelangen Sie zum sehenswerten Marktplatz.

OTTENSHEIM ≈km 2144

Vorwahl: 07234

- **Marktgemeindeamt**, Marktpl. 9, ☎ 2255-0
- **Fähre Ottensheim-Wilhering**: tägl. 6.30 - 19.30 Uhr, letzte Abfahrt nach Wilhering 19.15 Uhr, letzte nach Ottensheim 19.20 Uhr. Betriebsbeginn So, Fei 8 Uhr.
- **Schloß**. Von der mittelalterlichen Ausstattung des einst Babenbergischen Vorpostens sind der mächtige Bergfried und der Nord- und Ostflügel mit Rundturm erhalten, nicht öffentlich zugänglich.
- **Historischer Marktkern**. Trotz wiederholter Marktbrände gibt es einige sehenswerte Häuser wie z. B. das „Kindlhaus", das mit einer Ottensheimer Gründungslegende in Verbindung steht.
- **Pfarrkirche**, Marktpl. Erbaut 1450-1520 und Ende des 19. Jh. durch die Nepomukkapelle ergänzt. Ältester Teil der Anlage ist die Gruft mit Skeletteilen aus dem alten Friedhof und der mumifizierten Leiche einer (Edel-)Frau.

Ab Ottensheim verläuft die Hauptroute weiterhin am linken Ufer, da am Südufer kein Radweg vorhanden ist. Die Stiftskirche und die klösterliche Anlage der Zisterzienser in Wilhering am Südufer sind aber einen Abstecher wert. Danach können jene, die sich von Autos nicht schrecken lassen, von Wilhering aus gleich auf der Straße bis Linz durchfahren. Der Radweg am Nordufer über Puchenau ist landschaftlich nicht so reizvoll.

Am Südufer von Aschach nach Wilhering

Diese Route verläuft ab der Aschacher Donaubrücke direkt am Ufer und am Rande eines Auwaldes. Hier läßt es sich gemütlich radeln. Nach 3 Kilometern überqueren Sie bei Brandstatt in einem Rechtsschwenk einen Zufluß der Donau und fahren an der Schiffsstation vorbei. Dann befinden Sie sich wieder am Donauufer.

Während der Donauradweg am Damm weiterzieht, zweigt nach ein paar hundert Metern der Ausflug nach Eferding ab. Diese teilweise ausgeschilderte Tour durch reizvolles Bauernland erreicht nach 5,5 Flußkilometern wieder die Donau und verläuft größtenteils auf verkehrsarmen Landstraßen.

Ausflug nach Eferding 11 km

Mit einer bunten Bauernschüssel wird sie verglichen, die fruchtbare Beckenlandschaft rings um Eferding. In Eferding verkehrten einst Johannes Kepler und Paracelsus.

Sie wechseln nach dem Gasthof vom Donauufer auf die Straße und radeln am begleitenden Radweg durch weite Gemüsefelder. Nach der Ortstafel von Eferding biegen Sie links ab und fahren auf einer ruhigen Nebenstraße zunächst um das Städtchen herum. 600 Meter nach der Siedlung Wörth gelangen Sie rechter Hand über den Stefan-Fadinger-Weg in den Ortskern von Eferding. Am beschaulichen Markt fällt der Keplerhof auf, in dem Johannes Kepler 1613 seine Hochzeit mit einer hiesigen Bürgerstochter feierte.

EFERDING

Vorwahl: 07272

- **Tourismusverband**, Stadtpl. 1, ☎ 2331
- **Stadtmuseum, Starhembergisches Familienmuseum**, Schloß, ☎ 2529, ÖZ: So, Fei 9-12 Uhr o. n. Vereinbarung. Historische Dokumentation der Stadt und des Eferdinger Beckens im Verbund mit der Geschichte der bedeutendsten Grundherren.
- **Stadtpfarrkirche St. Hippolyt**. Der 1451-1504 entstandene Dom gehört neben Braunau und Steyr zu den bedeutendsten Hallenkirchen Österreichs. Sehenswert das prächtige Netzrippengewölbe, die barocke Kanzel von 1660 und die Doppelwendeltreppe.
- **Schloß**, Stadtplatz. 1416 von den Schaunbergern als „Neue Veste" errichtet und von Georg A. Starhemberg 1784 erweitert. Schöne Bauelemente aus der Gotik sind zu sehen.
- **Spitalkirche und Schiferstift**, östl. Stadteinfahrt. Die Kirche war Teil eines von Schaunberger Rudolf dem Schifer um 1325 gestifteten Spitals und weist im Innenraum Spätrenaissancecharakter auf.
- **Alter Stadtkern**. Die Häuser des Stadtplatzes stammen im wesentlichen aus dem 15. Jh., der Stil der Fassaden erstreckt sich jedoch von der Gotik bis zum Jugendstil.
- **Bauernkriegs-Denkmal Seebacher Moos**, 1 km westl. vor Hinzenbach. Das Denkmal erinnert an die Anführer des größten Bauernaufstandes auf dem Gebiet des heutigen Österreichs, Stefan Fadinger und Christoph Zeller.

Eferding stand im Mittelpunkt der Ereignisse im von Stefan Fadinger angeführten großen Bauernaufstand im Jahr 1626. Nach der Niederschlagung wurde die Stadt bis 1848 grundherrschaftlich verwaltet, vornehmlich unter den Starhembergern. Aus ihren Reihen gingen zwei Persönlichkeiten hervor, die für Österreich von Bedeutung waren: Ernst Rüdiger Graf von Starhemberg, Verteidiger von Wien im Türkenkrieg von 1683 und Ernst Rüdiger Starhemberg, Heimwehrgründer und Vizekanzler der Ersten Republik. Aber auch Paracelsus schrieb hier sein Werk über Entstehung und Heilung von Steinkrankheiten und Johannes Kepler heiratete gar in Eferding.

Die Weiterfahrt durch das Eferdinger Becken setzt wieder an der Kreuzung mit dem Stefan-Fadinger-Weg an, und Sie fahren am Ortsrand am Bad vorbei. Nach Überquerung eines Gerinnes halten Sie sich links Richtung Taubenbrunn. Eine schmale Landstraße nimmt Sie mit sich, die vergnügliche Reise durch das Gemüseland kann beginnen. Nach 800 Metern kommen Sie zu einer Verkehrsinsel und setzen die Fahrt nach rechts fort. Bei der nächsten Kreuzung ändern Sie die Richtung nicht. Danach radeln Sie durch die Ortschaft **Taubenbrunn.** Am Ortsende fahren Sie nach links über den Innbach.

Reizvoll schlängelt sich die Straße durch die Felder. Alle möglichen Gemüsesorten werden hier kultiviert:, aber auch Mais, Rüben, Kartoffel und Obst sind häufig anzutreffen. An der nächsten höherrangigen Straße halten Sie sich links und radeln durch das Dorf Inn. Neben einer Bauernhofgalerie sind hier einige schöne Höfe zu sehen. Die Straße beschreibt eine markante Rechtskurve und schlängelt sich in unzähligen Windungen weiter nach **Trattwörth**. Hier können Sie sich mit einer Bauernjause verwöhnen.

Weiter geht's durch Kraut und Rüben, so manch Bauernhof lockt mit Ausschank von Most. Nach den letzten Höfen in **Aham** zweigt die Route nach links Richtung Wilhering ab. Nach einem weiteren Kilometer folgen Sie der Vorrangstraße nach links. Weiden und Pappeln künden von der Nähe des Flusses. Sie fahren zuerst über den Innbach, die Straße schlägt danach einen Haken nach rechts, dann über die Aschach. Die Rutzinger Au durchqueren Sie auf einem gekiesten Weg und sind somit am Damm. Hier treffen Sie auf den gut asphaltierten Donauradweg, der seit Brandstatt immer am Donauufer verlief. Nach Wilhering geht's nach rechts weiter.

Ungehindert kommen Sie so zur Staustufe Ottensheim-Wilhering. Hier können Radfahrer problemlos auf das andere Ufer wechseln. Nach 20 Uhr müssen Sie allerdings die Gegensprechanlage benutzen, damit Ihnen das Tor geöffnet wird. Die nächste Gelegenheit, zur Hauptroute am Nordufer zu wechseln, bietet sich bei der Rollfähre in Wilhering.

Am Südufer jedoch wechselt die Route vor dem Eingang zum Kraftwerk auf den Betriebsweg, der geradewegs vom Kraftwerk wegführt. Nach der Innbachbrücke und noch vor dem Campingplatz biegen Sie in einem spitzen Winkel nach links ab. Am Ufer des Innbaches gelangen Sie wieder zur Donau und setzen die Fahrt am aufschlußreichen Fischlehrpfad fort. Leider stehen die Infotafeln über heimische Fischarten für Ihre Fahrtrichtung nicht gerade günstig. Auf der gegenüberliegenden Seite nimmt sich der Bergfried des Ottensheimer Schlosses immer imposanter aus.

Nach dieser geraden Strecke führt der Weg über den Mühlbach und wendet sich danach gleich nach links. Auf einem Fuß- und Radweg kommen Sie zur Fähre nach Ottensheim, wo Sie wieder an die Hauptroute anschließen können. Der Ort Wilhering mit dem sehenswerten Zisterzienserstift liegt noch etwa einen Kilometer entfernt und ist auf einem Radweg entlang der Landstraße zu erreichen.

WILHERING ≈km 2142

Vorwahl: 07226

- **Gemeindeamt**, Linzer Str. 14, ☎ 2255.
- **Stiftsgebäude.** Nach der Gründung um 1200 erfolgte der erste große Ausbau zu Mitte des 18. Jh. im Stil des Rokoko, jedoch blieb das Stift architektonisch – ähnlich wie Göttweig – ein Torso.
- **Stiftskirche Mariä Himmelfahrt**. Mit dem Bau der Kirche 1733-51 wurde einer der hervorragendsten Sakralräume des Rokoko in Österreich geschaffen, dessen besondere Bedeutung sich in erster Linie auf den Innenraum gründet. Dort erreichen alle schmückenden Künste mehr als nur Dekoration.
- **Stiftsgarten**. Die Anlage entstand 1833 nach dem Muster englischer Landschaftsgärten (u. a. eine vermutlich 800 Jahre alte Eibe) und umfaßt auch eine große Orangerie in klassizistischer Biedermeierarchitektur.
- **Fischlehrpfad**, am Uferweg zwischen Kraftwerk und Ortschaft Ufer. 84 Schautafeln bringen die heimischen Fischarten (auch bereits ausgestorbene) näher.

Von hier können Sie auch auf der landschaftlich reizvollen Donauuferstraße nach Linz radeln, mangels Radverkehrsanlagen und des stoßweise regen Verkehrsaufkommens ist diese Möglichkeit nicht empfehlenswert.

Straße der Christen, Herzöge und Helden

Eine Kulturbarriere war die Donau nur in römischer Zeit. Der Donauraum bedeutete traditionell mehr eine Bewegungsachse, entlang der sich Völkerwanderung, Christianisierung und Herrschaftsbildung orientierten. In diesem Übergangsfeld zwischen West und Ost sind die Passauer Kleriker dem Lauf der Donau gefolgt und hinterließen ihre Spuren über Wien hinaus bis zur großen Domkirche von Gran, dem heutigen Esztergom. Im 12. Jahrhundert gab es bereits 14 passauische Eigenklöster in Österreich, aus denen schließlich auch die großartige Klosterlandschaft an der Donau hervorging, wie wir sie heute kennen.

Den gleichen Weg ist das werdende österreichische Landesfürstentum mit seiner „wandernden Residenz", den Pfalzen, gegangen, vorbei an Pöchlarn nach Melk und dann recht zaghaft nach Tulln und Klosterneuburg. Waren die Babenberger als Markgrafen und bald als Herzöge einmal in Wien, da gerieten sie in den Sog des Stromes, der sie nach Osten trieb, bis das große östliche Reich, die „Donaumonarchie", auf ihre Ursprünge zurückgeführt war.

Die Donau gab auch Kriemhild die Richtung vor, auf ihrer Reise von Worms nach Gran zu Etzel. Das Nibelungenlied, das bedeutendste deutschsprachige Heldenepos und das Gegenstück zur Homerschen „Ilias", das immer noch wie ein unergründlicher Findling der Literatur ruht, dürfte um 1200 von einem oder mehreren Dichtern aus Österreich verfaßt worden sein.

Wie ein früher Reisebericht wirken heute die Abschnitte des Nibelungenliedes:

„Auf ihrer Reise zu ihrem Verlobten macht Kriemhild mit ihrem Gefolge in Passau Station, um ihren Onkel Pilgrim zu besuchen, ehe sie der Donau entlang Etzels Umarmungen entgegenfährt. Über Eferding geht es in mehreren Etappen auf dem Landweg bis nach Pöchlarn, der Heimat Markgraf Ruedigers, dem Brautwerber von König Etzel. Über Melk und Mautern erreicht der Zug schließlich Traismauer. Dort zieht sich Kriemhild vier Tage lang zurück, um sich auf die Begegnung mit ihrem zukünftigen Mann vorzubereiten. Etzel erwartet sie in Tulln, wo Kriemhild huldvoll seinen ersten Kuß entgegennimmt. Am nächsten Tag reist die Gesellschaft nach Wien, um die Hochzeit vor Gott zu besiegeln, ehe die Gesellschaft Österreich verläßt und nach Ungarn weiterzieht."

Ab der **Fährstation in Ottensheim** (am Nordufer) fahren Sie auf einem Fuß- und Radweg am Fluß weiter. Nach der Sportanlage verläßt der Weg das Donauufer und führt über einen Holzsteg, der von wucherndem wilden Hopfen umgarnt ist. Danach geht es unter der Straße und über einen ungeregelten Bahnübergang. Dort folgen Sie dem grünen Schild nach rechts Richtung Linz.

Bevor die Bundesstraße dann im Tunnel verschwindet, fahren Sie erneut unter der Straße durch. Auf der von Kastanien geschützten Terrasse des Gasthauses Dürnberg kann man sich noch der Betrachtung des Ortes Ottensheim mit dem malerischen Donaustrom im Vordergrund hingeben.

Bis Linz steht Ihnen jetzt eine weniger attraktive, wenn auch sichere Strecke entlang einer stark befahrenen Straße bevor. Wenn Sie für dieses Stück auf die Bahn umsteigen möchten, haben Sie hier bei der Bahnstation **Dürnberg** Gelegenheit dazu.

Nach dem Stationsgebäude schwenken Sie nach links und unterqueren die Straße ein drittes Mal. Drüben folgen Sie dem Radweg, der die stark befahrene Bundesstraße begleitet. Die Donau durchfließt vor Linz eine weitere Engstelle. Auf der Landschaftsbühne setzen steile Talflanken gleich Vorhängen einen Schlußstrich hinter das Eferdinger Becken. Nach gut 4 Kilometern erreichen Sie das Ortsgebiet von Puchenau, das fast ausschließlich aus Gewerbebetrieben besteht.

PUCHENAU ≈km 2139

Sie passieren zwei größere Kreuzungen und bleiben stets links der Straße. In schneller Fahrt erreichen Sie den Stadtrand von Linz, wo der Radweg unter der Straße zum Donauufer führt. Am Ufer laden zwei Gastgärten zur Rast ein, bevor Sie die Nibelungenbrücke im Stadtzentrum erreichen. Der Donauradweg verläuft dann geradeaus weiter.

Für den Besuch von Linz aber schwenken Sie vor der Brücke vom Ufer weg und umfahren das neue Rathaus linksherum. So gelangen Sie zur Brücke, auf der in beiden Richtungen Radwege vorhanden sind. In gerader Verlängerung von der Brükke kommen Sie zum Linzer Hauptplatz mit der Pestsäule. Um diesen herum erstreckt

Linz
0 100 200 300 400 m 500
1 : 20 000
URFAHR
DONAU
Nibelungen Brücke
Hauptplatz
Eisenbahn Brücke
Eissporthalle
Parkbad
Brucknerhaus
Schiffstation für Busse
Urfahrer Jahrmarkt
Urfahrer Friedhof
LENTIA 2000
Neue Galerie
Kaisergasse
Elisabethstr.
Dinghoferstr.
Volksgartenstraße
Prunerstr.
Museum
Graben
Donaustr.
Mariensfr.
LANDSTRASSE
Herrenstr.
Promenade
Hafnerstr.
Kroatengasse
Hopfengasse
Sandgasse
Kellerg.
Waldeggstr.
Beethovenstr.
Gesellenhausstr.
Römerberg Tunnel
Kapuziner Kloster
Botanischer Garten
Stadion der Stadt Linz
Sporthalle
Landes-Turn-Sportschule
Diözesanhaus
Pädagog. Akademie
Jugendgästehaus
Haupt-bahnhof
Blumauer platz
LEONFELDNER STR
Hauptstr.
Rosenstraße
Webergasse
Kreuzstr.
Knabenseminarstraße
Damaschkestr.
Steinbauerstr.
Doppelbauerweg
Pichlerstr.
Kreuzweg
PFLASTER
AUBERG
HAGEN
Mühlkreisbahnhof
Rohrbach Linz-Urfahr
Broschg
Altomontestr.
Riegl
Straberg
Holzwurmweg
Petrinumstraße

sich die Altstadt. Zum Bahnhof gelangen Sie direkt über die Landstraße. Die Talstation der Zahnradbahn auf den Pöstlingberg befindet sich hingegen am Nordufer, beim Mühlkreisbahnhof.

LINZ ≈km 2135

Vorwahl: 0732

- **Tourist-Information**, Hauptpl. 5, ☎ 2393-1777
- **Schiffahrt Fitzcaraldo**, Ottensheimer Str. 37, ☎ 0663/77077
- **Oberösterreichisches Landesmuseum (Francisco Carolinum)**, Museumstr. 14, ☎ 774482, ÖZ: Di-Fr 9-18 Uhr, Sa, So, Fei 10-17 Uhr. Neben bedeutenden naturkundlichen Sammlungen zu Botanik, Zoologie und Geologie auch Landesgalerie mit oberösterreichischer Malerei und Graphik des 19. und 20. Jh.
- **Schloßmuseum**, Tummelpl. 10, ☎ 774419-10, ÖZ: Di-Fr 9-17 Uhr, Sa, So, Fei 10-16 Uhr. Kunstgeschichtliche Schau vom frühen Mittelalter bis zum Jugendstil, weiters Waffen-, Musikinstrumente- und Möbelsammlung sowie Kunstgewerbe und volkskundliche Exponate mit Schwerpunkt Oberösterreich.
- **Stadtmuseum Linz - Nordico**, Bethlehemstr. 7, ☎ 2393-1901, ÖZ: Mo-Fr 9-18 Uhr, Sa, So 14-17 Uhr. Kunst- und Kulturgeschichte der oberösterreichischen Landeshauptstadt und des Großraumes Linz.
- **Neue Galerie, Wolfgang-Gurlitt-Museum**, Blütenstr. 15, ☎ 2393-3600, ÖZ: Mo-Mi und Fr 10-18 Uhr, Do 10-22 Uhr, Sa 10-13 Uhr. Moderne Malerei, Zeichnung und Druckgraphik mit bedeutenden Beständen von Corinth, Klimt, Kubin, Moser, Slevogt u.a.
- **Stifterhaus**, Adalbert-Stifter-Pl. 1, ÖZ: Di-Fr 9-12 Uhr, Di, Do 14-18 Uhr. In diesem Haus lebte der Schöpfer von „Nachsommer" und „Witiko" 20 Jahre bis zu seinem Tod 1868. Heute u. a. Stifter-Gedenkraum und Literaturmuseum zur oberösterreichischen Literaturgeschichte.
- **Linzer Schloß**, Tummelpl. 10, Die ehemalige babenbergische Grenzbefestigung gegen Bayern wurde unter Rudolf II. um 1600 massiv im Stil des Manierismus umgebaut. Hier trat der erste österreichische Reichstag zusammen. Sehenswert der Festsaal und die rekonstruierte Weinberger Schloßapotheke von 1700.
- **Martinskirche**, Römerstr. Gilt als älteste in der ursprünglichen Form erhaltene Kirche Österreichs (bekannt seit 799). Über römischen Mauern wurden hier Fundamente der Pfeilerbogenhalle einer karolingischen Königspfalz gefunden.
- **Brucknerhaus**, Untere Donaulände 7. Modernes Konzert- und Kongreßhaus und Zentrum des Linzer Brucknerfestes mit einer Akustik, die international als beispielhaft gilt.
- **Neuer Dom**, Baumbachstr. Der größte österreichische Kirchenbau seit der Barockzeit, Fassungsraum für 20.000 Personen, erfolgte zwischen 1862 und 1924. Bemerkenswert die Gemäldefenster mit Darstellungen aus der Linzer Geschichte.
- **Minoritenkirche**, Klosterstr. In einem Nachbargebäude des 1236 gegründeten Minoritenklosters entstand in der 2. Hälfte des 18. Jh. dieser reizvolle Rokokobau.
- **Stadtpfarrkirche Mariä Himmelfahrt**, Pfarrpl. Im barocken Neubau von 1648 befindet sich der Wandgrabstein für Herz und Eingeweide von Kaiser Friedrich III.
- **Wallfahrtskirche Pöstlingberg**. Die Entstehung der Wallfahrt geht auf eine wundersame Heilung von Fürst Gundomer von Starhemberg zurück, die weithin sichtbare Kirche, Wahrzeichen von Linz, stammt von 1738-47.
- **Landhaus**, Promenade. Das oberösterreichische Amtsgebäude bietet als Renaissancebau aus dem 16. Jh. einige Sehenswürdigkeiten, so u. a. den beachtlichen Arkadenhof mit dem sog. Planetenbrunnen.
- **Dreifaltigkeitssäule**, Hauptpl. Die 20 m hohe Barocksäule wurde aus Dankbarkeit für die Rettung aus Kriegsgefahrt, Pest und Feuerbrunst um 1700 erstellt, heute ein Wahrzeichen von Linz.
- **Mozarthaus**, Altstadt 17. In diesem Renaissancebau aus der 2. Hälfte des 16. Jh. war Wolfgang Amadeus Mozart Gast des Grafen von Thun und komponierte hier die „Linzer Symphonie".
- **Grottenbahn am Pöstlingberg**, ÖZ: Sa vor Palmsonntag bis 2. Nov. tägl. 9-16.45 Uhr. Die Märchenwelt für groß und klein, Geschichten von Zwergen, Riesen und verzauberten Prinzen.

Linz in der Klangwolke

- **Botanischer Garten**, Roseggerstr. 20, ☎ 2393-1880, ÖZ: tägl. Sehenswerte Anlage auf 4,25 ha mit über 10.000 Arten, bekannte Kakteensammlung, Rosarium, Alpinum und Tropenhaus.
- **Pöstlingbergbahn**, Talstation im Stadtteil Urfahr. Die steilste Adhäsionsbahn der Welt überwindet seit dem Jahr 1898 ca. 256 m Höhenunterschied, führt zur Wallfahrtskirche und zum beliebten Aussichtspunkt der Linzer.

*Trotz zeitweiliger Residenzfunktion und Bedeutung als Markt mit dem damit verbundenen Wohlstand blieb **Linz** lange eine relativ kleine, von gediegener Bürgerlichkeit geprägte Stadt. Auf einen soliden Aufschwung ab dem 19. Jahrhundert folgte eine merkwürdige Periode während des Nationalsozialismus, als Linz im „Heimatgau des Führers" in die Reihe bevorzugt behandelter „Hitler-Städte" aufgenommen wurde. Doch der persönliche Traum Hitlers, in Linz eine architektonisch großzügige Ufergestaltung wie etwa in Budapest entstehen zu lassen, ging in den Wirren des Krieges unter. Was von der NS-Planung blieb, sind die großen Eisen- und Stahlwerke sowie die chemische Großindustrie, die bis vor kurzem noch die Identität der Stadt bestimmten.*

In letzter Zeit macht Linz weniger wegen der schlechten Luft Schlagzeilen, sondern mehr mit neuen Kulturinitiativen. Etwa mit den Veranstaltungen der Ars Electronica, die seit 1979 neue technische Entwicklungen einbeziehende Kunstformen von renommierten Künstlern präsentiert. Sie findet – gemeinsam mit dem Anton-Bruckner-Fest – jedes Jahr mit der Linzer Klangwolke ihren Höhepunkt. Und im Zusammenhang mit Computerkunst ist der Name von Linz international bereits ein Begriff. So wird der Ruf einer provinziellen Industriestadt langsam vom Flair einer zukunftsweisenden Modernität überlagert.

Von Linz nach Melk 107 km

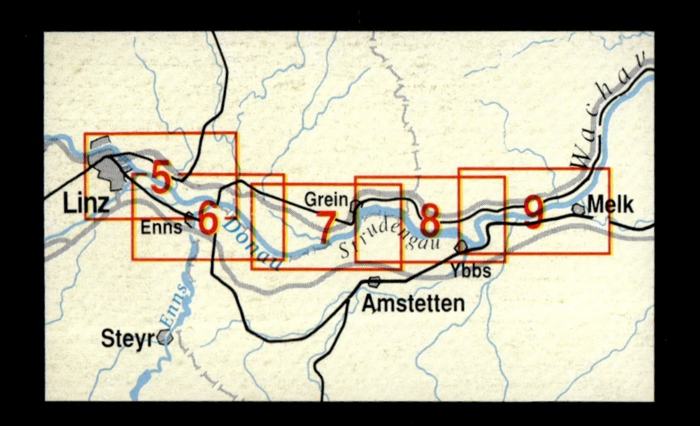

Nach den Industrieanlagen von Linz erreicht der Donauradweg mit dem Machland ein kulturgeschichtlich bedeutsames Gebiet: Die älteste Ansiedlung und die älteste Stadt Österreichs, Enns, sind hier zu finden, aber auch ein Relikt aus einem dunklen Kapitel der Geschichte: das ehemalige KZ Mauthausen. Die Reise geht in der melancholisch-faszinierenden Landschaft des Strudengaus weiter, jene Engstelle der Donau, die einst wegen seiner „Strudel" und „Wirbel" von Schiffern sehr gefürchtet war. Sie wird vom sanften Nibelungengau abgelöst, den der Strom bis Melk, berühmt für sein monumentales Stift, durchquert.

Abgesehen von der Strecke zwischen Linz und Enns verläuft der Donauradweg auf beiden Seiten des Flusses, weicht aber hinter Wallsee den unwegsamen Auen aus. Ausflüge nach St. Florian und Enns, nach Klam sowie Maria Taferl ergänzen in diesem Abschnitt die Donaureise.

Der Donauradweg führt in Linz unter der Nibelungenbrücke durch und verläuft dann direkt am nördlichen Donauufer. Gegenüber verabschiedet sich die Innenstadt mit dem modernen Bau des Bruckner-Hauses. Eine Allee aus Weiden und Ahorn geleitet Sie bis zur stählernen Eisenbahnbrücke, wo die Route den Uferweg verläßt und erst 100 Meter „landeinwärts" die Brükke unterquert. Rechts vom Damm lassen Sie auch die Autobahnbrücke hinter sich und radeln gemütlich entlang der Pleschinger Au. Trauer um den ufernahen Treppelweg sei nicht angebracht, es wären über die Donau ohnehin nur die veralteten Industrieanlagen von Linz zu sehen.

Nach 2 Kilometern können Sie auf die Dammkrone hinauffahren. Dahinter liegt der Pleschinger See, mit Restaurant und Campingplatz an seinem Ufer, hier sind auch FKK-Fans willkommen. Am rechten Donauufer breitet sich hingegen ein echtes Industriepanorama, mit den Hauptdarstellern Hafen, Chemie-Linz und VOEST-Werke aus.

Fortan radeln Sie am Uferdamm dahin. Abwechslung bieten die verschiedenen Duftwolken des Chemiewerks, die bei Westwind – als Ergänzung zur Klangwolke – hier den Radweg erreichen. Vor Steyregg fahren Sie unter der Doppelbrücke von Straße und Bahn durch. Gut einen Kilometer weiter haben Sie die Gelegenheit, Steyregg zu besuchen. Unbefestigt, aber gut befahrbar und ausgeschildert führt ein 1,5 Kilometer langer Weg in die kleinste Stadt Österreichs, die von der düsteren Gestalt des Schlosses überragt wird.

Abb. Seite 49:
St. Nikola im Strudengau

STEYREGG

Vorwahl: 0732

- **Stadtgemeindeamt**, Weißenwolffstr. 3, ☎ 640155
- **Pfarrkirche St. Stephan**, Kircheng. Im Zuge der jüngsten Renovierung wurden Fresken freigelegt, die zu den ältesten im „bajuwarischen" Kulturraum gehören.
- **Altes Schloß**, Schloßberg. Ursprünglicher Bau aus dem 13. Jh.
- **Kloster Pulgarn**, 2 km östlich. Im Jahr 1303 als Siechenspital entstanden, gehört es heute dem Stift St. Florian. Die spätgotische Stiftskirche (1512) zeichnet sich durch gute Raumwirkung aus.

Am niedrigen Damm kommen Sie danach an einer Reihe ausgemusterter Donaukähne vorbei, einer Art Schiffsfriedhof. Auf der gegenüberliegenden Seite ergießen sich die Wasser der Traun in die Donau. Aus der beginnenden Ebene des Machlandes ragt nur der 400 Meter hohe, kegelförmige Luftenberg einsam in die Höhe. 2 Kilometer seit dem Abzweig nach Steyregg weicht der Radweg in einer gefährlichen, weil unübersichtlichen Rechtskurve einem Yachthafen aus. Genau in dieser Kurve zweigt auch ein Schotterweg ab, der Sie nach 1,5 Kilometern zu den nahen Badeseen in der Ringelau bringt.

Auf dem gut ausgebauten Dammweg geht es weiter in der Einsamkeit von Fluß und Wald, bis das Kraftwerk Abwinden-

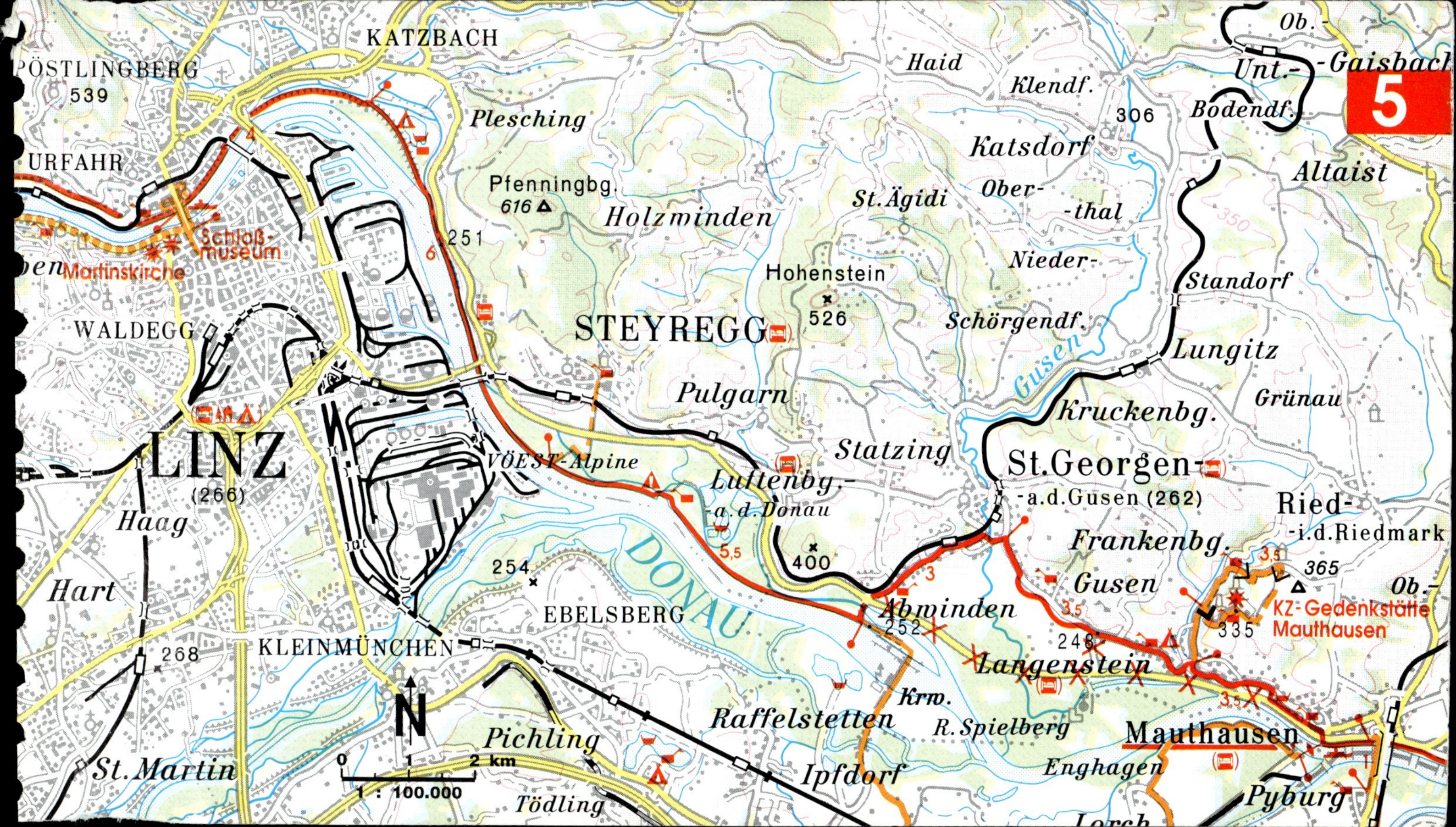

5
KATZBACH
PÖSTLINGBERG
539
URFAHR
Plesching
Pfenningbg.
616
Holzminden
Haid
Klendf.
306
Bodendf.
Ob.-
Unt.-
-Gaisbach
Katsdorf
Altaist
St.Ägidi
Ober-
-thal
Nieder-
Hohenstein
526
Standorf
Schörgendf.
Gusen
Lungitz
Schloß-
museum
Martinskirche
WALDEGG
251
STEYREGG
Pulgarn
Kruckenbg.
Grünau
Statzing
LINZ
(266)
VÖEST-Alpine
Luftenbg.-
-a.d.Donau
St.Georgen-
-a.d.Gusen (262)
Ried-
-i.d.Riedmark
Haag
Frankenbg.
400
DONAU
254
Gusen
365
Ob.-
Hart
EBELSBERG
Abwinden
252
KZ-Gedenkstätte
Mauthausen
335
248
268
KLEINMÜNCHEN
Langenstein
Krw.
Raffelstetten
R.Spielberg
Mauthausen
Pichling
Enghagen
St.Martin
0
1
2 km
1 : 100.000
Ipfdorf
Pyburg
Tödling

Asten ins Blickfeld rückt. Ab diesem **Kraftwerk** stehen wieder zwei Möglichkeiten für die Weiterfahrt zur Auswahl: Die Hauptroute zweigt hier von der Donau ab und verläuft über Mauthausen an der Nordseite. Unterwegs bietet sich ein Abstecher zur KZ-Gedenkstätte an. Als Alternative dazu führt ein beschilderter Ausflug über die Sperrmauer zum Stift St. Florian und nach Enns. Die beiden Routen treffen bei der Donaubrücke hinter Mauthausen wieder aufeinander.

Ausflug nach St. Florian und Enns 27 km

Neben dem prächtigen Barockstift von St. Florian erwarten Sie an dieser Route ein großartiges Bauernhofmuseum und die von der Renaissance geprägte, älteste Stadt Österreichs.

Nachdem Sie über das Kraftwerk Abwinden-Asten ans Südufer gelangt sind, fahren Sie auf der breiten Asphaltstraße zunächst geradeaus. Nach 1,5 Kilometern zweigen Sie dann auf den schmalen Weg zur Linken ab, der als Radweg nach Enns beschildert ist. Geradeaus ginge es auf dem „Kulturradweg" nach St. Florian, der aber erst nach einigen unattraktiven Umwegen dorthin gelangt. Interessant ist er nur für jene, die im Pichlinger See baden wollen.

Auf der Route nach Enns passieren Sie ein Bächlein und lassen sich vom kurvigen Landweg durch die Gemüsefelder führen. Nach rund 800 Metern kommen Sie direkt bei einem mächtigen Vierkanthof zu einer Kreuzung. Hier schwenken Sie nach rechts und haben fortan die Wegweiser des Florianiweges vor sich. Wenn Sie nur nach Enns möchten, können Sie auch linksherum dem ausgeschilderten „Toppweg" folgen. Auf dem Florianiweg jedoch radeln Sie an weiteren Bauernhäusern vorbei und unterqueren die Trasse der Westbahn. In **Asten-Fisching** biegt die Straße nach rechts ab und führt an einigen hohen Wohnblocks vorbei. Danach biegen Sie nach links in die Perlenstraße ein.

In einem Zickzack geht es jetzt um die Siedlung herum: Vor dem grüngestrichenen Heizwerk biegen Sie laut Schild links ab und halten sich darauffolgend dreimal rechts, bis Sie zu einer modernen Kirche neben dem Einkaufszentrum gelangen. Hier geht's nach links weiter, in weiterer Folge überqueren sie die B 1 und setzen die Fahrt geradeaus fort. Nach Überquerung der Autobahn treffen Sie in Samesleiten ein. An der Kreuzung geht die Route links nach Enns ab, rechts hingegen bringt Sie ein Abstecher zum Bauernhofmuseum Sumerauerhof und weiter nach St. Florian.

SAMESLEITEN

🏛 **OÖ. Freilichtmuseum – Sumerauerhof,** Samesleiten, ☎ 8031, ÖZ: März bis Okt. Di-So und Fei 9-17 Uhr, Mo gegen Voranmeldung. Einer der schönsten und größten Vierkanthöfe, seit Beginn des 13. Jh. Zehenthof des Stiftes, mit Bauernmöbeln aus vier Jahrhunderten, Mostmuseum, eingerichtetem Pferdestall, Bäckerei und Wagenschau.

Die Route führt geradeaus am Museum vorüber, hinter den Baumwipfeln sind bereits die Türme des Stiftes in St. Florian zu erkennen. Sie überqueren dann die Bundesstraße und den schmalen Gleiskörper der Museumsbahn. Danach stoßen Sie an die Wiener Straße, der Sie nach links zum Ortskern von St. Florian folgen. Unterwegs künden schöne Bauten vom einstigem Reichtum des Ortes. Über den Marktplatz gefahren, halten Sie sich rechts und erreichen den Eingang zum Stift über den steilen Speiserberg.

ST. FLORIAN

Vorwahl: 07224

ℹ **Tourismusverband**, Marktpl. 3, ☎ 5690.

🏛 **Historisches Feuerwehrzeughaus**, Stiftstr. 2, ☎ 4219, ÖZ: Mai-Okt. Di-So 9-12 und 14-16 Uhr. Das Museumskonzept sieht die Darstellung der Entwicklung des Feuerwehrwesens sowohl als technische wie auch als gesellschaftliche Einrichtung vor.

🏛 **Jagdmuseum Schloß Hohenbrunn**, 2 km südwestlich, ☎ 8933, ÖZ: Apr. bis Okt. Di-So 10-12, 13-17 Uhr. Im 1722-32 erbauten

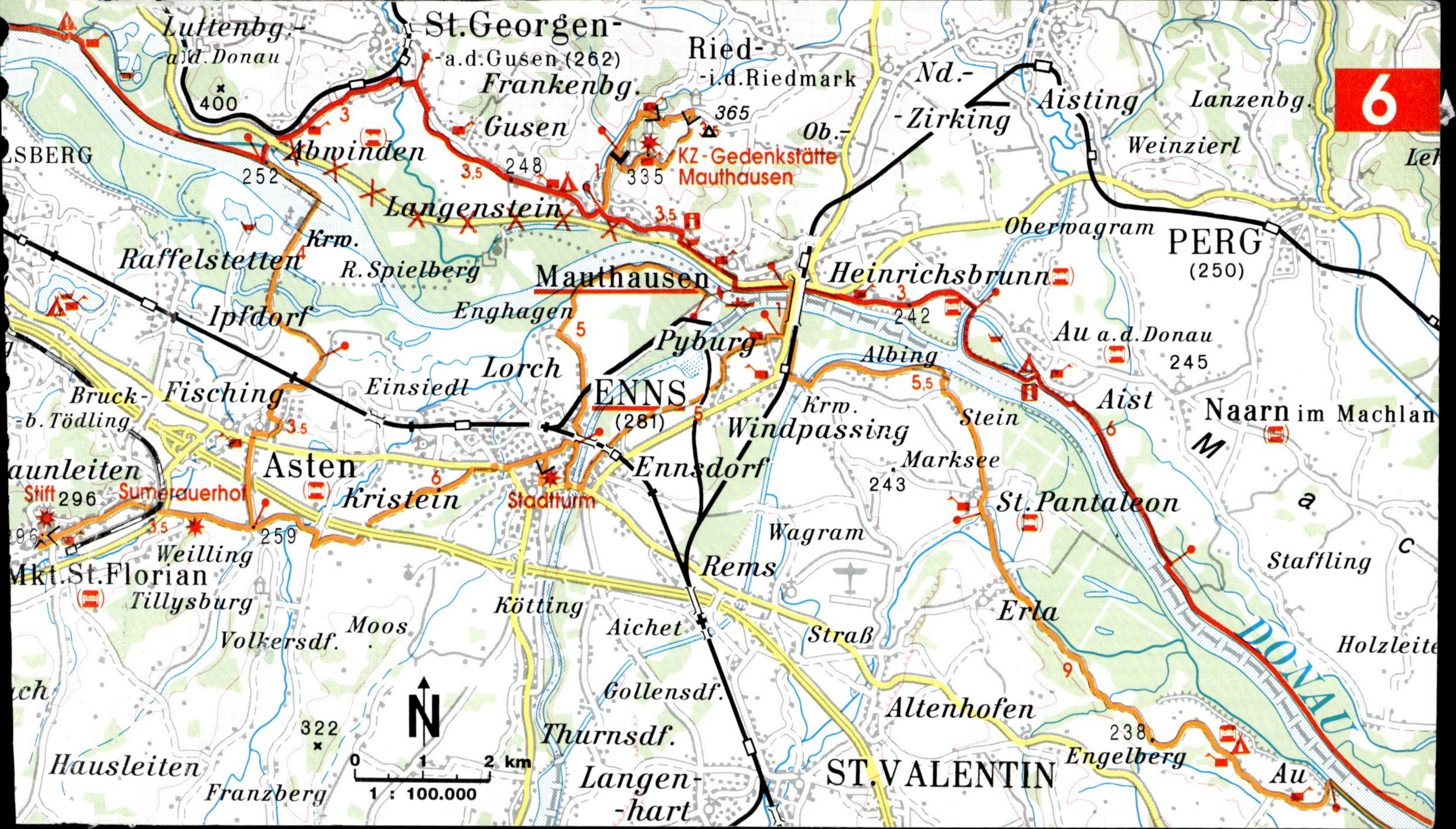

6
Luftenbg.-
-a.d.Donau
St.Georgen-
-a.d.Gusen (262)
Ried-
-i.d.Riedmark
Frankenbg.
Gusen
Nd.-
-Zirking
Aisting
Lanzenbg.
Weinzierl
Ob.-
365
KZ-Gedenkstätte
Mauthausen
335
Abwinden
252
248
Langenstein
Krw.
R.Spielberg
Raffelstetten
Mauthausen
Obermagram
PERG
(250)
Heinrichsbrunn
242
Au a.d.Donau
245
Enghagen
Ipfdorf
Pyburg
Albing
Lorch
Einsiedl
ENNS
(281)
Fisching
Bruck-
-b.Tödling
Krw.
Windpassing
Stein
Aist
Naarn im Machlan
Asten
Kristein
Stadtturm
Ennsdorf
Marksee
243
St.Pantaleon
Stift
296
Sumerauerhof
259
Weilling
Mkt.St.Florian
Tillysburg
Wagram
Rems
Staffling
Kötting
Aichet
Erla
Moos
Volkersdf.
Straß
DONAU
Holzleite
Gollensdf.
Altenhofen
322
Thurnsdf.
238
Engelberg
Au
Hausleiten
0 1 2 km
1 : 100.000
Franzberg
Langen-
-hart
ST.VALENTIN

Barockschloß wird - mehr traditionspflegerisch als hinterfragend - die Entwicklung des Weidwerks besonders in Oberösterreich dargestellt.

- **Stift-Kunstsammlung und Bruckner-Gedächtniszimmer**, Stift St. Florian, ☎ 503, Führungen: tägl. 10, 11, 14, 15.30 Uhr, Gruppen auch zwischendurch. Neben den sog. Kaiserzimmern, noch so eingerichtet wie vor 250 Jahren, das bescheidene Mobiliar des Tonkünstlers und Werke namhafter bildender Künstler wie Altdorfer, B. und M. Altomonte, Gran u. a.
- **Augustiner-Chorherrenstift**, ☎ 8902, Führungen: Apr. bis Okt. ab 10 Pers. tägl. um 10, 11, 14, 15 und 16 Uhr und gegen Voranmeldung. Bereits in karolingischer Zeit ein Kloster, wurde es 1071 den Chorherren übergeben. Der große Klosterhof, Teil des Neubaus um die Wende des 17./18. Jh., gehört zu den schönsten Schöpfungen des süddeutschen Barock (Carlone und Prandtauer). Besonders sehenswert der Sebastiansaltar von A. Altdorfer 1518.

- **Stiftskirche Mariä Himmelfahrt**. Die Barockkirche mit ihrer vollendeten, festlichen Wirkung ist das Hauptwerk von C. A. Carlone, die sog. Bruckner-Orgel von Franz Xaver Krismann 1770-74 gehört zu den berühmtesten Orgeln ihrer Zeit.
- **Museumsbahn**, ☎ 4333-11, Betrieb: Mai bis Sept. So, Fei. Ehemalige elektrische Lokalbahn St. Florian-Linz (1913–73) für besondere Anlässe zu mieten.

Im Mittelalter entwickelte sich das Stift zum geistigen und wirtschaftlichen Zentrum der Region. Die Schreib- und Malschule waren hochberühmt, durch das Wirken von Anton Bruckner als Stiftsorganist (1845-55) bekam St. Florian eine zusätzliche Bedeutung.

Vom Stiftshügel gelangen Sie dann über die nächste Quergasse, benannt nach Fürstenberg, zur Hauptstraße zurück. Dort geht es nach links und auf dem gleichem Weg zurück zur Route nach **Samesleiten**. Hier richtet sich der Blick bereits auf die Türme von Enns. Die Nebenstraße führt an einem schönen Backstein-Vierkanthof vorbei zu einer Vorrangstraße, auf die Sie rechts einbiegen. Bei der nächsten Gelegenheit geht es wieder links ab und darauffolgend unter der Autobahn durch. Sie bewegen sich geradewegs auf Enns zu und erreichen nach 2 Kilometern den Stadtrand. Hier folgen Sie dem Radweg, der die Hauptstraße begleitet. Nach 400 Metern müssen Sie in Ermangelung eines Radweges mit der Fahrbahn vorliebnehmen. Aber schon haben Sie die Kreuzung zur Innenstadt erreicht, wo Sie halblinks in die Stadtlgasse einbiegen. Hier gibt's wieder einen Radweg.

Obwohl die Wegweiser bereits bei der gelben Friedhofsmauer nach rechts zeigen, ist es einfacher, bis zur Mauthausener Straße vorzufahren und dort nach rechts zum Hauptplatz mit dem Stadtturm abzuzweigen. Der kurze Anstieg ist schnell gemeistert. Vom anderen Ende des Platzes gelangen Sie über die Stiegengasse zu einer Terrasse, von der aus man eine herrliche Aussicht auf die Donauebene und das Alpenvorland genießt.

ENNS

Vorwahl: 07223

- **Tourismusverband**, Linzer Str. 1, ☎ 6240.
- **Museum Lauriacum**, Hauptpl. 19, ☎ 5362, ÖZ: Apr. bis Okt. Di-So, Nov. bis März nur So, Fei 10-12 und 14-16 Uhr, Gruppen gegen Voranmeldung jederzeit. Gezeigt wird die II. Italische Römerlegion, Staatskult und Stadtrecht, Leben in der Zivilstadt, Landwirtschaft, Gewerbe, Begräbniskultur und Raumkunst.1989 öst. Museumspreis für die gute Vermittlung musealer Inhalte.
- **Stadtturm**, Hauptpl. 1565-68 errichtet und ein Meisterwerk der Renaissance, war der Wacht- und Uhrturm markantes Symbol für eine selbstbewußte (protestantische) Bürgerschaft.
- **Schloß Ennsegg**, am Nordende der Stadt, durch Basteigasse. Um 1565 errichteter viergeschoßiger Bau mit massigem Eckturm.
- **Burg Enns**, Wiener Str. 9-13. Das Quartier des jeweiligen Landesfürsten entstand 1475 aus drei Bürgerhäusern, seine gotischen Bauteile sind in Wohn- und Geschäftshäuser integriert.
- **Basilika St. Laurenz-Lorch**, Basilikastr. Seit 1970 mit dem Titel einer „Päpstlichen Basilika" und der Erzbistumswürde ausgestattet, mit den Heiligennamen Severin und Florian eng verknüpft, demonstriert die Kirche wie keine andere in Österreich und Bayern christliches Kultkontinuum von 1700 Jahren. Baulich ist sie eine

Verschmelzung aus römischer, frühchristlicher, karolingischer und mittelalterlicher Bausubstanz. Nach langem Verfall 1960-66 generalsaniert.

Stadtplatz. Um den Stadtturm gruppieren sich viele gut erhaltene Häuser, im Kern gotisch, jedoch mit Renaissance- und Barockfassaden, und zeugen insgesamt von einer beachtlichen Leistung österreichischen Städtebaus.

Pfarrkirche St. Marien, Pfarrg. Es handelt sich um eine malerische Baugruppe der Gotik (im wesentlichen um 1270 errichtet), bestehend aus Hauptkirche, Wallseer Kapelle, Kreuzgang und Franziskanerkloster. Die Kirche litt aus heutiger Sicht stark unter der Regotisierung im 19. Jh.

Enns ist berühmt die für Dichte des historischen Geschehens auf seinem Boden und für eine Reihe kunstgeschichtlich bedeutender Denkmäler. Ein Wendepunkt war, als die Siedlung, 1000 Jahre nach der römischen Gründung Lauriacum, 1212 das Stadtrecht erhielt. Im Zeitalter der Glaubensspaltung war Enns die „Hochburg" der Protestanten und Sitz einer zur Erziehung der adeligen Jugend eingerichteten „Landschaftsschule", die später nach Linz verlegt wurde. Sie gilt als geistiger Vorläufer der heutigen Linzer Universität.

Den Stadtplatz verlassen Sie wieder über die Mauthausener Straße, die sich unten nach rechts wendet und einen rotgefärbten Radweg aufweist. Hier finden Sie bereits Wegweiser mit der Aufschrift „Zum Donauradweg" vor. Die Straße streift kurz die Bahn, und bei der darauffolgenden Stopptafel verzweigen sich die Wege einerseits zur Fähre und andererseits zur Donaubrücke nach Mauthausen. Wenn Sie die Absicht haben, Mauthausen nicht zu besuchen und gleich am Südufer weiterzufahren, sollten Sie die Route zur Brücke wählen. Allerdings verläuft diese Verbindung teilweise noch auf unbefestigten Wegen in einem relativ schlechten Zustand.

Unterwegs zur Mauthausener Fähre biegen Sie links ab, unterqueren die Bahn und folgen dem Straßenverlauf nach links. 200 Meter weiter schwenken Sie wieder nach rechts. Beim Wirtshaus treffen Sie auf eine Kreuzung und wählen die Enghagener Straße. Unter der Bahn durchgefahren, geht es hinaus auf die Felder. An der nächsten Weggabelung halten Sie sich noch links und biegen erst einen halben Kilometer weiter rechts ab. Sie umrunden jetzt das Chemiewerk und durchqueren, der Asphaltstraße folgend, einen Uferwald. Der Weg weicht dann einem Betonklotz aus, verläuft aber praktisch parallel zur Donau. Bald tauchen am gegenüberliegenden Ufer die hübschen Häuser von Mauthausen auf. Legen Sie noch 100 Meter auf unbefestigtem Untergrund zurück, erreichen Sie die Anlegestelle der **Fähre** (ÖZ: Mai-Juni 9-19 Uhr, Juli-Aug. 9-20 Uhr, Sept. 9-18 Uhr).

Sind Sie aber von Enns zur Donaubrücke unterwegs, so biegen Sie vor der Bahnunterführung in Enns rechts ab. So kommen Sie zur Hauptstraße, auf der Sie linker Hand die Enns überqueren. Drüben folgen Sie dem Schild „Zum Donauradweg" nach links. Sie passieren Ennsdorf und fahren unter der Bahn durch. Nach dem letzten Bauernhof verläuft die Route geradeaus auf einem Schotterweg. Er ist von Schlaglöchern geradezu übersät. Nach 200 Metern gabelt sich der Weg, Sie fahren nach rechts, und der Straßenzustand wird noch schlechter. Jetzt geht es geradeaus auf Windpassing zu. Unterwegs überqueren Sie eine neu angelegte Betriebsbahn, die zum ebenso neuen Ennshafen führt. In **Windpassing** erwartet Sie endlich eine befestigte Straße, und Sie biegen vor einem großen weißen Hof nach links auf die Dorfstraße ein. Am Ende des Dorfes schlägt die Straße einen Haken nach rechts und mündet nach 750 Metern – bereits in **Pyburg** – in eine Querstraße.

Hier lenken Sie nach links und folgen dem Straßenverlauf nach rechts. So erreichen Sie die Straße, die zur Donaubrücke führt. Wollen Sie ans Nordufer, so folgen Sie dem schmalen Rad- und Gehweg nach links. Drüben angekommen, rollen Sie bei erster Gelegenheit nach links zum Ufer hinunter. Mauthausen liegt etwa einen Kilometer weiter flußaufwärts.

Wollen Sie aber ab Pyburg auf der Südufer-Variante bleiben, so fahren Sie nicht nach links zur Brücke, sondern überqueren die Straße und tauchen unter der Bahn durch.

Die Hauptroute an der Nordseite der Donau verläßt knapp vor dem **Kraftwerk Abwinden-Asten** für eine Weile das Flußufer. Sie fahren über einen Seitenarm der Donau und radeln unter der Bundesstraße durch. Danach schwenken Sie nach rechts und kommen nach **Abwinden**.

In dem Ort laden mehrere Gasthäuser die Radreisenden zu einer gemütlichen Rast. Geradeaus auf der Hauptstraße weitergefahren, passieren Sie den Bahnhof von St. Georgen a. d. Gusen. Von hier aus können Sie mit der Bahn reizvolle Ausflüge ins Mühlviertel unternehmen. Kurz vor der Ortstafel St. Georgen, bei einem kleinen Teich, zweigt die Route auf den Fuß- und Radweg Richtung Mauthausen ab. St. Georgen hingegen erreichen Sie, indem Sie unter der Bahn durchfahren und dem Straßenverlauf folgen.

ST. GEORGEN A. D. GUSEN

Vorwahl: 07237

Marktgemeinde, ☎ 2255-0.

Auf dem Weg nach Mauthausen überqueren Sie die Gusen und biegen dann in die Wimminger Straße nach links ein. An der Hauptstraße halten Sie sich darauffolgend rechts. Doch schon nach 500 Metern zweigen Sie nach rechts in den Kogelbergweg ab. Im Prinzip behalten Sie aber die Richtung bei. Im Ortsbereich von **Gusen** kommen Sie wieder zur Landstraße und setzen die Fahrt auf dem begleitenden Radweg fort. Bald darauf geht es erneut auf der Nebenstraße weiter, die wieder in die Hauptstraße mündet. Bei der nächsten Kreuzung fahren Sie gerade weiter, nun auf dem für Radfahrer markierten Bereich der Fahrbahn.

*Archäologisch Interessierte aufgepaßt: Etwa 1 Kilometer südlich der Gusen erhebt sich aus der Donauniederung ganz unvermutet ein 12 Meter hoher Hügel – die „**Berglitzl**". Sie ist ein Denkmal der urzeitlichen Besiedlungsgeschichte des Donautales. Ihre Existenz verdankt sie einer Granitaufragung, die den Abtragungskräften des Flusses trotzen konnte. So ist das Jagdlager einer späteiszeitlichen (bis 12.000 v. Chr.) Jägergruppe erhalten geblieben, die damit die älteste nachweisliche Siedlung in Österreich bedeutet.*

Der nächste Ort, **Langenstein**, wird geradeaus durchquert. Nach einer langgezogenen Kurve rollen Sie zur Brücke über den Rieder Bach, der hier in die Donau fließt. Wenn Sie die Gedenkstätte des ehemaligen Konzentrationslagers Mauthausen aufsuchen wollen, zweigen Sie gleich dahinter links ab. Die Hauptroute geht hingegen rechtsherum weiter.

Zur Gedenkstätte Mauthausen 5,5 km

Sie radeln im Tal des Rieder Baches knapp einen Kilometer, bis Sie für die Weiterfahrt zur Gedenkstätte zwischen zwei Möglichkeiten wählen können: Die erste ist kürzer und folgt der Straße, die sich hier nach rechts wendet. Nach einer 14prozentigen Steigung und einem Kilometer sind Sie am Ziel.

Die zweite Variante birgt weniger Mühen, ist dafür länger. Sie bleibt am Rieder Bach und führt an zwei Steinbrüchen vorbei, in denen einst die Lagerinsassen den Mauthausener Granit abbauen mußten. Ein Stück weiter biegen Sie beim Gasthof rechts ab. Ab dort geht es dann in zwei Kehren bergauf. Auf der Anhöhe angelangt, haben Sie das neu renovierte Schloß Marbach vor sich und können den Blick über die vielgestaltige, hügelige Welt des Mühlviertels wandern lassen.

Vor dem Schloß zweigen Sie nach rechts in einen zunächst schlecht befahrbaren Feldweg ab, haben aber nach ein paar hundert Metern wieder Asphalt unter den Rädern. Vorbei an Bauernhöfen, erreichen Sie nach einer markanten Rechtskurve schließlich von hinten das ehemalige Lager. Besuchszeiten der Gedenkstätte und der Schauräume: 8–18 Uhr, Einlaß bis 17 Uhr.

Wer heute durch das sanfte Donautal des Mühlviertels fährt, kann sich kaum vorstellen, daß hier in den Jahren 1938 bis 1945 massenweise Menschen „auf der Flucht" erschossen, über die steilen Hänge der Granitsteinbrüche hinuntergestürzt oder in den Gaskammern vergiftet wurden, daß die Krematorien in Mauthausen, Gusen oder Melk Tag und Nacht brannten. Während der nationalsozialistischen Gewaltherrschaft starben im ***Konzentrationslager Mauthausen*** *123.000 Menschen.*

Für die Rückfahrt empfiehlt sich naturgemäß die erste Variante mit der steilen Talfahrt. Vorausgesetzt, Ihr Rad verfügt über solide Bremsen!

Nach der Abzweigung zur Gedenkstätte erreichen Sie bald den Ort Mauthausen und biegen nach den Sportplätzen rechts Richtung Fähre ab. Beim Schwimmbad befindet sich die Tourist-Information. Vor der Bundesstraße wenden Sie sich nach links und gelangen auf dem Radweg direkt in den Ortskern. Im Gegensatz zu seinem Ruf, präsentiert sich Mauthausen als malerisches Städtchen mit ausnehmend hübschen, bunten Bürgerhäusern an der Donaulände.

MAUTHAUSEN ≈km 2112

Vorwahl: 07238

- **Fremdenverkehrsverband**, Heindlkai, ☎ 2243
- **Rad-Infostelle**, beim Freibad, ☎ 3860, ÖZ: Mai-Okt. tägl. außer Do 11-19 Uhr.
- **Fähre nach Enns**: Mai, Juni 9-19 Uhr, Juli, Aug. 9-20 Uhr, Sept. 9-18 Uhr.
- **KZ-Gedenkstätte Mauthausen**, 4 km nordwestlich. Besuchszeiten: 8-18 Uhr, Einlaß bis 17 Uhr.
- **Pfarrkirche zum hl. Nikolaus**. Die spätgotische Hallenkirche besitzt im Hochaltarbild ein schönes Alterswerk von Martin Johann Schmidt „dem Kremser" (1796/97).
- **Karner.** Im romanischen Rundbau, einem sog. „Beinhaus", sind Reste figuraler und ornamentaler Wandmalerei aus dem späten 13. Jh. zu sehen.
- **Ortsbild**. Bemerkenswert sind besonders die stattlichen Häuser am Donaukai mit ihrem lebensfrohen Fassadenspiel, vorwiegend aus dem 17. Jh. im Stil des Barock.

Sie verlassen Mauthausen Richtung Osten am Uferradweg. Vor der Donaubrücke zwischen Heinrichsbrunn und Pyburg können Sie für die weitere Routenführung bis Grein im Strudengau eine Vorentscheidung treffen: Die Hauptroute führt geradeaus unter der Brücke durch und verläuft bis zum Kraftwerk Wallsee-Mitterkirchen durch die Au und am Damm. Beachten Sie die Übertrittszeiten des Kraftwerks: täglich 6–9, 11–14, 16–21 Uhr.

Wenn Sie aber Lust auf eine Tour von Dorf zu Dorf auf ruhigen Landstraßen haben, so schließen Sie sich schon in Mauthausen der Südufer-Variante an, die hier auf der Brücke den Fluß überquert. Mit der Überquerung der Donau kommen Sie übrigens in ein neues Bundesland, nach Niederösterreich. Wenn Sie vom Donauradweg mal großräumiger abweichen möchten, steht Ihnen der *bikeline*-Radatlas „Niederösterreich“ mit allen beschilderten Radtouren des Landes zur Verfügung.

Die Hauptroute führt ab der Brücke nach Mauthausen am Uferradweg flußabwärts. Die Bundesstraße schwenkt bald darauf weg, und Sie fahren auf dem Radweg am Donaudamm weiter. Nach 500 Metern verläßt die Route den Damm und wechselt auf die Dorfstraße, die durch **Albern** führt. Nach der Siedlung erreichen Sie eine Vorrangstraße, der Sie nur kurz nach rechts folgen. Die Aist überqueren Sie auf einer eigenen Radbrücke und biegen darauffolgend rechts Richtung Grein ab.

Auf der Dammkrone geht es jetzt zur Mündungsstelle der Aist und weiter an der Donau entlang. Nach einem Kilometer veranlaßt eine Donaubucht bei Au zum Ausweichmanöver. Neben einem Campingplatz finden Sie hier auch wieder eine Informationsstelle. Vor der Hauptstraße biegen Sie dann rechts auf den Treppelweg ein und radeln an der Ortschaft Au vorbei.

AU A. D. DONAU ≈km 2107

Vorwahl: 07262

- **Gemeindeamt Naarn**, ☎ 8255.
- **Aulehrpfad**, auf halbem Wege zw. Au und Naarn. Auf dem Wanderweg läßt sich vieles über Pflanzen, Tiere und Probleme der Au erfahren.

Nach Ortsende wechseln Sie auf den Begleitweg des Dammes. Die Route führt über einen Bach und am Auwald entlang. Nach etwa 1,5 Kilometern überqueren Sie auch einen Seitenkanal des Hochwasserschutzes und können bald darauf auf den Damm hinauffahren.

Am Dammweg kommen Sie ungehindert und schnell voran. Bei klarem Wetter reicht der Blick bis zu den Gipfeln der Alpen, zur Linken schimmern immer wieder stille Gewässer der angrenzenden Aue durch. Nach 8 Kilometern, wo das aufgestaute Wasser bereits über die Dächer der umliegenden Ortschaften reicht, kommen Sie zum Kraftwerk Wallsee-Mitterkirchen. Eine eigene Raststation mit Infostelle und

Brunnen versorgt hier die Pedalritter. An der querenden Betriebsstraße entscheidet sich dann, wie Sie bis Grein im Strudengau weiterfahren: Die Hauptroute verläuft bis vor Grein am Nordufer und schweift kurz ins Machland ab. Abwechslung bietet die reizvolle Tour über Klam nach Grein.

Die Südufer-Variante überquert hingegen die Donau und führt von Wallsee nach Ardagger-Markt meist auf gemütlichen Landstraßen am Rande des Mostviertels. Das **Kraftwerk Wallsee-Mitterkirchen** bietet Überquerungsmöglichkeit von 6-9, 11-14, 16-21 Uhr. Die zwei Alternativen, beide als Donauradweg ausgeschildert, treffen bei der Donaubrücke vor Grein wieder zusammen.

Die Umkrempelung der Landschaft

Nüchtern betrachtet ist die österreichische Donau heute, mit Ausnahme der Wachau und des Augebietes östlich von Wien, der letzten Naturreservate des Stromes gleichsam, eine reine „Kraftwasserstraße". Das Leben des Flusses wird in weiten Bereichen vom Betrieb der Staustufen bestimmt. Wie rasch das Wasser steigt, wie sich Wellen überlagern, ob Hochwasserspitzen gekappt oder verstärkt werden oder wann die Überströmstrecken „anspringen", das wird im wesentlichen in den Schaltwarten und Planungsbüros der Kraftwerke entschieden.

Es ist noch nicht lange her, als das ganze Volk bewundernd und fortschrittstrunken nach Ybbs-Persenbeug zur Eröffnung einer Staustufe pilgerte und die Wasserbauer in allgemeinem Konsens von der künftigen Donau als „Kanalstrecke" schwärmten. Mittlerweile empfinden immer mehr Menschen das stetige Verschwinden naturnaher Landstriche als schmerzhaft und sind bereit, sich für die letzten, noch verbliebenen Naturstrecken einzusetzen.

Zu Beginn des 19. Jahrhunderts sah die Donau gar nicht viel anders aus als einige tausend Jahre zuvor. In den Beckenlandschaften war das Strombett viele Kilometer breit, mit mächtigen Armen, Schotterbänken und Haufen, bewaldeten Inseln, Tümpeln und schattigen Altwässern. Diese amphibische Stromlandschaft wurde von mächtigen Hochwässern durchströmt und dabei so stark verändert, daß Schiffsleute auf der „Naufahrt" von Jahr zu Jahr ihre Routen wechseln mußten. Den alljährlichen Überschwemmungen war man auf Gedeih und Verderb preisgegeben, ihnen fielen immer wieder die wenigen hölzernen Brücken, die Ernte und ganze Dörfer zum Opfer.

Bis zum Ende des 18. Jahrhunderts war von einer eigentlichen Stromregulierung keine Rede. Die Eingriffe beschränkten sich darauf, sogenannte Raittstrecken und Streifbäume an den Länden und den „Hufschlag" zu erhalten, den Treppelweg für die Pferde der Schiffszüge. Im Greiner Strudel, dem Schrecken aller Schiffleute, begann man seit 1773 mit der Sprengung von Felsklippen, was die Fahrt durch die „Strudel" und „Wirbel" kaum weniger gefährlich machte.

Der ersten Donauregulierung gingen zwei Ereignisse unmittelbar voraus: der Eisstoß von 1830, dem die halbe Wiener Leopoldstadt zum Opfer gefallen ist, und die beinahe mißglückte Fahrt des kaiserlichen Dampfers „Franz I." im selben Jahr. Bei der Zusammenfassung der vielen „verwilderten" Stromarme in ein einheitliches Bett ließen die Wasserbauer in Oberösterreich – im Gegensatz zum Wiener „Durchstich" – die Donau praktisch für sich arbeiten, indem sie entlang der projektierten Uferlinie sogenannte Wassersporne aus Steinblöcken einsetzten. Diese trennten das neue Strombett von den Altwässern, die dann allmählich verlandeten und nur bei hohem Wasserstand gespeist wurden.

Obwohl die technischen Möglichkeiten bereits vorhanden waren, war es bis zur Errichtung von Großkraftwerken noch ein langer Weg. Um den stets höher werdenden Ansprüchen der Schiffahrt gerecht zu werden, behalf man sich bis zur Mitte dieses Jahrhunderts mit der Feinregulierung: dem Baggern von Furten, dem Einbau von Leitwerken, Buhnen und Grundschwellen und nicht zuletzt mit dem Sprengen von Felsen in der Schiffahrtsrinne. Erst der Wirtschaftsboom der fünfziger und sechziger Jahre sowie weitere Hochwässer schufen günstige (gesellschaftliche) Bedingungen für den Kraftwerksbau. Bei der Rahmenplanung konnte auf den Stufenplan der „Reichswasserstraßendirektion" von 1942 zurückgegriffen werden. Diese zweite Donauregulierung, die den Fluß in eine fast geschlossene Kette von Stauseen verwandelte, steht den Folgen der ersten mit ihrer Laufverkürzung, der Gefällsverteilung, der Sohleneintiefung und dem Verlust von Altarmen in nichts nach. Neben den vielen Veränderungen, die sich aus der Regelbarkeit der Abläufe ergeben, ist es vor allem der natürliche „Atem des Stromes", der nun fehlt: das Ausufern auch geringerer Wassermengen und dieses ständig wiederkehrende Ansteigen und Fallen des Wasserspiegels. Das alles kann durch noch so gut gemeinte naturnahe Vorkehrungen nicht ersetzt werden.

Am Südufer von Mauthausen nach Grein

Wenn Sie bereits nach Mauthausen auf das rechte Donauufer wechseln wollen, fahren Sie in einer kurzen Schleife auf die Brücke hinauf. Dort steht lediglich ein schmaler Rad- und Gehweg zur Verfügung. Drüben biegen Sie dann bei der Ortstafel von Pyburg links ab und unterqueren die Bahn. Gleich darauf geht es nach rechts und bis zur nächsten Bahnunterführung entlang der Böschung. Dort schwenken Sie links auf die Vorrangstraße ein. Nachdem der Oberwasserkanal passiert ist, zweigt die Route links Richtung Wallsee ab.

Der Güterweg folgt zunächst dem Kanalverlauf und führt danach nahe an der Siedlung Albing vorbei. Bei der Einmündung des Kanals in die Donau streift die Route kurz das Donauufer und verläuft etwa 700 Meter am Damm. Obwohl der Weg am Fluß verlockend dahinzieht, handelt es sich bei den folgenden 8 Dammkilometern um eine Überströmstrecke, welche die Wasserversorgung der Au sicherstellt. In der Mitte ist sie auch bei trockenen Wetter schlecht befahrbar. Dem Augebiet weicht die Tour durch das Umland aus, das aber eine angenehme Abwechslung bedeutet.

So verlassen Sie vor dem Sportplatz den Dammweg und fahren im Zickzack bis zur nächsten Straße vor. Hier geht es nach links und durch das Dorf Stein. Danach radeln Sie geradewegs durch die Felder.

ST. PANTALEON

Durch St. Pantaleon radeln Sie zunächst geradeaus, bei der Weggabelung nach der Kirche folgen Sie den Wegweisern des Donauradwegs nach links. Nun wird die Landschaft durch die angrenzende Hügelkette etwas belebt. Die nächste Ortschaft, Erla, passieren Sie geradeaus und überwinden dabei eine kleine Anhöhe.

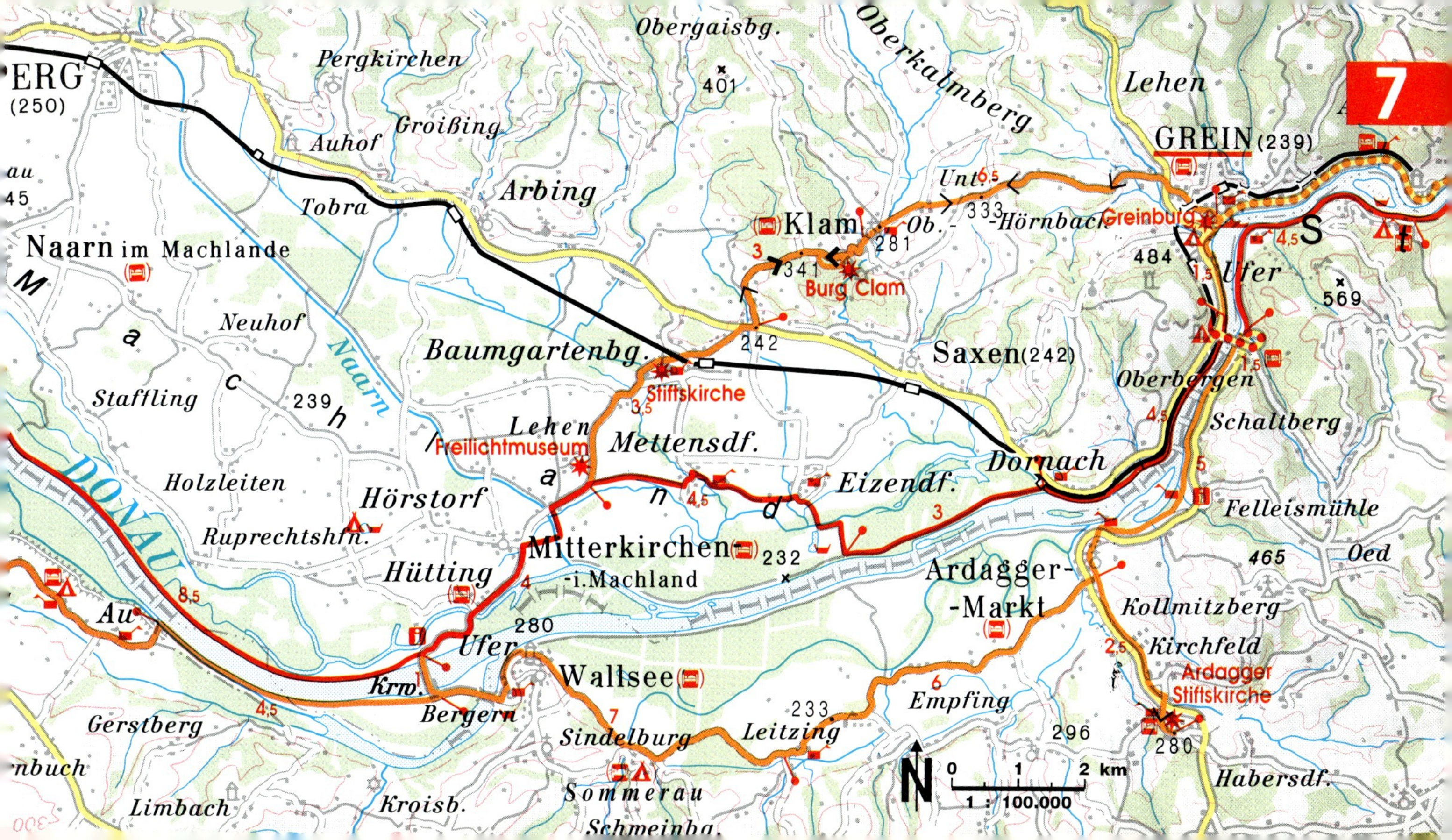
7
GREIN (239)
Greinburg
Klam
Burg Clam
Stiftskirche
Freilichtmuseum
Mitterkirchen -i.Machland
Ardagger-Markt
Ardagger Stiftskirche
Wallsee
Saxen (242)
Naarn im Machlande
DONAU
Naarn
Dornach
Eizendf.
Mettensdf.
Baumgartenbg.
Arbing
Tobra
Auhof
Groißing
Pergkirchen
Obergaisbg.
Oberkalmberg
Lehen
Unt.
Ob.-
-Hörnbach
Ufer
Oberbergen
Schaltberg
Felleismühle
Oed
Kollmitzberg
Kirchfeld
Habersdf.
Empfing
Leitzing
Sindelburg
Sommerau
Schmeinbg.
Kroisb.
Limbach
Gerstberg
Bergern
Krm.
Au
Hütting
Hörstorf
Holzleiten
Ruprechtshfn.
Staffling
Neuhof
Machland
ERG (250)
1 : 100.000
0 1 2 km
N

Liebliche Obstgärten zieren hier den Ortsrand, danach führt die ruhige Straße in einen Wald. Entlang des Flüßchens Erla geht es durch manche Lichtungen mit kleinen Fluren und großen Eichen am Wegrand. Nach 2,5 Kilometern seit Erla fahren Sie über ein Brücklein, und die Straße schlängelt sich weiter reizvoll durch eine Allee.

An der nächsten Kreuzung fahren Sie geradeaus und folgen der langgezogenen Linkskurve. Zwischen den Höfen von **Oberau** wendet sich die Straße wieder nach rechts und führt an einem Gasthof mit Campingplatz vorbei. Sie halten sich darauffolgend stets links und passieren entlang einer Birnbaumreihe auch die Gehöfte von Au. Kurz vor der Donau geht es über den zweiten Schutzdeich und wieder hinauf zum Radweg auf der äußeren Dammkrone.

An der Donau radeln Sie nun flußabwärts und können gegen Süden die hügeligen Mostviertler Ansichten genießen. Am Ende der geraden Dammstrecke ist bereits Wallsee zu sehen. Nach 4 Kilometern kommen Sie am **Kraftwerk Wallsee-Mitterkirchen** vorbei, wo Sie zwischen 6–9, 11–14, 16–21 Uhr ans andere Ufer übersetzen können. Dort verläuft die Hauptroute nach Mitterkirchen.

Wenn Sie aber am Südufer nach Ardagger weiter wollen, folgen Sie einfach der Betriebsstraße geradeaus. Sie führt über einen Altarm der Donau. Gegenüber vom Freibad biegen Sie schließlich links ab. Sie kommen am Hafen von Wallsee. Beim Gasthof mit der einladenden Terrasse führt der Weg hinauf zur Ortsmitte.

WALLSEE ≈km 2093

Vorwahl: 07433

- **Gemeindeamt Wallsee-Sindelburg**, Nr. 22, ☎ 2216.
- **Pfarrkirche Sindelburg**, 1 km südlich. Im Stil gotisch-barock mit dem Altarbild vom „Kremser Schmidt".
- **Burg**. Die Burg mit dem 70 m hohen Bergfried und einer gotischen Kapelle wurde zw. dem 15. und 17. Jh. ausgebaut, unregelmäßiger Innenhof mit Brunnen.

Die eigentliche Route führt aber unterhalb des Ortes am Hügel entlang. Nachdem Sie die Schloßanlage passiert haben, verläßt der Weg den Fluß und mündet in eine Querstraße. Sie folgen hier der schwach befahrenen Landstraße nach links. In Sommerau überqueren Sie ein Gerinne und halten sich geradeaus. Nach dem Ortsende knickt die Straße nach links ab und führt mit sanften Kurven durch einige Waldinseln. 2,5 Kilometer weiter kommen Sie zum etwas ortsfremd klingenden Gasthaus zum Parlament, das am Ufer des nicht minder merkwürdigen Landgerichtsbaches steht. Nach einer Rast im „Hohen Haus" setzen Sie die Route nach links fort.

Mehr und mehr Obstbäume künden vom Mostviertel. Nach weiteren 1,5 Kilometern zweigen Sie nach links Richtung Grein und Ardagger-Markt ab. Hinter einer Rechtskurve passieren Sie den Landgerichtsbach und radeln nun geradewegs auf Ardagger-Markt zu. Auf einem der zahlreichen Hügeln erhebt sich das Stift Ardagger malerisch über der Flußniederung. Den Abzweig nach Stephanshart lassen Sie hinter sich und queren vor Ardagger-Markt die Umfahrungsstraße. Bereits im Ortsgebiet stoßen Sie auf die Hauptstraße, an der die Route nach links abgeht. Bevor Sie aber in den Strudengau weiterfahren, unternehmen Sie einen kurzen Abstecher zur Stiftskirche mit dem einzigartigen Margarethenfenster und besuchen Sie die kulinarisch interessante Mostgalerie.

ARDAGGER-MARKT ≈km 2084

Vorwahl: 07479

- **Gemeindeamt**, Markt 13, ☎ 312
- **Donauschiffahrt Ardagger**, Freizeithafen, ☎ 6464-0, April bis Okt. jeden So und Fei. Rundfahrten im Strudengau ab 14 und 16 Uhr.
- **Militärgeschichtliches Museum** (Wehrmachtsmuseum), beim Freizeithafen, ☎ 239, ÖZ: 15. März bis 31. Okt. tägl. 8.30-18 Uhr. Schwerpunkt der Sammlung bilden Fahrzeuge, Uniformen, Waffen von 1914-45, Plakate, Fahnen, Urkunden usw.
- **Bauernmuseum**, Stift Ardagger-Gigerreith, entlang der B 119, ☎ 334, Führungen nach Voranmeldung. Die größte volkskundliche Privatsammlung Österreichs veranschaulicht mit mehr als 15.000 Exponaten bäuerliches Handwerk, Wohnkultur und Erfindergeist.
- **Ehemalige Stiftskirche**. Der älteste Teil ist die dreischiffige romanische Krypta von 1049. Mittelpunkt der Kirche ist jedenfalls das berühmte Margaretenfenster im Ostchor (1240), die älteste figürliche Glasmalerei in Österreich und vielleicht im deutschsprachigen Raum.
- **Mostgalerie**, Stift Ardagger, ☎ 6400, ÖZ: Ostern bis Ende Okt. tägl. 13-18 Uhr und gegen Voranmeldung. Hier werden Spitzenmoste in vier Geschmacksrichtungen zur Verkostung und zum Kauf angeboten. Außerdem Obstprodukte aus Birnen und Äpfeln wie Säfte, Essig, Schnäpse, Liköre und Dörrobst.

Unterwegs zum Stift Ardagger folgen Sie in Ardagger-Markt der Hauptstraße nach rechts, die sich am Ortsende immer mehr an die Landstraße annähert. Nach der Tankstelle steht für Radler ein Radweg entlang der Landstraße zur Verfügung. Nach etwa 1,5 Kilometern haben Sie die Abzweigung zum Stift Ardagger erreicht und zweigen demnach rechts ab. Bei der nächsten Querstraße halten Sie sich links und holen zum letzten kurzen Anstieg aus. Im Ort angekommen, finden Sie rechts vor dem Stift die Mostgalerie, in der man die Schätze des Mostviertels präsentiert. Von der Terrasse des Stiftgartens haben Sie einen schönen Ausblick auf das Hinterland.

*Das **Stift Ardagger** geht auf ein in Kindsnöten gefaßtes Gelöbnis Agnes' von Poitou zurück, der Gemahlin Kaiser Heinrichs III. (1017-56). In protestantischer Zeit verfällt dann das Kloster und wird 1784 durch die kaiserliche Klosterreform aufgelöst.*

Zurück in Ardagger-Markt fahren Sie auf der Hauptstraße donauwärts und halten sich auch nach dem Ortsende geradeaus. Etwa 500 Meter weiter geht's zur Umfahrungsstraße hinauf, die in der Folge beim Gasthof Raderbauer überquert wird. Dort folgen Sie dem Wirtschaftsweg nach rechts. Es geht jetzt an einem Waldstreifen entlang, dahinter erstreckt sich ein Altarm der Donau. In der darauffolgenden Weggabelung fahren Sie nach links und bleiben somit nahe am Fluß. Die Donau verläßt das fruchtbare Schwemmland und tritt in ein schmales Tal ein, die ehemals gefürchtete Engstelle bei Struden ist nicht mehr weit.

Beim Freizeithafen Ardagger erwartet Sie reges Leben, für Stimmung sorgen eine Grillhütte und ein Kinderspielplatz. Ebenso sind hier ein Informationsstand sowie die Anlegestelle der Donauschiffahrt zu finden. Sie überqueren hier einen Bach, radeln quer über den Parkplatz und sind somit wieder an der Donau. Entlang der Bundesstraße erreicht der Radweg schießlich die Donaubrücke vor Grein. Ab hier verläuft die empfohlene Hauptroute auf einer Nebenstraße am Südufer weiter nach Ybbs. Wenn Sie Grein besuchen oder ans Nordufer wechseln wollen, müssen Sie nach Unterquerung der Brücke in einer Schleife hinauf zur Straße. Drüben führt wieder eine ebensolche Schleife zum Uferradweg hinunter.

Die Hauptroute aber bleibt ab dem **Kraftwerk Wallsee-Mitterkirchen** auf dem Nordufer und „entführt" Sie für einen Weile ins flache Machland. Sie folgen der Werksstraße nach links und verlassen somit die Donau. Nach der Brücke über einen Altarm durchfahren Sie die Ortschaft Hütting. Die schwach befahrene Landstraße führt Sie zwischen Auwald und Feldern nach Mitterkirchen, wo die ausgeschilderte Route noch vor der Hauptstraße rechts abzweigt. Falls Sie diesen Abzweig verpaßt haben, fahren Sie einfach rechtsherum nach Mettensdorf weiter und sind nach der Naarnbrücke wieder auf der Route.

MITTERKIRCHEN IM MACHLAND

Vorwahl: 07269

- **Marktgemeinde**, Nr. 50, ☎ 8255.
- **Radfahrstation**, beim Kraftwerk, ☎ 8488, ÖZ: Mai bis Mitte Okt. tägl. 11-19 Uhr.
- **Urgeschichtliches Freilichtmuseum**, Ortsteil Lehen, ☎ 6611, ÖZ: Mitte April bis Ende Okt. tägl. 9-17 Uhr. Im Jahr 1980 wurden hier Überreste einer Siedlung aus der Hallstattzeit (700 v. Chr.) entdeckt. Die international beachteten Grabungen dauerten 10 Jahre und brachten 50 Hügelgräber zutage. Heute wird mit einem originalgetreu errichteten „Hallstattzeit-Dorf" versucht, die Arbeits- und Lebensweise dieser Epoche nachzuvollziehen.
- **Pfarrkirche**. Von 1482 mit gotischem Rippengewölbe und modernem Kreuzweg von Th. Pühringer.

Der offizielle Donauradweg macht also einen kleinen Umweg und überquert die Naarn, einen der Hauptflüsse des Mühlviertels, etwas südlich von der Landstraße. Auf der anderen Seite wenden Sie sich gleich nach links und biegen darauffolgend rechts auf diese Landstraße ein. Rund 700 Meter weiter kommen Sie zu einer Kreuzung, wo die Hauptroute geradeaus nach Mettensdorf führt. Auf der größeren Landstraße hingegen erreichen Sie linksherum nach kurzer Fahrt das urgeschichtliche Museumsdorf in **Lehen** oder können die ausgeschilderte Ausflugsroute über Klam verfolgen. Diese Tour erfordert etwas sportliche Ambition und trifft in Grein wieder auf die Donau.

Über Klam nach Grein 13 km

Das Barockstift in Baumgartenberg, eine romantische Burg und eine Brauerei locken ins traumhaft schöne Hinterland des Strudengaus.

Nach 400 Metern erreichen Sie das kleine Dorf Lehen, wo sich das sehenswerte Museumsgelände befindet. Das nächste Ziel ist Baumgartenberg, schon von weitem erkennen Sie das Dach der Klosterkirche. Unterwegs dorthin fahren Sie an einigen Bauernhöfen vorbei und halten sich bei der Weggabelung nach der Brücke links.

BAUMGARTENBERG

Vorwahl: 07269

- **Gemeindeamt**, Nr. 85, ☎ 255-0.
- **Stiftskirche Mariä Himmelfahrt**. Das überragende Baukunstwerk der Zisterzienser setzt sich deutlich aus drei Stilepochen zusammen: romanisch-gotische Basilika mit Querhaus und Paradies, gotischer Hallenchor nach Zwettler Vorbild und Barockisierung im späten 16. Jh. durch C. A. Carlone.

Das Kloster der Zisterzienser wurde 1316 fertiggestellt. Es kam mehrfach zu seiner Zerstörung, so während der Hussitenkriege (1428-32), und mehreren Plünderungen. Nach dem Dreißigjährigen Krieg erfolgte der kostspielige Wiederaufbau im barocken Stil, was jedoch die Finanzen des Klosters stark beanspruchte und schließlich zum Ruin der Bauherren führte.

Im Ort lassen sich Hunger und Durst beim Klosterwirt in ausgesprochen schöner Umgebung stillen. Danach geht es über die Bahn und über eine kleine Geländestufe. Der Blick auf die Höhenzüge der Alpen mit dem Ötscher wird deutlich besser. An der darauffolgenden Vorrangstraße fahren Sie kurz nach rechts, bis Sie links Richtung Burg Clam abbiegen können. Allmählich steigt der Weg an und verläßt das weite Donautal. Ab dem Weiler Schneckenreitstal müssen Sie kräftig in die Pedale treten, die Steigung hält noch für ein Weilchen an.

Am Ende dieser „Bergwertung" mündet der Weg in eine wunderbare Allee mit alten Eichen. Hier schwenken Sie nach rechts. 300 Meter weiter, bevor es wieder bergab ginge, können Sie rechts auf einen geschotterten Waldweg zur beschaulichen Burg Clam abzweigen. Der Festungsbau erhebt sich in wildromantischer Lage über einer Schlucht. Allein der Arkadenhof ist einen Besuch wert.

Die Eichenreihen geleiten Sie – vorbei an der Burgbrauerei – verläßlich bergab in den Ort Klam. Wenn Sie sich an der Kreuzung links halten, kommen Sie bald auf den verträumten Marktplatz mit der Dorflinde und der reizenden Kirche.

KLAM

Vorwahl: 07269

- **Gemeindeamt**, Nr. 43, ☎ 7255.
- **Burgmuseum Clam**, ☎ 7217, ÖZ: Mai-Okt. tägl. 9-16 Uhr. Das Familienmuseum ist seit 1967 zugänglich und zeigt Waffensammlungen, Porzellan, Gobelins bis ins 16. Jh. Besonderes Juwel: die originale Burgapotheke mit Einrichtung aus dem frühen 17. Jh.
- **Burg Clam**. Eine 1830 teilweise erneuerte Anlage aus der Renaissance mit fünfstöckigem Palas und der Kapelle mit Fresken aus 1380. Die „Neue Bibliothek" wurde um die Wende des 16./17. Jh. begründet. Stimmungsvoller Arkadenhof.
- **Klam-Schlucht**, nach Saxen. Das wilde Durchbruchstal, charakteristisch für die Flußläufe des unteren Mühlviertels, bietet ein beeindruckendes Naturschauspiel mit Wasserfällen, Drachenhöhle und Leostein (unter Denkmalschutz).
- **Burgbrauerei**, Gräflich Clam'sches Burgbräu, ☎ 6837, Führungen nach Anmeldung. Seit dem 16. Jh. wird hier Bier gebraut.

Sie durchfahren in Klam den Markt und biegen am Ortsende rechts Richtung Oberhörnbach ab. Dort fahren Sie geradeaus hindurch und erreichen über eine Steigung auch Unterhörnbach. Für die Mühen werden Sie mit einem berauschenden Panorama des hügeligen Strudengaus belohnt. Bei der Querstraße schwenken Sie nach links. Sie halten sich nach Ortsende geradeaus und können beschwingt durch das zunehmende Gefälle die wald- und wiesenreiche Landschaft genießen.

Die Talfahrt ist noch nicht zu Ende, wenn Sie nach rund 3 Kilometern den Kämpbach passieren. Danach biegen Sie rechts auf eine höherrangige Straße ein, die Sie aber bei der ersten Möglichkeit wieder nach links verlassen. Weiter von der Schwerkraft geleitet, treffen Sie nach der Bahnunterführung direkt im Zentrum von Grein ein. Das Städtchen hat viel zu bieten, planen Sie daher einen längeren Aufenthalt ein.

Von Grein aus können Sie entweder auf der Bundesstraße gleich stromabwärts nach Persenbeug weiterradeln oder Sie fahren 2 Kilometer aufwärts am Radweg zur Donaubrücke und wechseln dort zur ruhigeren Hauptroute am Südufer.

Der Donauradweg bleibt aber in ebenen Gefilden und führt weiter nach Mettensdorf. Nach 1,5 Kilometern stoßen Sie bei einer Kapelle auf eine Querstraße, Sie zweigen links ab und nach dem Bächlein kurz darauf nach rechts.

METTERNSDORF

Eine schmale Straße führt aus der Ortschaft hinaus. Sie fahren durch weite Felder, die hie und da von Obstgärten unterbrochen werden. Nach den Höfen von Pitzing erreichen Sie am Rande von **Eizendorf** ein Querstraße. Hier biegen Sie rechts ein, verlassen aber die Straße gleich wieder Richtung Donau, also nach rechts. 500 Meter weiter überqueren Sie einen Nebenfluß der Naarn und fahren links um den Badesee herum. Unterwegs werden Sie von Tafeln des Strudengauer Themenradweges über Sehenswertes in der Region informiert. Nach dem See tauchen Sie in den grünen Tunnel der Au ein und sind bald an der Donau.

Dort folgen Sie dem Weg nach links, der durch dichten Auwald gemütlich stromabwärts führt. 3,5 Kilometer legen Sie so im kühlen Grün zurück. Bei **Dornach** endet die Au, und nach dem Machland beginnt die Reise in den malerischen Strudengau. Bei der Haltestelle Dornach passieren Sie eine Brücke und biegen vor der Bahnlinie rechts auf den Treppelweg ein. Der Radweg hält sich an den Bahnverlauf und führt an Dornach vorbei. Hinter dem Teich schlägt der Radweg einen Haken nach rechts und führt über einen Steg.

Das Tal verengt sich zusehends, das einst von den Schiffern gefürchtete „Nadelöhr" naht. Nach 4,5 Kilometern kommen Sie zur Donaubrücke vor Grein. Hier wechselt die Hauptroute die Donauseite und führt bis Ybbs auf einem reizvollen Uferweg durch den Strudengau. Linksufrig setzt sich der Radweg bis Grein noch fort, ab dort haben Sie bis Persenbeug größtenteils nur die Bundesstraße zur Verfügung. Ein weiterer Vorteil der Südseite ist, daß Sie an heißen Tagen mehr Schatten genießen. Um ans rechte Ufer zu gelangen, fahren Sie unter der Brücke durch und zweigen links ab. Unter der Straßenrampe geht es in einer Schleife zur Brücke hinauf. Drüben halten Sie sich links und radeln am Uferweg dahin.

Bevor Sie aber die Hauptroute fortsetzen, sollten Sie vielleicht den kurzen Abstecher nach Grein unternehmen. Sie bleiben dazu auf dem Radweg am Donauufer. Kurz vor Grein weicht der Weg dem Bootshafen aus. Nach dem Campingplatz, unterhalb der mächtigen Gestalt der Greinburg, stoßen Sie an die Uferstraße, wo der Radweg endet. So folgen Sie der verkehrsreichen Straße nach rechts und können 300 Meter weiter nach links zum Marktplatz abzweigen.

GREIN A. D. DONAU ≈km 2079

Vorwahl: 07268

Tourismusverband, ☎ 6680.

Oberösterreichisches Schiffahrtsmuseum, Greinburg, ☎ 326, ÖZ: 1. Mai bis 31. Okt. Di-So 9-12 und 13-17 Uhr. U. a. mit originalgetreuen Modellen wird die Geschichte der Schiffahrt an den Flüssen Donau, Traun, Salzach und Inn, aber auch an Salzkammergut-Seen dargelegt. Vertreten sind praktisch alle Flußfahrzeuge sowie Sammel-, Regulierungs- und Steueranlagen.

Schloß Greinburg, ☎ 511, ÖZ: 1. Mai bis 31. Okt. gegen Voranmeldung, Preis: S 60,-. Das mächtige Gebäudegeviert erhielt seine geschlossene Form Anfang des 17. Jh. Harmonisch wirkt der dreigeschossige Arkadenhof. Außerdem sehenswert einige Prunkräume und die Kapelle mit dem Marmoraltar um 1625.

Altes Rathaus. 1563 vom ital. Baumeister M. Canaval erbaut und bis heute unverändert erhalten. Aus dem angefügten Getreidespeicher entstand 1791 das berühmte Bürgertheater.

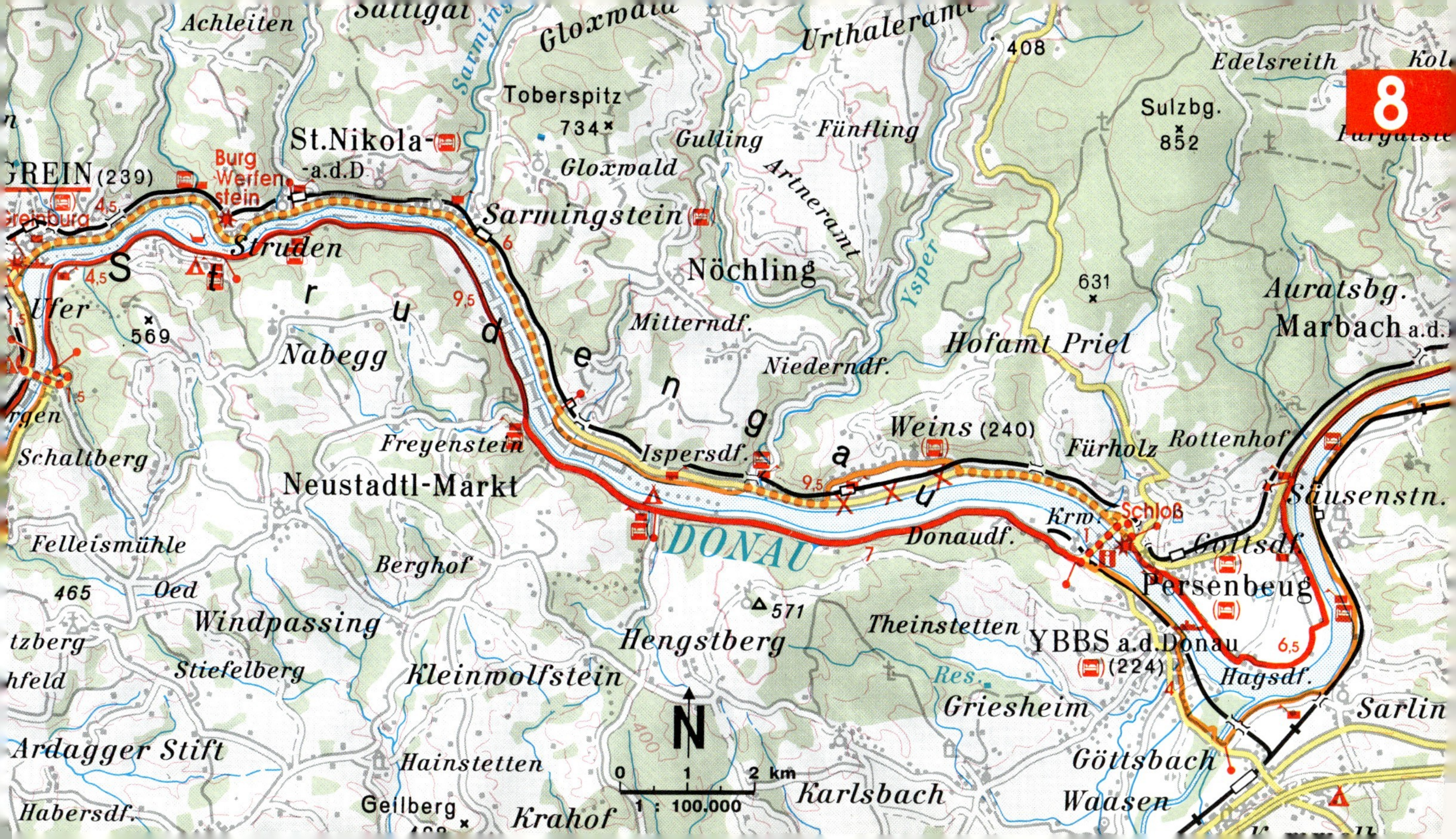

8
Achleiten
Gloxwald
Urthaleramt
408
Edelsreith
Toberspitz
734
Sulzbg.
852
St.Nikola-a.d.D
Gulling
Fünfling
GREIN (239)
Burg Werfenstein
Gloxwald
Artneramt
Greinburg
Sarmingstein
Struden
Nöchling
631
Auratsbg.
Marbach a.d.
Ufer
569
Mitterndf.
Hofamt Priel
Nabegg
Niederndf.
Strudengau
Weins (240)
Fürholz
Rottenhof
Freyenstein
Ispersdf.
Schaltberg
Säusenstn.
Neustadtl-Markt
Schloß
DONAU
Donaudf.
Gottsdf.
Felleismühle
Berghof
Persenbeug
465
Oed
571
Windpassing
Theinstetten
Hengstberg
YBBS a.d.Donau (224)
Stiefelberg
Kleinwolfstein
Hagsdf.
Res.
Griesheim
Sarlin
Ardagger Stift
Göttsbach
Hainstetten
0 1 2 km
1 : 100.000
Karlsbach
Waasen
Habersdf.
Geilberg
Krahof
Sarming
Ysper

Altes Stadttheater, ☎ 6680, Führungen: Apr. bis Okt. tägl. 9, 10.30 und 14.30 Uhr. Der 1791 errichtete Rokoko-Bau ist das älteste, weitestgehend im Originalzustand erhaltene, bürgerliche Theater des Landes.

Stadtpfarrkirche hl. Ägidius. Eine spätgotische, stark erneuerte Hallenkirche, deren barocker Hochaltar ein Gemälde von Bartolomeo Altomonte umschließt (1749).

Ortsensemble. Die meisten Häuser im Ortskern stammen aus dem 16.-17. Jh., jedoch mit überwiegend barocken Fassaden. Ausgeprägt bürgerlicher Charakter läßt sich in den alten Gaststätten aus dem 19. Jh. finden.

Stillensteinklamm, Gießenbach, 2 km östlich. Das 200 m tiefe, von eindrucksvollen Steinformationen markierte Bachtal bietet von der Mühlviertler Mittellandterrasse kommend ein großartiges Naturerlebnis.

Die Donauschiffahrt, insbesondere die Überwindung der Stromhindernisse zwischen Grein und Sarmingstein bildete seinerzeit die Grundlage für die Wohlhabenheit der Greiner Bürgerschaft.

Ab der Donaubrücke vor Grein radeln Sie auf einer reizvollen Anliegerstraße am rechten Ufer in den Strudengau. Bald bekommen Sie einen ausgezeichneten Ausblick auf Grein. Ab der Siedlung Wiesen wird das Tal enger und damit auch der Weg. Sie nähern sich dem einst von den Schiffern gefürchteten Engpaß bei Struden. Auf der Höhe der Insel Wörth verläßt der Weg kurz das Ufer und führt um einen Badesee herum. Das Dorf Hößgang erhielt seinen Namen von der Ausweichroute der Schiffer, die hier zwischen dem Felsen im Strom und dem rechtem Ufer gegraben wurde.

Nach Hößgang sehen Sie links die frühere Mautstelle, **Burg Werfenstein**, und die Ortschaften Struden und **St. Nikola**. Das Donautal verengt sich weiter, die Granitfelsen reichen jetzt bis ans Ufer. In dem Restaurantschiff, das hier ständig vor Anker liegt, kann man neben dem Landschaftserlebnis auch kulinarischen Genüssen fröhnen.

Gegenüber Sarmingstein befreit sich der Blick wieder aus der Umklammerung des Tales. Immer wieder bieten verlocken Rastplätze entlang der Straße zu einer beschaulichen Rast. Nach insgesamt 12 Kilometern erreichen Sie **Freyenstein**, wo der Anrainerweg in eine öffentliche Straße mündet. Der Treppelweg ist in diesem Bereich nicht befahrbar. Weiter geht's am Ufer durch Willersbach, ein winziges Dorf mit einem Gasthaus und einem Campingplatz.

Der Strudengau klingt allmählich aus und Sie erreichen nach weiteren 7 Kilometern das **Kraftwerk Ybbs-Persenbeug**, das die zwei Orte anstatt einer Brücke verbindet. Beim Brückenkopf befindet sich eine Informationsstelle für Radreisende. Wenn Sie wieter der empfohlenen Hauptroute folgen, müssen Sie über das Kraftwerk ans Nordufer wechseln. Wollen Sie vorher die Stadt Ybbs besuchen, so führt nach dem Kraftwerk ein Weg nach links zur Uferpro-

unter (Informationen zu Ybbs finden Sie auf Seite 75).

Am Nordufer von Grein nach Persenbeug

Ab Grein steht am Nordufer nur die Bundesstraße mit regem Verkehrsaufkommen zur Verfügung, eine Strecke, die nicht beschildert, aber auch nicht zu verfehlen ist. Nach 2,5 Kilometern, bei einem alten Bahnviadukt, führt die Straße am Abzweig zur nahen **Stillensteinklamm** vorbei. Ein atemberaubendes Naturschauspiel, wenn sich die Wassermassen des Gießenbaches durch die nur wenige Meter breite Schlucht zwängen. Weiter geleitet Sie die B 3 der **Burg Werfenstein** entgegen, die einst die Maut an der engsten Stelle des Strudengau bewacht hatte. Inmitten des Stromes trotzt Wörth den Wellen, eine Insel, die durch die Aushebung eines Seitengangs auf der anderen Seite entstand. Nach der Ortschaft Struden treffen Sie in St. Nikola ein.

ST. NIKOLA ≈km 2075

Vorwahl: 07268

- **Gemeindeamt**, ☎ 8155.
- **Schifferkirche**. Im Kern ist sie romanisch, erlebte dann eine gotische und barocke Umgestaltung (17. Jh.). Von der Einrichtung sehenswert die 4 gotischen Reliefs des linken Seitenaltars um 1500.
- **Burg Werfenstein**, Struden. Werfenstein zählte einst zu den auf engem Raum zw. Strudel und Wirbel erbauten Burgen und Türmen, die zusammen eine Sperranlage bildeten und das Befahren der Donau verhindern konnten. Erste Erwähnung aus dem Jahr 1242, nach 1500 dem Verfall preisgegeben.

Nach St. Nikola radeln Sie auf der B 3 weiter, wo nicht einmal der Verkehr den Landschaftsgenuß allzu sehr beeinträchtigen kann. Sie passieren **Sarmingstein** und können nach 3 Kilometern auf Höhe der Bahnstation Hirschenau endlich auf einen ruhigen Treppelweg abzweigen. Sie fahren jetzt gemütlich an Ferienhäusern vorbei und passieren drei kleinere Furten. An einer Jausenstation mit Liegewiese können Sie Durst und Hunger stillen und sich ein wenig erholen, bevor es nach 3 Kilometern beim Parkplatz erneut auf der B 3 weitergeht. Sie überqueren die Kleine Ysper und biegen nach gut einem Kilometer, aber diesmal nach links, von der Straße ab.

Es geht über die Gleise und leicht über dem Tal erhöht in die Ortschaft **Weins**. Nach Ortsende kehrt die Route zur Bundesstraße zurück. Schließlich das Kraftwerk Ybbs-Persenbeug erreicht, können Sie entscheiden, ob Sie unterhalb der Straßenrampe nach Persenbeug weiterfahren und sich damit der Hauptroute am Nordufer anschließen oder Sie dem Straßenverlauf linksherum folgen und die Donau überqueren. Ab Ybbs geht dann am Südufer eine Variante nach Melk weiter.

Ab **Ybbs-Persenbeug** sucht die Hauptroute das Nordufer auf, wo sie bis Melk und weiter nach Krems verläuft. Dort unterwegs, können Sie die Reise durch einen kleinen Ausflug nach Maria Taferl und Artstetten ergänzen. Am Südufer ist bis Melk ebenfalls ein Radweg vorhanden. Beide Varianten sind beschildert.

Vom nördlichen Ende des Kraftwerks Ybbs-Persenbeug kommend, fahren Sie links am Schloß vorbei und zweigen danach von der Hauptstraße rechts ab. Die Hauptroute führt durch den verwinkelten Stadtkern von Persenbeug.

PERSENBEUG ≈km 2059,5

Vorwahl: 07412

- **Marktgemeindeamt**, Rathauspl. 1, ☎ 52206.
- **Schloß**. Die Anlage auf dem steilen Felskopf erhielt ihre heutige Gestalt im Zuge des 1617-21 von Eusebius v. Hoyos durchgeführten Neubaus. Seit 1800 in habsburgischem Besitz.
- **Pfarrkirche hl. Florian und Maximilian**. Der schwere spätgotische Bau (um 1500) birgt einen Chorraum mit Netzrippen und einen Hochaltar aus vielfarbigem Marmor.
- **Ortskern**. Unter den originellen Biedermeierhäusern befinden sich das Kleine und das Große Schiffsmeisterhaus.
- **Marktlinde**, Rathauspl. Nebst der Florianikapelle steht eine angeblich um 1300 gepflanzte riesige Linde.

__Persenbeug__ war unter dem Schiffsmeister Matthias Feldmüller (1801-50) der bedeutendste Schiffsbauplatz an der niederösterreichischen Donau. Jährlich erbauten die „Schopper“ 20 Schiffe. Während die Strömung jährlich 850 Schiffe und 25 Flöße Feldmüllers abwärts trug, wurden 350 Schiffe beim Gegenzug von Pferden auf einem Treppelweg (Traiderpfad) flußaufwärts gezogen.

Beim Gasthof zum Weißen Lamm biegen Sie dann nach rechts in eine Nebenstraße ein, wo am Wegweiser bereits Melk als nächstes Fernziel angegeben ist. 400 Meter weiter, bei der Kinostraße, lenken Sie wieder nach rechts und erreichen bei zwei Eichen schließlich den ufernahen Weg, der aus dem Ort hinausführt. Jenseits der Donau lenken die barocken Großbauten an der Uferzeile von Ybbs die Blicke auf sich.

Die Route führt nun quer über die ebene „Halbinsel“, die von einer eigenwilligen Donauschleife gebildet wird. In **Hagsdorf** schwenkt der Weg zunächst nach links und kurz darauf an der Kreuzung mit dem Bildstock wieder nach rechts. Sie folgen dem Asphaltband, das sich nach 1,5 Kilometern inmitten der Felder nach rechts wendet. Bei einer Häusergruppe knickt der Weg dann wieder nach links ab. Eine Kirche mit Zwiebelturm meldet die nächste Ortschaft, **Gottsdorf**, an, wo Sie wieder Kontakt mit dem Fluß aufnehmen.

Zu Ortsbeginn mündet der Weg in eine Uferstraße, und es geht geradeaus weiter. Die Promenade ermöglicht bereits einen Blick auf die Wallfahrtskirche von Maria Taferl hoch über der Donau. Vor dem Feuerwehrhaus zweigt die Route rechts ab und führt durch Metzling. Der Weg verläuft in der Folge eingekeilt zwischen dem Ufer und der Bundesstraße. Bei der Ortschaft Granz radeln Sie am Campingplatz und dem Hafen vorbei. Der Beginn des Nibelungengaus wird durch eine Tafel angekündigt. Weiter am Ufer unterwegs, kommen Sie nach kurzer Fahrt in Marbach an und erreichen nach der Fähre auch die Schiffsstation.

MARBACH A. D. DONAU ≈km 2048

Vorwahl: 07413

Fremdenverkehrsstelle, ☎ 311

Fähre nach Krummnußbaum: Mo-Fr 5.20 Uhr zum Eilzug nach Wien, 6.25, 6.55, 7.15 Uhr zum Regionalzug nach Wien, Sa 7.15 und 11.50, So ab 13.50 Uhr jede volle Viertelstunde bis 18.30 Uhr.

Ehem. Herrenhaus, Donauufer. Mit seinen zwei runden Ecktürmen 1575 entstandenes Herrschaftshaus aus habsburgischem Besitz mit dem Wappen der Familien Starhemberg-Schaumburg-Löwenstein-Wertheim.

In Marbach können Sie den Ausflug ins südliche Waldviertel mit den Stationen Maria Taferl, Schloß Artstetten und Burg Leiben in Angriff nehmen. Allerdings wird diese Tour auf kleinen Landstraßen nur Radlern mit genügend Ausdauer für den Anstieg und einer funktionierenden Gangschaltung wirklich Spaß machen. Zur Hauptroute gelangen Sie dann entweder bei Klein-Pöchlarn oder bei Weitenegg, kurz vor Melk, zurück. Alle, denen ein Blick von der Ferne auf die Wallfahrtskirche Maria Taferl genügt, fahren am Uferweg weiter.

Ausflug ins südliche Waldviertel 18 km

Der Waldviertelweg sucht den Wallfahrtsort Maria Taferl auf, weiters das Ferdinand-Museum im Schloß Artstetten, und führt landschaftlich reizvoll zur Burg Leiben.

Im ersten Teil des Ausflugs bis Artstetten stehen Ihnen die Wegweiser des Waldviertelweges zur Seite. In Marbach verlassen Sie gleich nach der Schiffsstation das Ufer und überqueren die Bundesstraße und die Donauuferbahn. Die Straße steigt zunächst mäßig, dann stärker an und windet sich den Hang hinauf. Nach vielen mühsamen Kehren kommen Sie schließlich nach 3 Kilometern bei der barocken Basilika in Maria Taferl an. Von der Anhöhe eröffnet sich ein wunderbarer Rundblick über das Donautal und die nördlichen Kalkalpen.

MARIA TAFERL

Vorwahl: 07413

Marktgemeinde, ☎ 302.

Schulmuseum, in der Volksschule, ☎ 302, ÖZ: So 9.30-11.30 Uhr und gegen Voranmeldung.

Wallfahrtskirche zur Schmerzhaften Muttergottes. 1661-1711 von Jakob Prandtauer erbaut, sehenswert das prächtige Innere der Kirche mit den Altarbildern von Kremser Schmidt und die Schatzkammer. Seitlich des Gebäudes der kultische Tafelstein, einst Opfertisch.

Das gemütlichste unter den Donauheiligtümern steht mitten im Nibelungengau, hoch über der Donau. Wie in jedem Wallfahrtsort vertragen sich auch hier Kitsch, Kunst und Volksfrömmigkeit in geduldsamer Eintracht miteinander. Dafür gibt es in ***Maria Taferl*** *weder protzenden Barock noch hohe Kunst zu bewundern, hier gibt es die Marienverehrung der sogenannten kleinen Leute.*

Nach eingehender Besichtigung der Wallfahrtsstätte, genußvollem Bestaunen der Aussicht und möglicherweise einer ausgiebigen Labung setzen Sie die Tour über den Marktplatz fort. Nach Ortsende geht's schwungvoll durch die sattgrünen Wiesen. Hinter **Oberthalheim**, an der Kreuzung mit einem Transformatorhäuschen, biegen Sie links nach Artstetten ab. Die berauschende Talfahrt geht weiter auch durch Unterthalheim. Nun radeln Sie zur Abwechslung ein wenig bergauf, aber die sanften Wellen stellen nicht allzuhohe Ansprüche an Ihre Kondition. Verstreut stehende Obstbäume bieten einen netten Anblick. Links oben am Waldrand blitzen die fünf Zwiebeltürmchen von Schloß Artstetten hervor.

Nach der Ortstafel von Artstetten können Sie zum Ort und zum Schloß nach links abbiegen und gelangen nach rund 700 Metern zur reizvollen Anlage inmitten eines weitläufigen Parks.

ARTSTETTEN

Vorwahl: 07413

Gemeindeamt, Artstetten 8, ☎ 8235.

Erzh. Franz-Ferdinand-Museum, ☎ 8302, ÖZ: 1. Apr. bis 2. Nov. tägl. 9-17.30 Uhr. Ausstellung über den in Sarajevo ermordeten Thronfolger, die letzten Jahrzehnte Österreich-Ungarns, Schifffahrt, Volkskunde, Jagd, Landschaftspflege und Architektur.

Schloß. Die äußere Erscheinung des seit 1823 habsburgischen Schlosses bestimmen Umbauten von 1550-1600 und die seit 1896 unter Erzherzog Franz Ferdinand durchgeführten Arbeiten. Er und seine Gemahlin sind in der hiesigen Gruft bestattet.

Schloßkapelle. Der Hochaltar von 1659 stammt aus Kitzbühel, zum Besten gehört ein Steinbild um 1400 vom alten Sakramentshäuschen.

Für die Weiterfahrt schwenken Sie an der Kreuzung vor Artstetten nach rechts. Es geht wieder in Richtung Donau. Wer den Ausflug zur Burg Leiben fortsetzen will, biegt nach 800 Metern bei der Bushaltestelle links ab. Die eindrucksvolle Anlage mit den interessanten Ausstellungen erreichen Sie nach etwa 6,5 Kilometern. Geradeaus hingegen kommen Sie nach einer rasanten Talfahrt nach Klein-Pöchlarn, wo Sie bei der Fähre wieder die Hauptroute aufnehmen können.

Wenn Sie aber von der hügeligen Landschaft des Hochlandes angetan sind, so setzen Sie die Fahrt nach **Unterbierbaum** fort. Nach Ortsende halten Sie sich rechts und steuern nun Losau an. Eine schmale Asphaltstraße führt leicht bergauf in einen stillen Nadelwald. Nach 2 Kilometern haben Sie dem Asphalt folgend den höchsten Punkt dieses Ausflugs erreicht. Dann folgt eine rasante Talfahrt. Vor **Losau** müssen Sie nochmal stärker in die Pedale treten. In der Ortsmitte beim Glockenturm setzt sich Ihr Weg etwas nach rechts versetzt fort.

Aufgelassene Weingärten, die als Terrassen in der Landschaft übriggeblieben sind, deuten an, daß sich die Weinbaugebiete der Wachau in früheren Zeiten bis hierher ausdehnten. Im Süden zeichnet sich der Ötscher als höchste Erhebung am Horizont ab. Bei der Ortstafel Leiben biegen Sie dann nach links in die Vorrangstraße ein. Gleich darauf geht es nach rechts in den Ort. Nach dem zweiten Gasthof schwenken Sie nach rechts und erreichen nach einer Linkskurve die Burg.

LEIBEN

Vorwahl: 02752

Marktgemeinde, ☎ 71287

Schloßmuseum, ☎ 71287, ÖZ: April-Nov. jeden So und Fei 10-12 und 13-17 Uhr, für Gruppen ab 10 Personen tägl. gegen Voranmeldung. Neben einer Traktorveteranenschau Ausstellungen zu den Themen Feldbearbeitung und Ernährung im ländlichen Bereich.

Schloß Leiben. Die ursprüngliche Anlage aus dem Mittelalter wurde im 17. Jh. zu einem großen Komplex mit runden Ecktürmen ausgebaut. Im großen Saal und in der ehem. Kapelle haben sich wertvolle Kassettendecken mit allegorischen und mythologischen Malereien (um 1650) erhalten.

Filialkirche hl. Corona, im Friedhof. 1506 im spätgotischen Charakter errichtet. Sehenswert die Holzaltäre des 17. Jh. und die Grabmäler des 16. Jh.

An der Burg vorbei rollen Sie hinunter zur Hofmühle. Hier biegen Sie rechts auf die höherrangige Straße ein und rollen weiter im Tal des Weitenbaches der Donau entgegen. An dieser Straße ist im Gegensatz zu den ruhigen Wegen bisher doch mit einigem Verkehr zu rechnen. Unten angekommen, fahren Sie an der Ruine Weitenegg vorbei und stoßen jenseits der Bundesstraße auf den Donauradweg, der hier unmittelbar am Ufer verläuft.

Ab **Marbach** folgt die Hauptroute dem Treppelweg und führt bei Krummnußbaum entlang der Donauuferbahn. Wo sich die Bundesstraße vom Ufer entfernt, können Sie wahlweise oben am Damm oder rechts davon am Treppelweg radeln. Beim Campingplatz finden Sie eine Informationsstelle für allfällige Auskünfte. Nach 5 Kilometern gelangen Sie dann zur **Fähre bei Klein-Pöchlarn**, die von 4.30 bis 21 Uhr (So, Fei 6 bis 20.55 Uhr) verkehrt.

KLEIN-PÖCHLARN ≈km 2044

Nach der Fähre nehmen Sie die Route auf der Dammkrone wieder auf. Nach 3,5 Kilometern kommen Sie auf der Höhe von **Ebersdorf**, einem hübschen Dörfchen, zu einer Weggabelung: Jene, die nach Melk

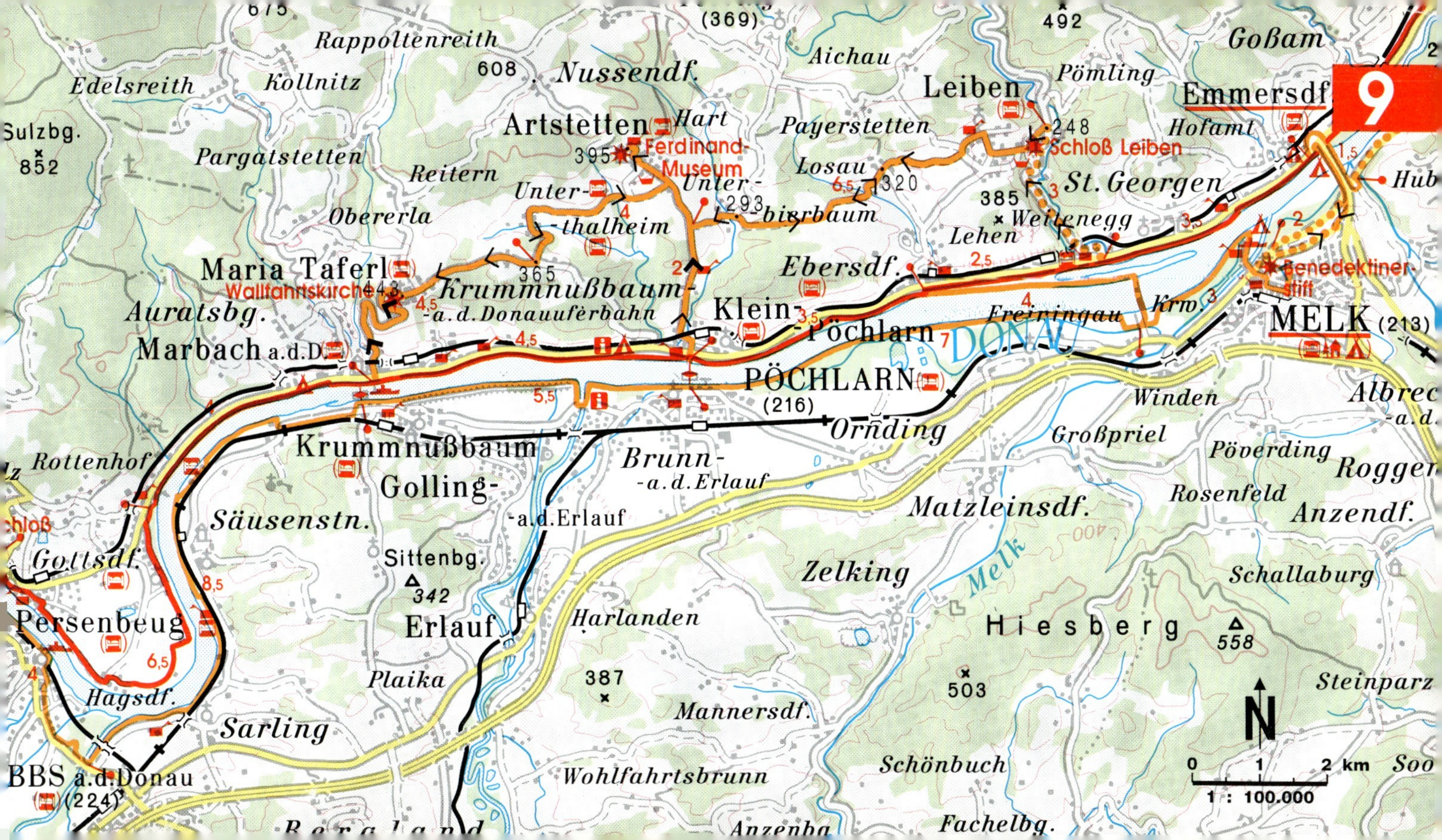

9
Rappoltenreith
Nussendf.
Aichau
Goßam
Edelsreith
Kollnitz
608
Leiben
Pömling
Emmersdf.
Sulzbg.
852
Artstetten
Hart
Payerstetten
248
Hofaml
Pargatstetten
395
Ferdinand-Museum
Schloß Leiben
Reitern
Losau
320
Unter-thalheim
Unter-bierbaum
293
385
St. Georgen
Hub
Obererla
Weitenegg
Lehen
365
Maria Taferl
Ebersdf.
Wallfahrtskirche
443
Krummnußbaum-a.d.Donauuferbahn
Benedektinerstift
Auratsbg.
Klein-Pöchlarn
Freiningau
Krw.
MELK
(213)
Marbach a.d.D.
DONAU
PÖCHLARN
(216)
Winden
Albrec
Orndíng
Großpriel
Rottenhof
Krummnußbaum
Brunn-a.d.Erlauf
Pöverding
Rogger
Golling-a.d.Erlauf
Rosenfeld
Säusenstn.
Matzleinsdf.
Anzendf.
Schloß
Sittenbg.
Gottsdf.
342
Zelking
Melk
Schallaburg
Persenbeug
Erlauf
Harlanden
Hiesberg
558
Hagsdf.
Plaika
387
503
Steinparz
Sarling
Mannersdf.
Schönbuch
Soo
BBS a.d.Donau
(224)
Wohlfahrtsbrunn
0 1 2 km
1 : 100.000
Fachelbg.

möchten, fahren hier am besten geradeaus weiter und überqueren die Donau über die nahe Staustufe. Zurück zur Hauptroute am Nordufer kehren Sie dann über die Donaubrücke hinter Melk. Der Strecke von Melk zur Brücke ist aber mangels Radweg nicht sehr angenehm.

Wollen Sie aber gleich am Nordufer bleiben, so zweigen Sie hier vom Damm nach links ab und fahren am Radweg neben der Hauptstraße nach Weitenegg. Der Weg begleitet einen Donaualtarm, in dem man auch baden kann. **Weitenegg** empfängt Sie dann mit einer romantischen Ruine, und rechts über der Donau beherrscht bereits das imposante Stift Melk das Bild. Über den Weitenbach gefahren, geht es auf dem Treppelweg weiter. Als nächstes Fernziel wird Krems mit 36 Kilometern angegeben.

Bei **Schloß Luberegg** im nächsten Ort passieren Sie zwei altertümliche Rundtürme, die einst als Leucht- und Signaltürme der Flößer gedient haben sollen. Ab hier fahren Sie wieder direkt an der Donau und erreichen bald Emmersdorf, wo sich der Radweg der Durchzugsstraße anschließt. Der Ort selbt nimmt sich – von dem Bahnviadukt überspannt – recht reizvoll aus.

EMMERSDORF ≈km 2035

Vorwahl: 02752

- **Gemeindeamt**, ☎ 71469.
- **Museum Schloß Luberegg**, Hain, ☎ 71755, ÖZ: Apr. bis Okt. tägl. 9-17.30 Uhr. Ständige Ausstellung „Kaiser Franz und seine Zeit - von der Französischen Revolution bis zum Wiener Kongreß".
- **Schloß Luberegg**, Hain. Errichtet 1780, diente das Schlößchen in der Folge als Lieblingssitz von Kaiser Franz I. Das spätbarocke Erscheinungsbild außen wird innen durch frühklassizistische Leinwandtapeten ergänzt. Vor kurzem generalsaniert und seit 1991 dem Publikum zugänglich.
- **Kapelle der hl. Maria Magdalena**, Hauptpl. Ein malerischer Treppenaufgang führt zur spätgotischen Kapelle (nach 1516) mit Netzrippengewölbe und steinerner Empore.
- **Ortsensemble**. Der reizvolle, langgestreckte Straßenplatz wird von charakteristischen Häusern des 16. bis frühen 19. Jh. gesäumt.

Weiter geht es entlang der Straße Richtung Donaubrücke. Die Hauptroute führt unterhalb durch und bleibt in der Wachau – durchgehend mit einem Radweg ausgestattet – am Nordufer. Hier reihen sich die schönsten und berühmtesten Orte der Wachau aneinander. Wen es hingegen mehr zu den beschaulichen, kleineren Winzerdörfern hinzieht, wechselt über die Brücke zur Variante am rechten Ufer. In diesem Fall muß vorerst eine längere Strecken im Verkehr in Kauf genommen werden.

Sie haben an dieser Stelle auch noch einmal die Gelegenheit, nach Melk hinüberzufahren. Am rechten Donauufer angekommen, können Sie entweder die Treppe benützen, die zur Uferstraße hinunterführt, oder Sie folgen der Straße bis zur nächsten Kreuzung, wo Sie nach rechts abzweigen. Gleich darauf zweigen Sie abermals rechts ab, eine relativ verkehrsreiche Straße führt nun hinunter zur Uferstraße, die dann nach links ins Zentrum von Melk und nach rechts Richtung Krems weiterführt.

Wenn Sie gleich zum Stift wollen, fahren Sie hier nicht hinunter, sondern fahren gleich geradeaus auf der Nebenstraße weiter, biegen in die Johann-Steinböck-Straße ein und folgen dann der Wiener Straße nach rechts zum Stift. Die Uferstraße, sie heißt Wachauer Straße, führt nach links in das Zentrum von Melk, hingegen nach rechts nach Schönbühel (Informationen zu Melk finden Sie auf Seite 77).

Am Südufer von Ybbs nach Melk

Auf dem Südende des Kraftwerks Ybbs-Persenbeug folgen Sie zunächst dem linksseitigen Radweg. 50 Meter nach der Rad-Information fahren Sie dann nach links über die Bahngleise und zum Ufer hinunter. Nach 2 Kilometern erreichen Sie die Promenade von Ybbs und biegen nach Ende der Laternenreihe rechts ab. Sie passieren Reste der früheren Stadtbefestigung und biegen beim Anstoßen nach links in die Wiener Straße ein. Vor der Weiterreise empfiehlt es sich aber, kurz nach rechts zum Hauptplatz zu fahren und die stimmungsvolle Altstadt anzusehen.

YBBS A. D. DONAU ≈km 2058

Vorwahl: 07412

- **Tourist-Information**, ☎ 55233.
- **DDSG-Donaureisen**, ☎ 0222/72750-254. Vom 30. Apr. bis 25. Sept. tägl. Linienfahrten zwischen Ybbs und Krems.
- **Pfarrkirche hl. Lorenz**. Die dreischiffige Staffelkirche mit dem Netzgewölbe entstand um 1500. Kanzel, Orgel und der schöne, reichvergoldete Hochaltar sind von 1730.
- **Altstadt**. Die Sanierung der Bürgerhäuser aus der Renaissance und der teilweise erhaltenen Stadtbefestigung wurde zu einem Beispiel mit österreichischem Modellcharakter.

Auf der Wiener Straße radeln Sie stadtauswärts. Sie überqueren ein Bächlein und wechseln nach der ersten Querstraße halbrechts auf den Radweg. So kommen Sie zur breiten Bahnhofstraße, der Sie nach links Richtung Melk folgen. In der Gewerbezone zweigen Sie gleich nach dem Sägewerk von der Straße ab, umrunden den Holzlagerplatz und kehren wieder zur Hauptstraße zurück. Bodenmarkierungen für Radfahrer erleichtern die Orientierung. Nach Überquerung des Flusses Ybbs geht der Donauradweg links ab. Bei der Einmündung der Ybbs in die Donau rollen Sie vom Deich hinunter und setzen die Fahrt am Treppelweg entlang der Donau fort.

Nun nimmt Sie wieder die eindrucksvolle Flußlandschaft auf. Mächtige Weiden säumen das Ufer. Der Radweg mäandriert zwischen Fluß und Bahn dahin und führt durch den Weiler Aigen und weiter nach Säusenstein. Hier muß der Weg dem namensgebenden, hartnäckigen Felsbrocken über ein künstliches Plateau ausweichen. Ein Stück weiter können Sie in den Ort abzweigen.

SÄUSENSTEIN ≈km 2054

- **Theresienkapelle**. Sie ist als letzter Überrest eines ehem. Zisterzienserklosters (14. Jh.) erhalten. Ein einjochiger, kreuzrippengewölbter Raum, der an ein erneuertes sog. Barockschloß anschließt.
- **Pfarrkirche hl. Donatus**. Der hoch über dem Ort gelegene spätbarocke Bau birgt sehenswerte Gewölbemalereien und ein Altarbild von Paul Troger (1746).

Es geht am Uferweg weiter, bis der Weg vor Diedersdorf wieder die Nähe zur Bahn sucht. Bei der Bahnunterführung zweigen Sie dann von der Dorfstraße ab und kehren zur Donau zurück. Auf der gegenüberliegenden Seite hebt sich die Wallfahrtskirche von Maria Taferl beeindruckend vom Horizont ab. Im nächsten Dorf, **Wallenbach**, wendet sich der Weg bei einem Bildstock vom Ufer ab und führt auf der Straße links der Bahn weiter. Auf dieser Straße radeln Sie nun in der ursprünglichen Richtung, bis Sie nach dem Krummnußbaumer Hafen nach links zum Treppelweg abzweigen können. Geradeaus ginge es in den Ort hinein.

KRUMMNUSSBAUM ≈km 2049

Vorwahl: 02757

Fähre nach Marbach: Mo-Fr um 5.25, 6.30, 7.00, 7.20, Sa 7.20 und 11.55 Uhr, So ab 13.55 jede volle Viertelstunde bis 18.30 Uhr.

Nach der Fähre folgt eine 3 Kilometer lange Strecke links vom Damm bis zur Erlaufmündung. Dort fahren Sie nach rechts zur nächsten Brücke. Gleich nach der Überquerung der Erlauf kehren Sie zum Donauufer zurück. Als nächstes treffen Sie auf die Rollfähre, die Pöchlarn mit Klein-Pöchlarn verbindet. Hier können Sie auch in den Ort abbiegen, der mit einigen Sehenswürdigkeiten aufwarten kann.

PÖCHLARN ≈km 2045

Vorwahl: 02757

Fremdenverkehrsstelle, ☎ 2300-30

Fähre nach Klein-Pöchlarn: tägl. 4.30 bis 21 Uhr, So, Fei 6-20.55 Uhr.

Oskar-Kokoschka-Geburtshaus, Regensburger Str. 29, ☎ 7656, ÖZ: Di-So 9-12 und 14-17 Uhr. Dokumentation und jährliche Wechselausstellung von Mai und Sept.

Sammlung Franz Knapp, Rüdigerstr. 63. Radierungen, Aquarelle, Zeichnungen und Druckgraphiken des Heimatkünstlers, auch „malender Fährmann" genannt, in Wechselausstellungen.

Pfarrkirche Mariä Himmelfahrt. Die Außengestalt der 1389-1429 errichteten und nach 1766 barockisierten Kirche wird von eingelassenen Grabplatten und Römersteinen geprägt. Im Inneren gute Bilder des Martin Johann Schmidt (Kremser-Schmidt) zu sehen.

Welserturm, Jubiläumstr. Im Jahr 1484 erbaut, diente die Anlage anfangs als Befestigung gegen Matthias Corvinus von Ungarn, später als Niederlassung der Welser Kaufleute (Salzhandel).

Nibelungendenkmal, Donaulände. Monument mit 16 Mosaikwappen von wichtigen Handlungsorten des Nibelungenliedes von Worms über Verona bis Esztergom.

Unbeirrbar radeln Sie in nächster Nähe zur Donau Melk entgegen. Bis zum Kraftwerk Melk sind noch 6 Kilometer auf der geraden Strecke zurückzulegen, im Hintergrund erscheint das imposante Stiftsgebäude der Benediktiner. Zur Rechten breitet sich das Dickicht der Au aus. Kurz vor dem Kraftwerk verlassen Sie das Ufer und überqueren nach einer Linkskurve die Betriebsstraße. 300 Meter nach der Kraftwerkseinfahrt zweigen Sie links ab und radeln bis zum Fährhaus bei Melk wieder am Donauufer. Beim Fährhaus wendet sich der Weg nach rechts und erreicht über den Fluß Melk die Stadt.

Der Donauradweg führt an der Donaulände nach links im Verkehr weiter. Wenn Sie weiter am rechten Ufer bleiben, zweigen Sie nach der Tankstelle nach links auf die Wiener Straße ab. Zur Hauptroute am linken Donauufer kommen Sie, indem Sie der verkehrsreichen Straße den Hang hinauffolgen und dann nach links zur Donaubrücke abzweigen. Wer sich die Steigung ersparen will, kann auf der Wachauer Straße bis zur Brücke vorfahren und dann das Fahrrad die Treppe hinauftragen. Am Nordufer führt dann der Donauradweg entlang der Uferstraße in die Wachau.

Den Ortskern von Melk erreichen Sie von der Donaulände geradeaus über die Kremser Straße. Am Hauptplatz können Sie gleich links in die Fußgängerzone abbiegen. Die Radroute zum Stift führt hingegen an der

Kirche vorbei und weiter nach rechts in die Bahnstraße. An der nächsten Kreuzung mit der Abt-Karl-Straße biegen Sie links ab. Geradeaus befindet sich der Bahnhof. Von der Abt-Karl-Straße schwenken Sie dann links in die Jakob-Prandtauer-Straße. Sie führt bis zur Wiener Straße vor, wo Sie halblinks über einen steilen Weg schließlich das Stift erreichen. Auf dem Rückweg können Sie rechts auf die Wiener Straße einbiegen und kommen auf dieser zur Fußgängerzone.

MELK ≈km 2036

Vorwahl: 02752

- **Touristeninformation**, Babenbergerstr. 1, ☎ 2307-32.
- **DDSG-Donaureisen**, Donauarm, ☎ 0222/72750-254. Vom 2. Apr. bis 30. Okt. tägl. Linienfahrten zwischen Melk und Krems. Fahrradverleih an der Schiffsstation, Fahrradmitnahme gegen vorherige Anmeldung.
- **Benediktinerstift**, ☎ 2312-232, ÖZ: vom Palmsonntag bis 1. Nov. 9-17 Uhr, Mai bis Sept. 9-18 Uhr. Der Bau dieses großartigen Barockkomplexes von europäischem Rang erfolgte unter Baumeister Jakob Prandtauer anstelle des früheren Klosters von 1702 bis 1747. Die Deckenfresken des Marmorsaales und die 70.000 Bände umfassende Stiftsbibliothek stellen die eindrucksvollsten Kostbarkeiten der Anlage dar.
- **Stiftskirche hl. Peter und Paul**. Der Barockbau aus der 1. Hälfte des 18. Jh. birgt einen einzigartigen Innenraum mit Deckenfresken von J. M. Rottmayr, einer Kuppelhöhe von 64 m, raffinierten Lichteffekten, Bildern von Troger in den Seitenkapellen und einer beeindruckenden Anordnung von Säulen, Freiraum, Kronen, Baldachin und Medaillon.
- **Rathausplatz**. Neben dem ehemaligen Lebzelterhaus (1657) auch mittelalterliche profane Baukunst.
- **Schloß Schallaburg**, bei Anzendorf (5,5 km südlich von Melk), ☎ 02754/6317. Eines der schönsten Renaissanceschlösser nördlich der Alpen besticht mit einem terrakottengeschmückten Arkadengang, der romanischen Wohnburg, der gotischen Kapelle oder mit der manieristischen Gartenanlage. Jährlich wechselnde kulturgeschichtliche Großausstellungen.
- **Schließfächer und Radschuppen**, Abbe-Stadtler-G. - rechte Verlängerung der Fußgängerzone.

*Das Benediktinerstift **Melk** markiert malerisch den Beginn der Wachau und bietet ein seltenes Zusammenspiel von Landschaft, Bauwerk und Strom. Nach Jahrhunderten wechselvoller Geschichte erlebte das Kloster zu Beginn des 18. Jahrhunderts unter dem Abt Berthold Dietmayer eine glanzvolle Blüte. Der Abt hatte im St. Pöltener Baumeister Jakob Prandtauer einen kongenialen und auch ökonomisch denkenden Partner gefunden. Dieser schuf den monumentalen barocken Prachtbau, nach den Türkenkriegen und der gelungenen Gegenreformation als Ausdruck eines neuen Lebensgefühls, eines gestärkten Herrschaftswillens sowohl der Kirche als auch der Habsburger.*

Von Melk nach Wien *121 km*

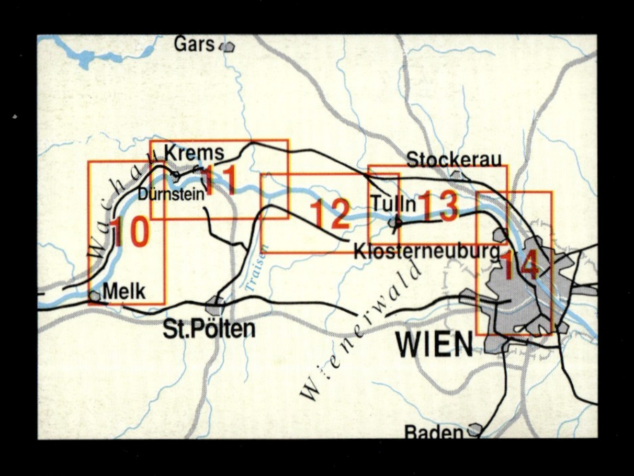

In der letzten Etappe erreicht die Reise für viele ihren Höhepunkt: Denn mit der Milde und Heiterkeit der Wachau kann kaum eine andere Landschaft an der Donau konkurrieren. Eine jahrhundertealte Winzerkultur ließ ihre Weinterrassen an steilen Südhängen zu „Himmelsstiegen“ werden und verlieh diesem Tal ihre typische Gestalt. Auf diesen Detailreichtum folgt im Tullner Feld eine grandiose Eintönigkeit, durchsetzt von weitläufigen Auen. Nachdem die Donau die Wiener Pforte passiert hat und wieder die Freiheit in der Ebene gewinnt, geht die lange Reise in Wien zu Ende. Eine Reise ganz anderer Art beginnt nun durch die charmante Donaumetropole mit ihrem vielfältigen Kulturangebot.

Durch die Wachau können Sie zwischen den Routen beiderseits der Donau wählen. Danach ist bis Wien eindeutig das Südufer attraktiver, wo der Schubert-Radweg kontrastreiche Aspekte in die Tour bringt.

Ab Melk beginnt die Reise durch die Wachau. Sie können bis Krems zwischen zwei Varianten wählen, die sich immer wieder mit den Fähren verbinden lassen: Die Hauptroute folgt dem linken Donauufer über Spitz, Weißenkirchen und Dürnstein und verläuft teils auf Radwegen und auf ruhigen Güterwegen. Die Radwege sind stellenweise recht schmal, was im Zweirichtungsradverkehr – vor allem während der Hauptreisezeit – auch zum Problem werden kann.

Eine angenehme Ergänzung bietet der Ausflug zur Burg Ranna im Spitzertal. Die Variante am rechten Ufer muß zum großen Teil auf die Bundesstraße ausweichen. Sie ist aber trotzdem attraktiv, weil sie stillere, weniger „überlaufene" Winzerdörfer aufsucht. Die Hauptroute ist durchgehend, die Variante mit einigen Lücken ausgeschildert.

Abb. Seite 79:
Weißenkirchen ist eines der schönsten Winzerdörfer in der Wachau.

Auf der Hauptroute am Nordufer unterqueren Sie die Donaubrücke zwischen Emmersdorf und Melk und folgen dem Radweg entlang der Straße. Nach der Ortstafel von Schallemmersdorf müssen Sie die Uferstraße überqueren und in der linksseitigen Nebenfahrbahn weiterradeln. Es geht jetzt eine Weile zwischen Straße und Bahn dahin, nur bei Grimsing führt die Route ein wenig von der Bundesstraße weg, behält aber praktisch die Richtung bei. Die Hänge nehmen den Fluß allmählich in die Zange, bald erschließt sich Ihnen das anmutige Wachauer Donautal.

1,5 Kilometer nach Grimsing mündet der Güterweg in die Hauptstraße, und Sie wechseln auf den nicht sehr breiten Radweg, der zwischen Straße und Bahn verläuft. In der Hauptsaison könnte sich hier wegen des entgegenkommenden Radverkehrs ergeben, daß Sie auf der Fahrbahn bequemer unterwegs sind. Sie kommen nach Aggsbach-Markt und lenken nach links zur Dorfstraße. Das Gäßchen führt reizvoll durch die Ortschaft, die durch ihr solides Erscheinungsbild besticht.

AGGSBACH-MARKT ≈km 2027

Vorwahl: 02712
i Gemeindeamt, ☎ 214

Sie lassen Aggsbach-Markt zurück und setzen die Route entlang der Bundesstraße fort. Der Radweg ist stellenweise immer noch sehr schmal. Jenseits der Donau thront die Burgruine Aggstein in beachtlicher Höhe auf einer spitzen Bergkuppe. Ungefähr in Höhe der Ruine zweigen Sie nach links von der Uferstraße nach **Groisbach** ab. Oberhalb der Obstgärten und entlang von alten Häusern geht es jetzt dahin, mit schönem Ausblick über das Donautal. Sie bleiben rechts der Bahn und erreichen anschließend die nächste Ortschaft, Willendorf in der Wachau.

Zur Venus-Fundstelle biegen Sie bei der Kapelle links ab und finden gleich nach der Bahnunterführung rechter Hand den Fußweg, der dorthin führt. Von der Route, die Willendorf geradeaus durchquert, ist die nachgebildete Statue allerdings auch zu sehen.

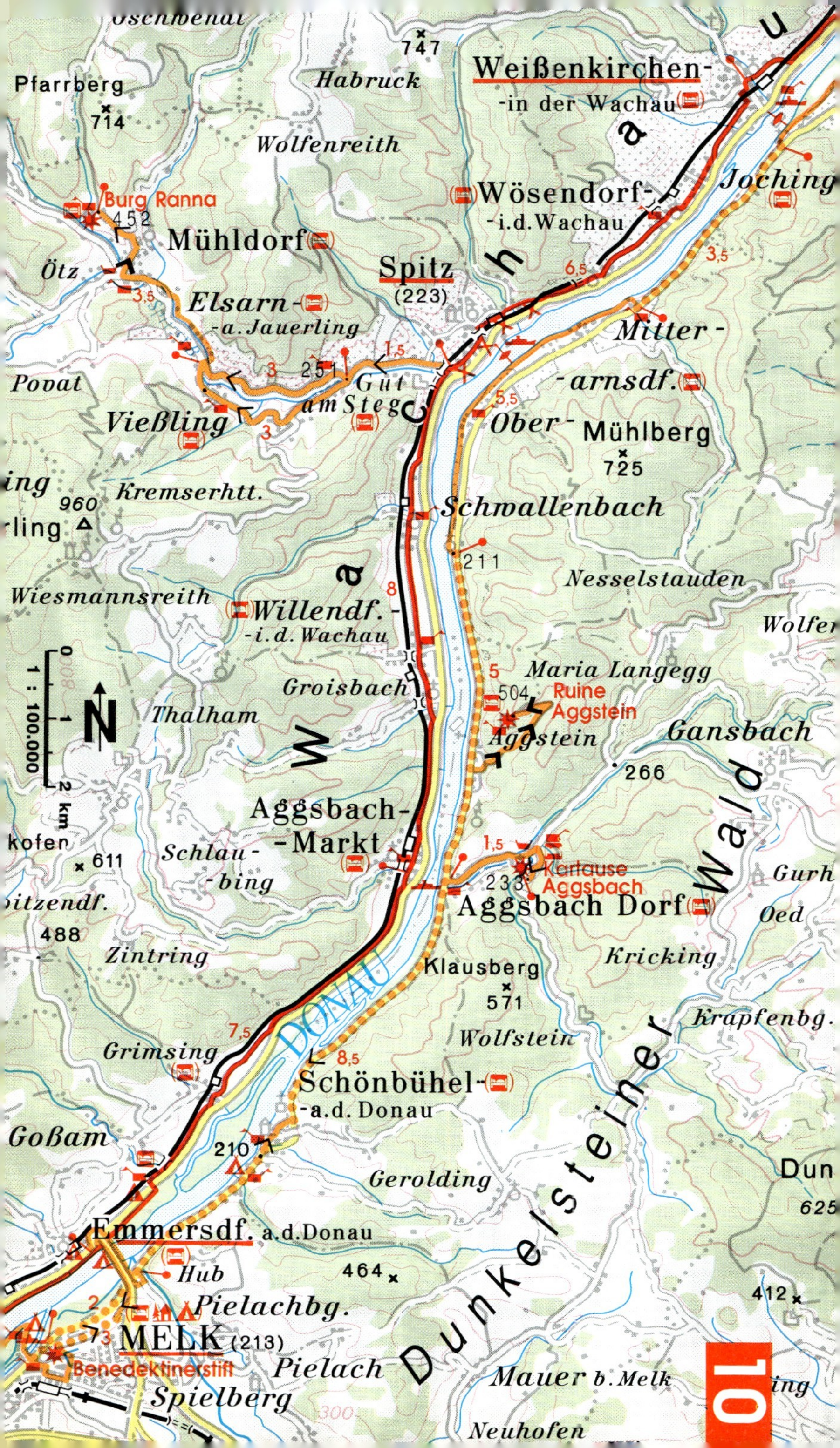

Weißenkirchen-in der Wachau
Wösendorf-i.d.Wachau
Joching
Spitz (223)
Mitter-arnsdf.
Ober-Mühlberg
725
Habruck
747
Pfarrberg
714
Wolfenreith
Burg Ranna
452
Mühldorf
Ötz
Elsarn-a.Jauerling
Gut am Steg
251
Povat
Vießling
Kremserhtt.
960
Schwallenbach
211
Nesselstauden
Wiesmannsreith
Willendf.-i.d.Wachau
Maria Langegg
Ruine Aggstein
504
Aggstein
Groisbach
Thalham
Gansbach
266
Aggsbach-Markt
Schlau-bing
611
Kartause Aggsbach
233
Aggsbach Dorf
Gurh
Oed
488
Zintring
Klausberg
571
Kricking
Krapfenbg.
DONAU
Wolfstein
Grimsing
Schönbühel-a.d.Donau
Goßam
210
Gerolding
Dun
625
Emmersdf. a.d.Donau
Hub
464
Pielachbg.
412
MELK (213)
Benedektinerstift
Pielach
Spielberg
Mauer b.Melk
Neuhofen
300
Dunkelsteiner Wald
Wachau
0 1 2 km
1 : 100.000
N
10

WILLENDORF I. D. WACHAU ≈km 2024

*Im Zuge der Errichtung der Donauuferbahn 1908 wurde im eiszeitlichen Löß bei Willendorf eine 11 cm hohe, aus Kalkstein herausgearbeitete Statuette gefunden, die eine unbekleidete, fettleibige Frauenfigur darstellt. Ihre Auffindung war eine wissenschaftliche Sensation. Sie gilt als Ausdruck eines Fruchtbarkeitskultes beziehungsweise als Symbol der „Magna Mater". Daher die Bezeichnung „**Venus von Willendorf**". Unter allen bislang aufgefundenen, vergleichbaren figürlichen Darstellungen aus dem Paläolithikum (=Altsteinzeit) – das sind immerhin über 130 Objekte von Südwestfrankreich bis Sibirien – soll die Willendorfer Skulptur die formschönste sein.*

Durch Obstgärten – auch die ersten Weinreben tauchen auf – radeln Sie weiter durch die Wachau. Das nächste, ungemein reizvolle Dorf heißt **Schwallenbach**. Die teils aus Steinmauerwerk erbauten mittelalterlichen Häuser ergeben hier eine einmalige Kulisse. Nach dem Bach steht das reichlich mit Blumen verzierte Schloß. Nach dem Ortsende geleitet Sie der Donauradweg auf einer ruhigen Anrainerstraße durch die Weinterrassen. Ab der Einmündung in die Bundesstraße radeln Sie dann auf dem begleitenden Radweg. Nach kurzer Fahrt erreichen Sie unterhalb der Ruine Hinterhaus – im Herzen der Wachau – **Spitz**. An der ersten Querstraße halten Sie sich kurz links und fahren dann vor der Bahn nach rechts.

Haben Sie aber Lust, vorher noch den kurzen Ausflug ins Spitzertal anzutreten, so rollen Sie unter der Bahn durch. Der Ausflug besteht aus zwei Teilen: einer Rundfahrt am Nordhang des Jauerlings und dem Abstecher zur Burg Ranna bei Mühldorf.

Ausflug ins Spitzertal 16 km

Mit ein wenig Mühe läßt sich ein bezauberndes Seitental der Donau entdekken, wo eine Weinlandschaft mit südländischem Charme und die kühle Burg Ranna Sie erwarten.

Am Ortsanfang von Spitz tauchen Sie unter der Bahn durch und begeben sich nach links in Richtung Jauerling ins Spitzertal. Entlang des Baches und von unzähligen Heurigen gesäumt, führt die Straße sanft bergauf. Nach 1,5 Kilometern kommen Sie zu einer Weggabelung und wählen den linken Weg. Nach der Brücke über den Spitzer Bach durchqueren Sie die Siedlung **Gut am Steg**. Ab hier wird die Steigung spürbarer. Einen Kilometer weiter biegen Sie nach rechts auf den Spitzertalweg ein. In der ersten Gabelung behalten Sie die Höhe noch bei und fahren nicht zu den Gärten hinunter. Nun folgt ein sanftes Auf und Ab der schmalen Straße. Die liebliche Strecke erinnert an Italien-Urlaube, ringsum erfreuen alte, nicht flurbereinigte Weinterrassen die Sinne. Sie bleiben am Hang und fahren rechter Hand über den Marbach. Jetzt hieven Sie sich auf eine weitere Anhöhe hinauf. Richtung Vießling unterwegs, werden Sie für die Mühen mit prächtigen Ausblicken bis hinunter zur Donau belohnt.

Im stillen Dörflein **Vießling** fahren Sie nach einem leichten Rechtsschwenk an der Kapelle vorbei. Nach einer kurzen Talfahrt erreichen Sie vor Elsarn am Jauerling wieder die Landstraße. Wenn Sie den Ausflug an dieser Stelle beenden wollen, folgen Sie der Landstraße nach rechts, wieder hinunter nach Spitz.

Geht für Sie der Ausflug bis zur Burg Ranna im Waldviertel weiter (beachten Sie die Öffnungszeiten), so überqueren Sie die Straße und den Spitzer Bach und lenken unterhalb des Weinbergs nach links. In einer

Nebenstraße geht es jetzt durch **Elsarn**. Hinter der Kirche wechselt die Landschaftskulisse: Die Weingärten dünnen aus, Obstbäume dominieren auf den Hängen. Vor einem schönen Giebelhaus mündet der Weg wieder in die Landstraße, und Sie sind damit schon inMühldorf.

MÜHLDORF

Vorwahl: 02713

Gemeindeamt, ☎ 8230

Burg Ranna, Oberranna, ☎ 8221, ÖZ und Führungen: 1. Mai bis 31. Okt. Sa 13-17 Uhr, So, Fei 14-18 Uhr. Die Ottonische Burg des Edlen Pilgrim von Grie aus dem 11. Jh. ist von doppelten Gräben und Wällen (16. Jh.) umgeben und besitzt einen Arkadenhof.

Burgkapelle hl. Georg. Das aus dem 12. Jh. stammende Kirchlein ottonischen Bautyps ist in seiner Bauweise einzigartig in Österreich. Unter der Empore befindet sich die sehenswerte, halb in den Boden versenkte Krypta.

Am Dorfplatz mit der Linde biegen Sie dann rechts zur Burg ab. Sie überwinden eine stärkere Steigung und halten sich danach zweimal links. Einen Kilometer weiter erreichen Sie die renovierte Burganlage. In der Schenke wird für das leibliche Wohl gesorgt. Finden Sie Gefallen an diesem ruhigen Plätzchen, können Sie sich auch für die Nacht einquartieren.

Die Route durch Spitz verläuft etwas kompliziert, ist aber gut beschildert: Sie schwenken also vor der Bahn nach rechts, an der nächsten Kreuzung geht es etwas nach rechts versetzt weiter. An einer Querstraße angekommen, können Sie hier nach rechts zur Fähre abzweigen, die Route hingegen biegt links ab und führt unter der Bahn hindurch. Gleich darauf biegen Sie nach rechts in die Bahnhofstraße ein. Nach ein paar hundert Metern kommen Sie zum Kirchplatz.

SPITZ A. D. DONAU ≈km 2019

Vorwahl: 02713

Verkehrsverein, ☎ 2362

Fähre nach Arnsdorf: 1. Apr. bis 30. Sept. nach Bedarf 6-21 Uhr, Sa-So 7-21 Uhr.

DDSG-Donaureisen, ☎ 0222/72750-254. Vom 30. Apr. bis 25. Sept. tägl. Linienfahrten zw. Spitz und Krems. Fahrradverleih an Schiffsstation, Fahrradbeförderung gegen vorherige Anmeldung.

Schloß Erlauhof mit Schiffahrtsmuseum, Erlahof, ☎ 2246, ÖZ: 1. Apr. bis 31. Okt. Mo-Sa 10-12 und 14-16 Uhr, So 10-12 und 13-17 Uhr. Die reiche Darstellung der Donauschiffahrt seit römischen Zeiten geht insbesondere auf die Geschichte der Flößer, der Schiffszüge (oder der „Hohen Nau") und der Donaureisen ein.

Pfarrkirche hl. Mauritius, Marktpl. Das spätgotische Untergeschoß des 14./15. Jh. trägt einen um 100 Jahre älteren, stattlichen W-Turm, im Inneren spätgotische Architektur mit Netzgewölbe und barocke Einrichtungen wie z. B. der Hochaltar mit einem Spätwerk des Kremser-Schmidt von 1799.

Unteres Schloß. Vermauerte Arkade, Erker und Wappen sind die Reste der Ausstattung aus dem 14. bis 16. Jh.

Altes Rathaus. Zusammen mit dem Bürgerspital (um 1400) bildet es eine sehenswerte gotische Baugruppe mit malerischem Hof, allerdings durch den Bahnbau etwas beeinträchtigt.

Ruine Hinterhaus. Auf schroffem Felsen bereits im 13. Jh. bestanden und im 16. Jh. um die Rundtürme erweitert, besitzt die wohlerhaltene Ruine einen mächtigen romanischen Bergfried, eine gotische Vorburg und Renaissancebefestigungen.

Wehrkirche St. Michael, 2 km donauabwärts. Der gotische Neubau stammt aus der Zeit um 1500, die Pfarre aber reicht ein halbes Jahrtausend zurück und gilt als „Urpfarre" der Wachau. Die sagenhaften 7 Hasen am Dach des Presbyteriums stellen wahrscheinlich die „Wilde Jagd" mit Hirschen und Jägern dar.

Rotes Tor, überm Kirchpl. Der aus Bruchsteinen gemauerte, schmale Torbogen (ehemals Weingartentor) gibt seit Generationen den malerischen Rahmen für charakteristische Wachauer Landschaftsblicke ab.

Vom Kirchplatz fahren Sie geradeaus zur größeren Kremser Straße vor und fahren parallel zum Donauufer weiter. Nach dem aus Heimatfilmen bekannten Mariandl benannten Hotel radeln Sie wieder hinaus in die Weingärten. Nach Überquerung der Bahn findet die Route ihre Fortsetzung links der Bundesstraße. Bei der sehenswerten Kirche von **St. Michael** wechseln Sie wieder auf den Güterweg, der gemütlich durch die Donaubreiten führt. Die der Sonne zugewandten Hänge sind über und über mit Weinreben bedeckt, besonders im Frühling, während der Baumblüte, setzen die Obstbäume leuchtende Farbtupfer in die Landschaft. Zwischen Spitz und Dürnstein befinden sich die besten Weinlagen der Wachau.

Nach dem Panoramaweg der Donaubreiten treffen Sie in **Wösendorf** ein, das als charakteristischer Wachauort mit seinen altertümlichen Häusern ein sehr schönes und einheitliches Bild bietet. Sie fahren bis zur Kirche vor und biegen hinter dem Gotteshaus rechts ab. An der darauffolgenden Querstraße schwenken Sie nach links. Auf einer Nebenstraße passieren Sie dann die Siedlung Joching. Der kleine Ritzlingbach, der hinter dem Ort der Donau zueilt, soll der Weinsorte Riesling den Namen gegeben haben. Im Mittelalter in die Rheinlande verpflanzt, kehrte sie veredelt als Rheinriesling in die Wachau zurück.

Wein in der Wachau

Die Wälder wichen auf den Südhängen der Wachau bereits zu Zeiten Karls des Großen den Reben. Bis heute sind die Weinterrassen ein prägendes Landschaftselement in dem klimabegünstigten und vielleicht lieblichsten Abschnitt der Donau.

Der Weinbau mußte aber auch Rückschläge erleiden: So führten während des Mittelalters eine Klimaverschlechterung und später die Wirren des Dreißigjährigen Krieges zum Verfall vieler Weingärten. In der Zeit Maria Theresias wurden sogar Weinkeltereien durch Essigsiedereien ersetzt, und um 1890 überfiel dann auch noch die aus Amerika eingeschleppte Reblaus die Weinstöcke.

Heute gedeihen in der Wachau wieder weltweit hochgeschätzte Weine. Besonders die Weißweine, für die die örtlichen Lößböden einen ausgezeichneten Nährboden darstellen, genießen unter Kennern einen sehr guten Ruf. Im folgenden eine kleine Auswahl:

***Grüner Veltliner**: Tischwein, spritzig-herb, trocken bis halbtrocken. **Rheinriesling**: ursprünglich aus der Wachau und über Umwege wieder heimisch, wegen seines feinen Buketts sehr geschätzt. **Müller Thurgau**: fruchtig, süffig, mit wenig Säure. **Neuburger**: eher schwerer Wein, mild-würzig.*

Sturm wird der trübe Traubenmost genannt, der in den ersten Wochen der Gärphase entsteht und gern getrunken wird. Ab dem 11. November wird der Most zum „Heurigen", zum jungen Wein. „Heurige" heißen aber auch die Buschenschenken, in denen die Weinbauern ihren eigenen Wein verkaufen, meist erkenntlich am „ausg'steckten" Reisigbuschen.

Nach einer Fahrt durch liebliche Weingärten erreichen Sie einen weiteren Höhepunkt in der Wachau, Weißenkirchen. An der Querstraße geht's rechts zur Fähre, Richtung Dürnstein und Krems halten Sie sich aber links. Gleich nach dem Bahnübergang zweigen Sie rechts ab und schlängeln sich rechts von der Kirche weiter durch den Ort. So kommen Sie auch am Wachaumuseum vorbei. Nehmen Sie sich etwas Zeit für Weißenkirchen, das von verwinkelten Gäßchen und historischen Gebäuden geprägt ist.

WEISSENKIRCHEN ≈km 2013

Vorwahl: 02715

- **Gemeindeamt**, ☎ 2232
- **Fähre**: tägl. 9-12 und 13.30-18.30 Uhr, Sa, So, Fei 9-18.30 Uhr
- **Wachaumuseum**, Teisenhoferhof, ☎ 2268, ÖZ: 1. Apr. bis 31. Okt. Di-So 10-17 Uhr. Ein Teil des Museums zeigt Arbeitsgeräte der Weinhauer und eine historische Weinpresse, weiters sind Werke der „Wachaumaler" des 19./20. Jh. wie Jakob Alt, Johann Nepomuk oder Martin Johann (Kremser) Schmidt zu sehen.
- **Teisenhofer-** oder **Schützenhof**, Marktpl. Der besonders schöne Arkadenhof im Stil der Renaissance stammt in seiner heutigen Erscheinung aus der 2. Hälfte des 15. Jh. Sitz der 1. NÖ-Weinakademie.
- **Pfarrkirche Mariae Himmelfahrt**, Kirchpl. Die ersten Teile der hochgelegenen Kirche, die von einer fast intakten Wehranlage umgeben ist, entstanden um 1400. Im Inneren mischen sich spätgotische und barocke Elemente.
- **Ortsbild**. Die Häuser mit hübschen Rauchfängen und Erkern (16. bis 17. Jh.) bieten reizvolle Ansichten mit „Wachauer Charme" und machen Weißenkirchen zu einem der anmutigsten Orte der Gegend.

Nach der Kirche in Weißenkirchen bleiben Sie zunächst noch auf der Donauterrasse und fahren nicht zum Bahnhof hinunter. Enlang einer hübschen Häuserzeile mit Heurigenschenken verlassen Sie den Ort und setzen die Fahrt nach dem Bahnübergang links der Straße auf dem Radweg fort. Nach einem Kilometer schwenken Sie nach links und folgen einem Güterweg durch die „Frauengärten". Die weitläufigen Weinterrassen werden nur von kleinen Winzerhütten unterbrochen. Wo die Hänge wieder näher an den Fluß heranrücken, geht es auf dem Radweg entlang der Bundesstraße weiter. Die romantische Ruine Dürnstein kündigt bereits den berühmtesten aller Wachauorte an. In dem seit dem Dreißigjährigen Krieg verlassenen Gemäuer wurde einst König Richard Löwenherz gefangengehalten.

Bei der Ortstafel von Dürnstein wechseln Sie vom Radweg auf die Nebenstraße, die Bundesstraße führt im Ortsgebiet durch einen Tunnel. Die Route führt Sie über eine kleine Anhöhe und unterhalb der Burgruine geradeaus durch den historischen Ortskern. Das schönste Bild von Dürnstein bietet sich allerdings vom Bad am Donauufer.

DÜRNSTEIN ≈km 2009

Vorwahl: 02711

- **Gemeindeamt**, Rathaus, ☎ 219
- **Personenfähre**: 2.-17. April Sa, So, Fei 10-18 Uhr, 18.-29. April tägl. 10-18 Uhr, 30. April bis 25. Sept. 9-20 Uhr, 26. Sept. bis 16. Okt. 10-18 Uhr, 17. Okt. Bis 30. Okt. Sa, So, Fei 10-18 Uhr.
- **DDSG-Donaureisen**, ☎ 0222/72750-254. Linienfahrten nach Wien vom 28. Apr. bis 15. Mai Do-So, 19. Mai bis 25. Sept. täglich. Fahrradbeförderung gegen vorherige Anmeldung.
- **Donauschiffahrt Wachau**, ☎ 02714/355. Vom 1. April bis 24. Okt. Rundfahrt Dürnstein und Charterfahrten zwischen Melk und Krems.
- **Fähre Rossatz-Dürnstein:** 2. Apr. bis 24. Sept. tägl. 9-20 Uhr, 25. Sept. bis 15. Okt. tägl. 10-18 Uhr, 16.-30. Okt. Sa-So-Fei 10-18 Uhr.
- **Burgruine Dürnstein**. Errichtet um die Mitte des 12. Jh., Saalbau und Kapelle leiten von der hochmittelalterlichen Burg als Zweckbau zum späteren Palasbau über. Im Winter 1192-93 wurde hier der englische König Richard Löwenherz gefangengehalten.
- **Stift Dürnstein**, ☎ 375, ÖZ: 1. Apr. bis 31. Okt. tägl. 9-18 Uhr, Führungen zu jeder vollen Stunde. 1410 gegründetes und 1710-33 von den bedeutendsten Künstlern dieser Zeit barockisiertes Augustiner-Chorherrenstift, dessen Hof zu den schönsten Klosterhöfen gehört.
- **Stiftskirche Mariä Himmelfahrt**. Das Meisterwerk öst. Barockarchitektur mit dem blau-weiß gehaltenen Kirchturm (um 1733) ist berühmt für die Einheit von Kunst und Landschaft.
- **Kellerschlößl**, östlich der Stadt. 1714 vermutlich von J. Prandtauer mit stuckierten Räumen und Deckenfresken erbaut. Gänge von 800 m Länge bergen die Weinernten.

Durch ein Tor verlassen Sie Dürnstein und überqueren geradewegs die Bundesstraße. Beim Tor nach rechts ginge es zur Fähre nach Rossatz und weiter flußabwärts zum Freibad. Auf der Route hingegen radeln Sie inmitten von Wein- und Marillengärten auf einer schmalen Straße dahin. Im Frühling, wenn tausende Obstbäume in weißer Pracht erblühen, wird die Radtour durch die Wachau zu einem besonderen Erlebnis. Am Franzosendenkmal aus dem Jahr 1805 vorbeigefahren, folgen Sie dem Straßenverlauf nach rechts. Gleich darauf biegen Sie nach links in die Weingärten ab.

In **Unterloiben** geht es links an der Kirche vorbei und nach einer Rechtskurve linksherum weiter. Ein schmuckes Gäßchen, gesäumt von alten Häusern, geleitet Sie zum Ortsrand, wo Sie sich rechts halten. Unter einem Weinhang rollen Sie Krems entgegen. Auf der anderen Donauseite erhebt sich das Stift Göttweig beherrschend über der Ebene. Sie treffen bei einem größeren Weingut wieder auf die Hauptstraße und fahren am Radweg weiter. Eine Tafel verkündet offiziell das Ende der Wachau.

Bei Förthof entfernt sich die Route von der Straße und führt zur Auffahrt der Mauterner Donaubrücke. Über die Brücke kommen Sie nach Mautern, wo Sie den Abstecher zum Stift Göttweig starten können. Die Hauptroute bleibt am Nordufer und erreicht Stein an der Donau. Sie radeln in einer Nebenfahrbahn der Donaustraße am Ort vorbei, die verlockende Steiner Landstraße hinter dem Linzer Tor ist nur aus der Gegenrichtung befahrbar, steigen Sie aus dem Sattel und wandern Sie durch die romantischen Gassen.

STEIN A. D. DONAU ≈km 2003

Vorwahl: 02732

- **Tourismusbüro Krems-Stein**, Undstr. 6, ☎ 82676.
- **Pfarrkirche St. Nikolaus**, Steiner Landstr. Die heutige dreischiffige Staffelkirche mit Langchor ist ein Werk des 15. Jh. Trotz einer Regotisierung 1901 blieben Deckenfresko und Altarbilder von Martin Johann (Kremser) Schmidt erhalten.
- **Minoritenkirche - Kunst.Halle.Krems**, Minoritenpl. Die dreischiffige Pfeilerbasilika zählt zu den frühesten Wölbebauten der deutschen Bettelorden (1264). Bedeutsam sind die Fresken aus dem 14. Jh., darunter eine Muttergottes mit Stiftern. Die Kirche dient heute als Ausstellungsort moderner Kunstprojekte.
- **Steiner Landstraße**. Der gut erhaltene alte Häuserbestand und die eingeschobenen Plätzchen mit barocken Statuen und Säulen verleihen der Straße einen seltenen Reiz.
- **Ehem. Frauenbergkirche**, über der Pfarre St. Nikolaus. Errichtet 1380, im Turmraum spannt sich ein mächtiges Kreuzrippengewölbe. Seit der Restaurierung 1963 Kriegergedächtnisstätte.

Nach Stein geht die Donauuferstraße in eine größere Straße mit beidseitigen Radwegen über, die geradeaus nach Krems führt. Die Stadtmitte von Krems ist nicht mehr weit, nachdem die zwei Orte fast zusammengewachsen sind. Nach der Bahnunterführung geht es auf der Ringstraße an der Jugendherberge vorbei. Die Häuser nehmen nach langer Zeit wieder urbane Züge an. Zum alten Ortskern biegen Sie nach dem Stadtpark links in die Utzstraße ab, die über den Südtiroler Platz zur Fußgängerzone führt. Durch die Obere Landstraße gefahren, kommen Sie zum Fluß Krems und rechtsherum wieder zum Donauradweg zurück.

Die Ringstraße führt hingegen geradeaus weiter, vorbei am nahen Bahnhof. Vor der Krems biegt dann die Route nach rechts in die Wertheimstraße ab.

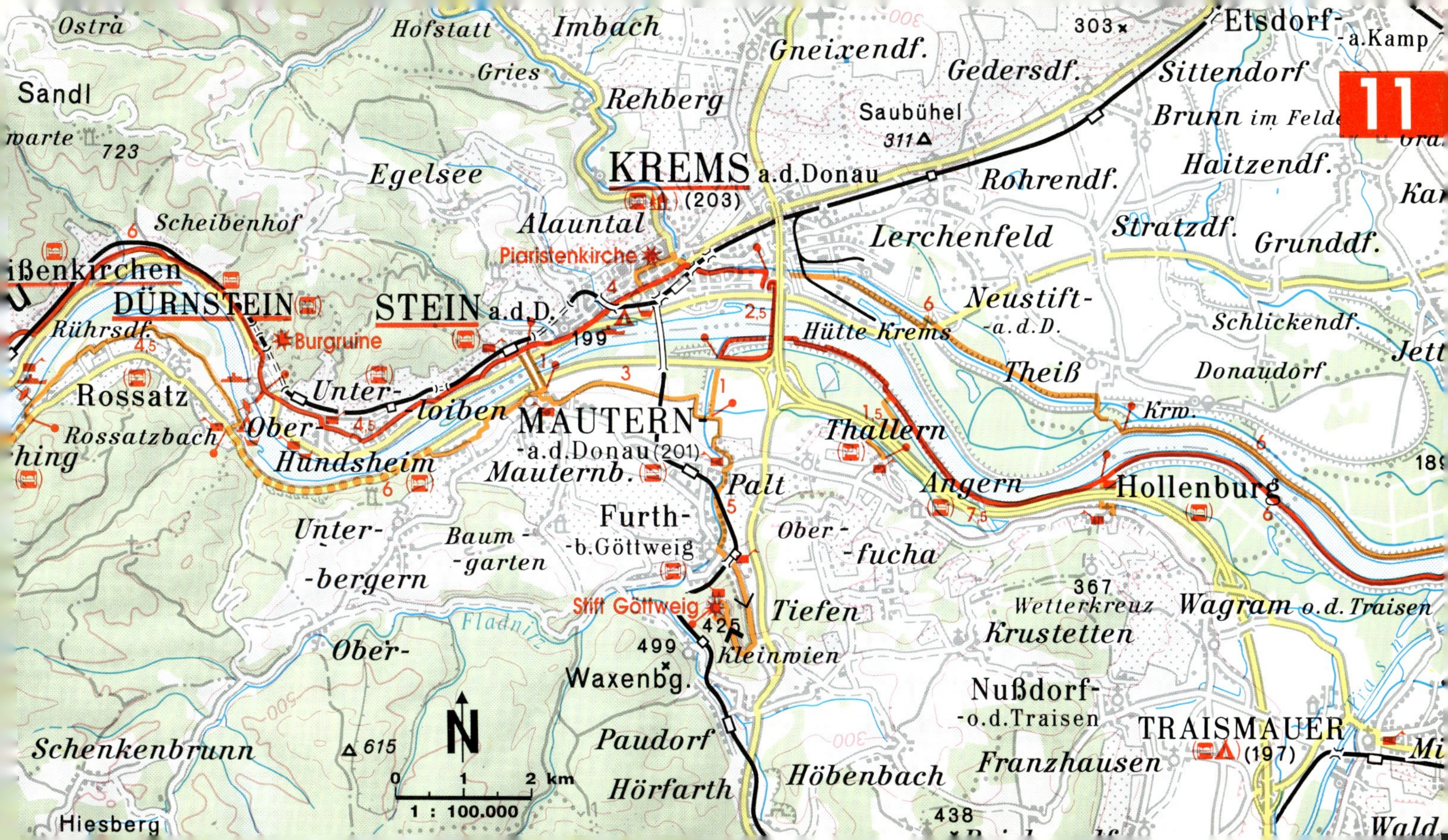

11

Ostra
Hofstatt
Imbach
303
Etsdorf-
-a.Kamp
Gneixendf.
Gedersdf.
Sittendorf
Sandl
Gries
Rehberg
Saubühel
311
Brunn im Felde
warte
723
Egelsee
KREMS a.d.Donau
(203)
Rohrendf.
Haitzendf.
Scheibenhof
Alauntal
Stratzdf.
Grunddf.
Piaristenkirche
Lerchenfeld
ißenkirchen
DÜRNSTEIN
STEIN a.d.D.
Neustift-
-a.d.D.
Schlickendf.
Rührsdf.
Burgruine
199
Hütte Krems
Theiß
Donaudorf
Rossatz
Unter-
-loiben
MAUTERN-
-a.d.Donau (201)
Krm.
Rossatzbach
Ober-
Thallern
hing
Hundsheim
Mauternb.
Palt
Angern
Hollenburg
Unter-
-bergern
Baum-
-garten
Furth-
-b.Göttweig
Ober-
-fucha
367
Wetterkreuz
Wagram o.d.Traisen
Stift Göttweig
Tiefen
Krustetten
Fladnitz
425
499
Ober-
Kleinwien
Waxenbg.
Nußdorf-
-o.d.Traisen
TRAISMAUER
(197)
Schenkenbrunn
615
Paudorf
Franzhausen
N
0 1 2 km
1 : 100.000
Hörfarth
Höbenbach
Hiesberg
438
Wald.

KREMS ≈km 2002

Vorwahl: 02732

- **Tourismusbüro**, Undstr. 6, ☎ 82676
- **DDSG-Donaureisen**, ☎ 0222/72750-454. Fahrradverleih an der Schiffsstation.
- **Historisches Museum der Stadt - Weinbaumuseum**, ehem. Dominikanerkirche, Dominikanerpl., ☎ 801-338. Schwerpunkte bilden mittelalterliche und barocke Plastik, Tafelmalerei (M. J. Schmidt), Volkskultur und Geschichte des Raumes. Einzige weinbaugeschichtliche Sammlung Österreichs.
- **Motorrad-Museum**, Egelsee (2 km nordwestl.), Ziegelofeng. 1, ☎ 413013, ÖZ: tägl. 9-17 Uhr. Die private Sammlung bietet einen Querschnitt durch 8 Jahrzehnte (vorwiegend österreichische) Motorradgeschichte und viele andere Dinge rund ums Motorrad.
- **Pfarrkirche hl. Veit**, Pfarrpl. Vollendet wurde die von außen massig wirkende Anlage von Cypriano Biasino 1630. Sie zählt neben der Stiftskirche von Göttweig zu den ersten Beispielen barocken Kirchenbaus in Österreich.
- **Piaristenkirche**, Frauenbergpl. Unter architektonischem Einfluß der Wiener Bauhütte 1475-1515 mit einem malerischen Treppenaufgang und einer dreischiffigen Halle errichtet. Ähnlich wie in Wien, bevölkern auch hier Statuen die Pfeiler. Martin Johann Schmidt malte alle Altarbilder.
- **Bürgerspitalkirche**, Obere Landstr. Beruhend auf dem System nach innen gekehrter Strebepfeiler 1470 errichtet. Sehenswert die schwungvollen Fenstermaßwerke und die vielgestaltigen Eisentürchen der gotischen Sakramentnische.
- **Ehem. Dominikanerkirche**, Dominikanerpl. Die basilikale Anlage wurde um 1265 fertiggestellt und gehört zu den frühen Wölbebauten der deutschen Bettelorden. Nach der Klosteraufhebung (1785) stand das Bauwerk als Knopffabrik, Getreidespeicher oder Theater in Verwendung, seit 1891 beherbergt es das Stadtmuseum.
- **Gozzo-Burg - Ehem. Stadtpalais**, Hoher Markt. Der reiche Kremser Bürger und Stadtrichter Gozzo ließ es 1260-70 mit Anlehnung an den italienischen Typus des Stadtpalastes errichten. Der besonders schöne Saal macht die Anlage zum bedeutendsten Profanbau Österreichs aus dieser Zeit.
- **Rathaus**, Pfarrpl. 1453 von Ulrich von Dachsberg an die Stadt geschenkt, in der Eingangshalle schöne Renaissancesäulen von 1549. Aus derselben Zeit stammen die besonders sehenswerten Erker mit reichen Wappenreliefs und dekorativer Ornamentik.
- **Bürgerhäuser**, Untere und Obere Landstr./ Körnermarkt/ Margarethenstr. Das Stadtbild wird hauptsächlich von Bauten des 16. Jh. bestimmt, mit Erkern, Reliefs und Sgraffiti an den Fassaden, die hie und da auch reizvoller Barockstuck überzieht.
- **Steiner Tor**, westl. Ende der Stadt. Mit vier gotischen Rundtürmen bildet es eines der Stadttore und das Wahrzeichen von Krems. Errichtet 1480, barocker Aufbau von 1754.
- **Kapuzinerkloster Und**, Undstr. Der Bau des profanierten Komplexes begann 1614, in dessen Mittelpunkt ein kleines, überkuppeltes Gotteshaus steht. Fresko von Daniel Gran von 1756.
- **Schloß Grafenegg**, 10 km östlich, ☎ 02735/2205-22, ÖZ: Di, Do 13-17 Uhr, Sa, So, Fei 10-17 Uhr. Der bedeutendste Schloßbau der Romanik in Österreich, umgeben von einem Englischen Garten.
- **Weinkolleg Kloster Und**, Undstr. 6, ☎ 73073, ÖZ: tägl. 11-19 Uhr. 150 der besten Weine Österreichs lagern zur Verkostung und zum Kauf in historischen Weinkellern. Fachlich kommentierte Verkostungen und Kellerführungen nach Vereinbarung.

*Am Ausgang der Wachau erlangte **Krems** – ebenso wie die Schwesterstadt Stein – durch den Handel mit Wein, Getreide, Salz und Eisen wachsenden Wohlstand. Ihren geschlossenen historischen Kern verdankt die Stadt der ausgebliebenen Prosperität während der Gründerzeit. Neben der mustergültig gepflegten Altstadt genießt Krems heute den Ruf einer innovativen Stadt mit neuartigen wissenschaftlichen Einrichtungen und künstlerischen Projekten.*

Am Südufer von Melk nach Mautern

Sie verlassen Melk auf der Wachauer Straße und fahren unter der Donaubrücke durch, Richtung Schönbühel. Ein Radweg steht hier leider nicht zur Verfügung, und Radfahren ist am Treppelweg verboten. Schönbühel mit seinem gleichnamigen Schloß erreichen Sie nach etwa 2,5 Kilometern. Beim Amtshaus können Sie von der Bundesstraße links abzweigen und kommen nach einem leichten Anstieg am Schloß vorbei, das nicht öffentlich zugänglich ist.

SCHÖNBÜHEL ≈km 2032

Vorwahl: 02752

- **Gemeindeamt**, ☎ 8619
- **Pfarrkirche hl. Rosalia**, Servitenkloster. Als schlichter, einschiffiger Bau zusammen mit dem Kloster 1666-74 entstanden. Die 1737 seitlich angefügte Peregrinkapelle birgt eine Kuppel mit einem Fresko von Johann Bergl (1767).
- **Schloß Schönbühel**. Die Anlage reicht in das 12. Jh. zurück, der heutige rechteckige Komplex stammt allerdings von 1819-21, das Schloß ist in Privatbesitz und kann daher nicht besichtigt werden.

Nach dem Schloß halten Sie sich links, um wieder zur Bundesstraße zu gelangen. Weiter geht es im Verkehr nach Aggsbach-Dorf. Etwas Schwung bekommt die Fahrt durch das lange Gefälle und durch die Nähe der Wachau. Nach 5 Kilometern erreichen Sie Aggsbach-Dorf und treffen auf den ersten Heurigen, wie Weinschenken im Osten Österreichs bezeichnet werden.

Vom Ort aus bietet sich auch ein kurzer Abstecher zur Kartause Aggsbach an, die 1,5 Kilometer entfernt, umgeben von Wäldern, am Wolfsteinbach steht. Dazu verlassen Sie 500 Meter nach der Schiffsstation die Hauptstraße nach rechts und radeln im Tal bis zur nächsten größeren Weggabelung. Hier erreichen Sie rechtsherum gleich die klösterliche Anlage. Danach kann es links zum Freibad gehen.

AGGSBACH-DORF ≈km 2027

Vorwahl: 02753

- **Gemeindeamt**, ☎ 8269
- **Ehem. Kartause Marienpforte**, 2 km östlich. 1380 gründete Heidenreich von Maissau, Mundschenk und Landmarschall von Österreich, das Kloster mit 12 Mönchen der Kartäuser. Nach dem Niedergang während der Reformation erfolgte 1782 die Aufhebung durch Joseph II. Heute Pfarre mit Kloster- und Wirtschaftstrakten aus dem 16.-17. Jh.
- **Kartäuserkirche Maria Himmelfahrt**. Der einschiffige, schmale Bau wurde 1392 geweiht; sehenswert die figuralen Schlußsteine, die Barockkanzel mit den vier Evangelisten und das Hochaltarbild (17. Jh.).

Hinter Aggsbach-Dorf erreichen Sie auf der Uferstraße nach kurzer Fahrt Aggstein, dessen berühmte Burg hoch über dem Fluß schon von weitem das Tal beherrscht. Ein ziemlich steiler Waldweg führt mit 20 Prozent Steigung zur Ruine empor, eine reine Schiebestrecke also. Trotzdem sei die 2 Kilometer lange Tour zur romantisch gelegenen Anlage allen empfohlen, die romantische Burgen und große Panoramabilder lieben. Der Blick reicht vom 300 Meter hohen Plateau weit über die Wachau hinaus bis zu den Alpen. (ÖZ: 1. April bis Ende Okt. tägl. 8-18 Uhr, gemütliche Burgstube.)

*Die weithin sichtbare **Ruine Aggstein** geht auf eine Gründung aus dem 13. Jh. zurück, wurde von den Türken verwüstet und 1606 von Anna von Polheim neu aufgebaut. Dem Besitzer im 15. Jh., Scheck von Wald, schreibt die Sage grausame Geschichten zu: Er soll Schiffe geplündert, Seile über die Donau gespannt und Raubzoll verlangt haben. Seine Gefangenen mußten demnach von den Felsen hinabspringen. Heute sind noch vier Höfe, ein Hauptwehrgang, das Burgverlies mit 8 m tiefem Hungerloch, die Burgküche und die Burgkapelle mit gotischen Gewölbeansätzen zu sehen.*

Nach Aggstein folgen Sie weiter dem Verlauf der Donaustraße, die an schroffen Felsen vorbeiführt. Gegenüber, auf der anderen Donauseite, sehen Sie Willendorf, wo die berühmte „Venus von Willendorf" aus der Altsteinzeit gefunden wurde. Nach 3,5 Kilometern können Sie endlich bei der Kirche in **St. Johann im Mauerthale** dem Straßverkehr ade sagen und biegen nach links zum Uferweg ab. Eine Tafel gibt offiziell den Beginn der Wachau an, die dank der Wein- und Obstgärten ihrem hervorragenden Ruf gerecht wird. Entlang von teils sehr alten Bäumen geht es jetzt gemütlich am Treppelweg dahin. Zur Linken erhebt sich die einnehmende Ruine Hinterhaus über der Donau.

Sie passieren **Oberarnsdorf**, ein Winzerdorf, und kommen zur **Fähre nach Spitz** (ÖZ: 1. April bis 30. Sept. nach Bedarf 6-21 Uhr, Sa-So 7-21 Uhr). Der Treppelweg führt entlang von Obstgärten mit unzähligen Marillenbäumen weiter und bietet einen herrlichen Blick auf Spitz mit den steilen Weinhängen im Hintergrund. Die berühmten Wachauorte jenseits der Donau mit ihrer touristischen Betriebsamkeit dienen jetzt mehr als anregende Kulisse, hier genießen Sie die Kostbarkeiten im Stillen. Der nächste Ort, **Mitterarnsdorf,** schirmt seine Gemütlichkeit zur Donau hin durch eine Mauer ab. Über einen der Durchlässe gelangen Sie in ein bezauberndes Winzerdorf, in dem Sie am „ausg'steckten" Buschen erkennen, wo es neuen Wein zu verkosten gilt.

ARNSDORF ≈km 2018

Wo der asphaltierte Uferstreifen bei Bacharnsdorf in einen Wiesenweg übergeht, verlassen Sie das Ufer und radeln auf der Bundesstraße weiter nach Rossatz. Nach 3,5 Kilometern lockt bei der Kapelle St. Lorenz erneut ein Uferweg, er führt zur **Fähre nach Weißenkirchen** (Betriebszeiten: tägl. 9-12 Uhr und 13.30–18.30 Uhr, Sa, So, Fei 9–18.30 Uhr). Am rechten Donauufer geleitet Sie ein gemütlicher Wirtschaftsweg durch die Gärten. In Rührsdorf wechseln Sie auf die Dorfstraße und fahren nach ein paar Kurven wieder in die Obstkulturen hinaus. An der ersten Weggabelung danach fahren Sie nach links und nach einer S-Kurve vor dem Dorf Rossatz noch einmal nach links. Rechtsherum erreichen Sie den Ort.

ROSSATZ ≈km 2010

Fähre: 2.-17. Apr. Sa, So, Fei 10-18 Uhr, 18.-29. Apr. tägl. 10-18 Uhr, 30. Apr. bis 25. Sept. 9-20 Uhr, 26. Sept. bis 16. Okt. 10-18 Uhr, 17. Okt. bis 30. Okt. Sa, So, Fei 10-18 Uhr.

Die Route führt links an Rossatz vorbei und trifft beim Campingplatz wieder auf die Donau, wo die **Personenfähre nach Dürnstein** anlegt. Jenseits der Donau markiert die verlassene Ruine Dürnstein den wohl berühmtesten Ort in der Wachau. Nach der Fähre fahren Sie geradeaus durch eine enge Gasse am Römerhof vorbei und biegen nach 300 Metern laut Bodenmarkierungen nach rechts zur Hauptstraße ab. Dieser folgen Sie nun nach links nach Mautern und lassen damit die Wachau hinter sich. Die letzte Fahrt im Verkehr währt etwa 3,5 Kilometer, bis Sie in Hundsheim bei der ersten Gelegenheit nach rechts in den Ort abzweigen können.

Sie radeln durch **Hundsheim** und folgen danach dem Güterweg durch die Weingärten. Der Weg nähert sich bald wieder der Bundesstraße und weicht ihr bis zur Donaubrücke bei Mautern nicht von der Seite. Sie passieren den Parkplatz bei der Römerhalle und erreichen die Donaubrücke. Wenn Sie nach Krems wollen, überqueren Sie am besten hier den Fluß. Wollen Sie aber gleich weiter nach Tulln, so bleiben Sie auf diesem Ufer. Außerdem können Sie von hier aus den Ausflug zum imposanten Stift Göttweig anschließen. Dazu biegen Sie bei der Brükke rechts ab und kommen ins Zentrum von Mautern.

MAUTERN ≈km 2003,5

Vorwahl: 02732

- **Gemeindeamt**, Rathauspl. 1, ☎ 83151.
- **Römermuseum**, Frauenhofg. 56, ☎ 83151, ÖZ: 8. Apr. bis 26. Okt. Sa, So, Fei 10-12 Uhr, Sa 14-17 Uhr und gegen Voranmeldung. Unter den Funden der Römerzeit sind die Wandmalereien hervorzuheben, außerdem eine große Anzahl prähistorischer Gegenstände und Fresken aus der Romanik und Gotik.
- **Pfarrkirche St. Stephan**. In der gotischen Staffelkirche mit polygonalem Chor der Zeit um 1400 sind besonders die Kreuzwegbilder von Martin Johann Schmidt (1770) sehenswert.
- **Ehem. Margarethenkapelle**, Frauenhofg. Bereits 1083 erwähnt und entlang der römischen Stadtmauer errichtet. Im einschiffigen romanischen Langhaus mit quadratischem Chor befindet sich heute das Römermuseum.
- **Bürgerhäuser**, St. Pöltner Str./ Kremser Str. Geschlossene Reihe wuchtiger Häuser meist aus dem 16. Jh. mit Portalen, Runderker und Einfahrtshallen im Stil der Renaissance.
- **Schloß**. Der vierflügelige Bau umfaßt Renaissanceteile aus dem 15. Jh. und diente einst als Verwaltungssitz des Passauer Bistums.
- **Janaburg**. Der Bau zeigt sich noch im wesentlichen im Stil des 16. Jh. mit einem Renaissancebrunnen im Hof.

Nach der Kirche schwenken Sie dann nach links und folgen dem Straßenverlauf über den Rathausplatz. Von dort zweigen Sie rechts ab, radeln am Römermuseum vorbei und folgen dann der St.Pöltner Straße nach links. Sie zweigen nach dem Sparkassengebäude nach links in den Grünen Weg ab. An einer Gartensiedlung und einem Militärdepot entlang führt dieser Weg aus Mautern hinaus.

Die imposante Anlage des Stiftes Göttweig erscheint hier am Horizont solchermaßen unwahrscheinlich, als wäre sie von jemand hingemalt worden. Nach Überquerung der Bahn kommen Sie zum Damm der Fladnitz und lenken nach rechts. Beim nächsten Steg setzen Sie über das Flüßchen über. Hier sollten Sie nun entscheiden, ob Sie nach links abzweigen, wo Sie nach rund 2 Kilometern den Donauradweg erreichen, oder vorher noch zum Stift Göttweig aufbrechen, in diesem Fall müßten Sie nach rechts entlang der Fladnitz weiterfahren.

Wer von Krems aus weitere Touren im Kamptal und im Waldviertel plant, dem seien die *bikeline*-Radtourenbücher „Kamptal" und „Waldviertel" empfohlen.

Aus der Stadt **Krems** führt der Donauradweg gut beschildert zur Donaubrücke hinaus. Sie zweigen direkt nach der Bahnunterführung nach links von der Wertheimstraße in die Rechte Kremszeile ab und begleiten den kleinen Fluß bis zur Bundesstraße. Hier verläßt die Hauptroute die Krems und geht nach rechts ab, um die Donau zu am Radweg entlang der Bundesstraße überqueren. Die Route verläuft drüben direkt an der Donau und läßt sich mit dem Abstecher zum Stift Göttweig und mit dem Schubert-Radweg ergänzen.

Bis Altenwörth, die nächste Staustufe, können Sie aber auch am Nordufer bleiben. Diese Variante ist nicht beschildert und führt außerdem für ein paar hundert Meter auf einem schlechten Schotterweg entlang der Krems unter der Bundesstraße durch.

Am Nordufer von Krems nach Altenwörth

Sie folgen – entgegen der Beschilderung des Donauradweges – weiter der Krems und radeln unter der Bundesstraße durch. 300 Meter weiter wendet sich die Straße ab, und Sie setzen die Fahrt geradeaus auf dem Fuß- und Radweg entlang der Krems fort. Am Chemiewerk vorbeigefahren, wechseln Sie vor der nächsten Unterführung auf das andere Ufer, weil dort die Straße in besserem Zustand ist. Nach weiteren 2,5 Kilometern entlang der Krems, auf der Höhe der Ortschaft Theiß, überqueren Sie wieder den Fluß und tauchen geradeaus in den Auwald ein. Sie folgen in einer weitläufigen S-Kurve dem besser ausgebauten Weg, der trotzdem noch genug Schlaglöcher aufweist. Nach 700 Metern und drei Brücken über die Nebenarme erreichen Sie den Treppelweg am Donaudamm.

Auf dem prima asphaltierten Weg steht einer schnellen Fahrt nun nichts mehr im Wege. Nach 13 Kilometern kommen Sie zum Kraftwerk bei **Altenwörth**. Wer vor der Weiterfahrt in angenehmer Umgebung etwas zu sich nehmen will, kann nach links dem Radweg über den Nebenarm in den nahen Ort folgen.

Zum anderen Donauufer passieren Sie das Kraftwerkstor über die Seitentür, die tagsüber nicht versperrt ist. Zu anderen Zeiten benutzen Sie die Gegensprechanlage. Drüben geht es in einem Zickzack zur Traisenbrükke, wo Sie sich der Hauptroute anschließen können.

Die beschilderte Route des Donauradweges führt aber von der Krems in einer Schleife zur Bundesstraße hinauf. Entlang der Straße bringt Sie ein Radweg sicher ans Südufer. Hier erreichen Sie am Radweg nach einem großen Bogen das eingedämmte Bachbett der Fladnitz. Wenn Sie entlang des Dammes nach rechts fahren, kommen Sie zum Donauradweg Richtung Tulln und Wien. Schwenken Sie aber nach links, sind Sie auf dem besten Weg zum Stift Göttweig.

Zum Stift Göttweig 10 km

Sie radeln unter der Bundesstraße durch und rund einen Kilometer entlang der Fladnitz weiter. Beim Steg treffen Sie auf die Route von Mautern und wenden sich nach links von der Fladnitz ab. Bei der nächsten Kreuzung zweigen Sie dann nach rechts ab. Sie gelangen nach **Palt**. Nach der Kirche halten Sie sich rechts und zweigen in den zweiten Weg halblinks ab. Am Ufer der Fladnitz verläuft ein beschaulicher Weg nach Furth bei Göttweig. Das Stift erhebt sich mächtig und ehrfurchteinflößend über dem Ort. Neben der Kirche verläßt die Route das Flüßchen und geht links ab. Nach der Bahnunterführung beginnt der Anstieg. Nach gut einem Kilometer zweigen Sie schließlich rechts ab und erklimmen den bewaldeten Hügel, auf dem die Anlage thront. Von der Aussichtsterrasse genießen Sie – vielleicht bei einer guten Tasse Kaffee – den erhabenen Ausblick auf das Donautal. Das Restaurant hat täglich außer Dienstag geöffnet.

FURTH BEI GÖTTWEIG

Vorwahl: 02732

Gemeindeamt, ☎ 84622.

Benediktinerstift Göttweig, ☎ 85581, ÖZ: 1. Apr. bis 31. Okt. Führungen tägl. um 10, 11, 14, 15 und 16 Uhr. Das weithin sichtbare, großartige Klosterschloß entstand nach den (nicht voll ausgeführten) Plänen Hildebrandts in der barocken Glanzzeit Göttweigs zu Beginn des 18. Jh. Besonders sehenswert: die Portalgestaltung des westlichen Torbaus, die Kaiserstiege, die 1770 ausgestattete Bibliothek, der Altmannsaal und die Kunstkammer mit wertvollen Schätzen aus dem Mittelalter.

Stiftskirche Mariä Himmelfahrt. In Hildebrandts Entwürfen als großartiger Kuppelbau vorgesehen, 1750-65 jedoch verändert fertiggestellt, bildet die Kirche mit der prächtigen Zweiturmfassade das Zentrum der Klosteranlage. Reiche Innenausstattung, in der Krypta steht die steinerne Freifigur des hl. Altmanns, eine außerordentlich bedeutsame Arbeit der Zeit um 1540.

- **Weingut Benediktinerstift**, Kircheng. 14, ☎ 85895, ÖZ: Mo, Mi, Do, Fr 8.30-12 und 13-18 Uhr, Sa 9-12.30 Uhr. Weinverkauf und Ausschank, gegen Anmeldung Kellerführung mit Weinverkostung im Klosterkeller.

Von Göttweig kehren Sie entlang der Fladnitz wieder zum Donauradweg zurück.

Der Donauradweg verläuft ab der Mündung der Fladnitz in die Donau immer dicht am Donauufer. Sie fahren noch unter der Donaubrücke durch und umfahren dann das Hafengelände. Eine Tafel warnt kurioserweise vor gelegentlich ausgespannten Seilen für Schiffe. Einen Kilometer weiter können Sie dann bei einem Häuschen auf den Damm hinauffahren. So haben Sie links mehr Ausblick auf die weitläufigen Auen und zur Rechten auf das leicht hügelige Land um Traismauer.

Etwa 4 Kilometer weiter, nach der Ruine Bertholdstein, kommen Sie zu einem Radlertreff mit Imbißstube, wo auch die Möglichkeit besteht, nach Hollenburg abzuzweigen. Der Ort liegt hinter der Autobahn am Fuße der höchsten Erhöhung der Gegend, des Schiffbergs.

HOLLENBURG ≈km 1994

Vorwahl: 02739

Pfarrkirche. Dreischiffige, netzgewölbte Pfeilerbasilika mit charakteristischem Westturm und bedeutender gotischer Madonna um 1420.

Nach Hollenberg führt der Dammweg durch eine zunehmend ebene und offene Landschaft. Der Strom nimmt infolge der nächsten Staumauer allmählich den Charakter eines Sees an. Nach 6 Kilometern, beim Gasthaus an der Donau, kommt wieder Abwechslung in die Reise, denn Sie können hier vom Damm abzweigen und auf dem Schubert-Radweg durch das Tullner Feld radeln. Diese Variante in die Region der Sommeraufenthalte von Franz Schubert ist um 14 Kilometer länger als die Hauptroute an der Donau und verläuft beschildert zumeist auf ruhigen Landstraßen. Wollen Sie aber der Donau treu bleiben, so lohnt sich zumindest der Abstecher nach Traismauer.

Schubert-Radweg 39 km

Nach der Nibelungenstadt Traismauer führt der Weg auf einsamen Landstraßen durch das Tullner Feld zu den Schlössern Sitzenberg und Atzenbrugg.

Beim Gasthof an der Donau kehren Sie dem Donauuferweg den Rücken und passieren einen Seitenarm der Donau. Dann überqueren Sie die Traisen und gelangen nach 2,5 Kilometern ins Ortsgebiet von Traismauer. Vor der Traisenbrücke haben Sie aber auch Gelegenheit, den Saurierpark zu besuchen. Dazu biegen Sie nach rechts auf einen geschotterten Weg ein und können schon bald einige der lebensgroßen Tiermodelle sichten. Für Kinder ist dieser Park ein himmlisches Vergnügen. Wenn Sie die Straße über den Parkplatz hinaus weiterverfolgen, kommen Sie ebenfalls nach Traismauer.

TRAISMAUER

Vorwahl: 02783

Informationsstelle, Schloß, ☎ 8555.

Schloßmuseum - NÖ. Landesmuseum für Frühgeschichte, Hauptpl. 1, ☎ 8555, ÖZ: 23. März bis 1. Nov. tägl. 9-18 Uhr. Dokumentation des ersten nachchristlichen Jahrtausends durch archäologische Funde, Veranschaulichung der verschiedenen Erdzeitalter mittels Mineralien, Fossilien und Modellen sowie lokalhistorische Architekturschau von den Römern bis ins 20. Jh.

Saurierpark, Traisenaue nördl. der Stadt, ☎ 670, ÖZ: 23. März bis 1. Nov. tägl. 9-18 Uhr. Auf einem 2,5 ha großen, naturnahen Gelände werden naturgetreue Nachbildungen der mächtigsten und bekanntesten (fossilen) Tiere der Erde gezeigt, wie z. B. Pteranodon, Monoclonius oder Saltasaurus.

Schloß, Hauptpl. Erwähnung findet die ursprüngliche Burg bereits im Nibelungenlied, Verwaltungssitz der Salzburger Erzbischöfe und im 16. Jh. umgestaltet, erhielt damals die Hoflauben mit gedrücktem Bogen.

Pfarrkirche hl. Rupert, Kirchenpl. Vom spätromanischen Bau (13. Jh.) stammen Mauern im Langhaus, Turm und Chor, die spätgotische Erneuerung (Ende 15. Jh.) ließ ein Netzrippengewölbe entstehen, attraktive Innenausstattung aus dem 18. Jh.

In Traismauer fahren Sie am Friedhof vorbei bis zum Gartenring vor und biegen links ab. Zur Rechten ginge es zum Schloß. Der Schubert-Radweg folgt jetzt der Hauptstraße nach Wien und zweigt erst bei der Filiale einer großen Lebensmittelkette rechts ab. Sie überqueren eine Bahnlinie und radeln danach nach links entlang der Bahn weiter. Bis zum nächsten Bahnübergang führt der Weg für zirka 200 Meter auf Schotter. In schmalen Fluren reichen Weinterrassen nahe an den Weg heran und stimmen auf die nahen Kellergassen ein.

Nach insgesamt 2,5 Kilometern verlassen Sie die Bahn nach rechts und fahren am Fuße des Hügels auf die erste Kellergasse zu. An der Sternkreuzung mit einem Bildstock, hierzulande auch Marterl genannt, nehmen Sie den linkesten der Wege. Sie gelangen am Waldrand zur **Ahrenberger Kellergasse**, wo sich die Route auf dem unteren Weg nach links wendet. Vielleicht mit Ausnahme der belebten Herbstzeit können Sie auch direkt durch die äußerst stimmungsvolle Kellergasse radeln, da die zwei Wege vor Ahrenberg ohnehin wieder zusammenlaufen.

In **Ahrenberg** kommen Sie zu einer Kreuzung, an der eine alte Weinpresse steht, und schwenken nach links. Bei der nächsten Gelegenheit geht es rechts ab nach Sitzenberg. Die Straße führt, von alten Birnbäumen gesäumt, geradewegs auf das Schloß zu, das auf einem Kegelberg thront. In Sitzenberg biegen Sie vor den Tennisplätzen nach links in die Schloßbergstraße ein. Am Fuße des Schloßberges geht es an Weinkellern und Gärten vorbei, rechter Hand lockt ein Badesee. Nach dem Teich links abgebogen, kommen Sie zum Eingang des Schloßparks.

SITZENBERG

Vorwahl: 02276

- **Gemeindeamt**, Hauptpl. 4, ☎ 2241.
- **Niederösterreichisches Barockmuseum**, Schloß Heiligenkreuz-Gutenbrunn (4 km südl.), ☎ 02782/4097, ÖZ: Apr.-Okt. Di-So 10-17 Uhr. Zu sehen barocke Gemälde, Zeichnungen und Plastiken, Mobiliar sowie Kunstgewerbe von Künstlern des 17.-18. Jh. wie Paul Troger, F. A. Maulpertsch und Johann Martin (Kremser) Schmidt.
- **Schloß Sitzenberg**. Die Anlage stammt aus dem 10. Jh. und erlebte die letzte Umgestaltung um 1920. Heute Lehranstalt.
- **Ahrenberger Kellergasse**. Das Denkmal „200 Jahre Buschenschank" erinnert an ein Edikt Joseph II. von 1784, das den Weinbauern (nach etwa 800 Jahren Weinbau!) die Ausschank erlaubte. Von diesem Recht wird bis heute in äußerst gemütlicher Heurigenatmosphäre Gebrauch gemacht.
- **Pfarrkirche Heiligenkreuz**, Heiligenkreuz-Gutenbrunn (4 km südl.). Der Weihbischof von Wien ließ 1755-58 das Gotteshaus errichten, dessen großartige Freskenausstattung durch F. A. Maulpertsch die Anlage in die erste Reihe künstlerischer Denkmäler stellt.
- **Schloß Heiligenkreuz**, Heiligenkreuz-Gutenbrunn (4 km südl.). Erbaut 1738 im Stil des Rokoko, bemerkenswert das Stiegenhaus, Stukkaturen und die Marienkapelle mit Fresken Paul Trogers.

Leicht bergab rollend, verlassen Sie Sitzenberg und zweigen bei der Stopptafel rechts ab. In der Mitte des benachbarten Ortes **Reidling** halten Sie sich rechts und fahren in der Straße „Am Sandbühel" weiter. Nach dem Ortsende folgt der Schubert-Radweg der Straße nach Hasendorf. Inmitten von kleinen Feldern und umrahmt vom Wald führt eine ruhige Straße durch die Dörfer. In Eggendorf fahren Sie nach links Richtung Atzenbrugg. Im nächsten Dorf, **Adletzberg**, halten Sie sich links. Wer die sehenswerte Kirche in Heiligenkreuz besuchen will, fährt hier einfach geradeaus. Über eine leichte Steigung in einer freundlichen Landschaft erreicht der Schubert-Radweg Hasendorf.

In **Hasendorf** schwenken Sie bei der Vorrangstraße nach links und fahren am Feuerwehrhaus geradeaus vorbei. Um die Kapelle herum durchqueren Sie eine streng wirkende Kellergasse am Hang. Von dort nimmt sich das Dorf ganz reizvoll aus. Der Weg mündet dann in die Landstraße, der Sie geradeaus folgen. Die Fahrt führt jetzt durch ein sanftes Tal mit ehemaligen Weinterrassen, hie und da lugen verlassene Weinkeller aus dem Boden.

Als nächstes passieren Sie Watzendorf, danach ist an den Hängen wieder Wein zu sehen. Hinter Hütteldorf zweigen Sie bei der Weggabelung nach rechts auf den kleineren Weg ab. Die Landschaft geht in die Ebene des Tullner Feldes über, wo anstatt eines Domes das Kraftwerk Dürnrohr als „Staffage" herhalten muß. Sie treffen in Heiligeneich ein und biegen nach der Kirche rechts ab. Gleich darauf geht es wieder nach rechts ab, und Sie kommen, von einer Kastanienreihe begleitet, nach Weinzierl. Vor dem Schloßpark Aumühle schwenken Sie nach links. Das Schloß ist leider nicht zu besichtigen.

Nach einem Kilometer sind Sie in Atzenbrugg und werden von alten Bäuernhäusern mit Blumenschmuck an den Fenstern und wildem Wein an den Wänden empfangen. Vor einem gelb gestrichenen alten Haus halten Sie sich links und wo Sie anstoßen, erneut links. Sie kommen nun am Schloß mit dem Schubertmuseum vorbei, davor zweigt der Schubert-Radweg rechts ab.

ATZENBRUGG

Vorwahl: 02275

- **Gemeindeamt**, Kremser Str. 43, ☎ 234.
- **Schubertmuseum**, Schloß Atzenbrugg, ☎ 219. Nach dem Motto „Franz Schubert und sein Freundeskreis" gibt die Schau Auskunft über Leben und Treiben der Schubertianer in Atzenbrugg.

*In der Gegend um **Atzenbrugg** verbrachten der Komponist Franz Schubert und andere Persönlichkeiten der damaligen Wiener Kulturszene die Sommermonate der Jahre 1820 bis 1828. Dem Schloß Atzenbrugg selbst verhalf Schubert durch die „Atzenbrugger Tänze" zu Berühmtheit.*

Weiter geht es Richtung Rust vorbei an der Schnellbahnstation, von der Züge nach Tulln fahren. Nach Überquerung des eingedeichten Perschlingbaches halten Sie sich an der Querstraße rechts. In Rust biegen Sie

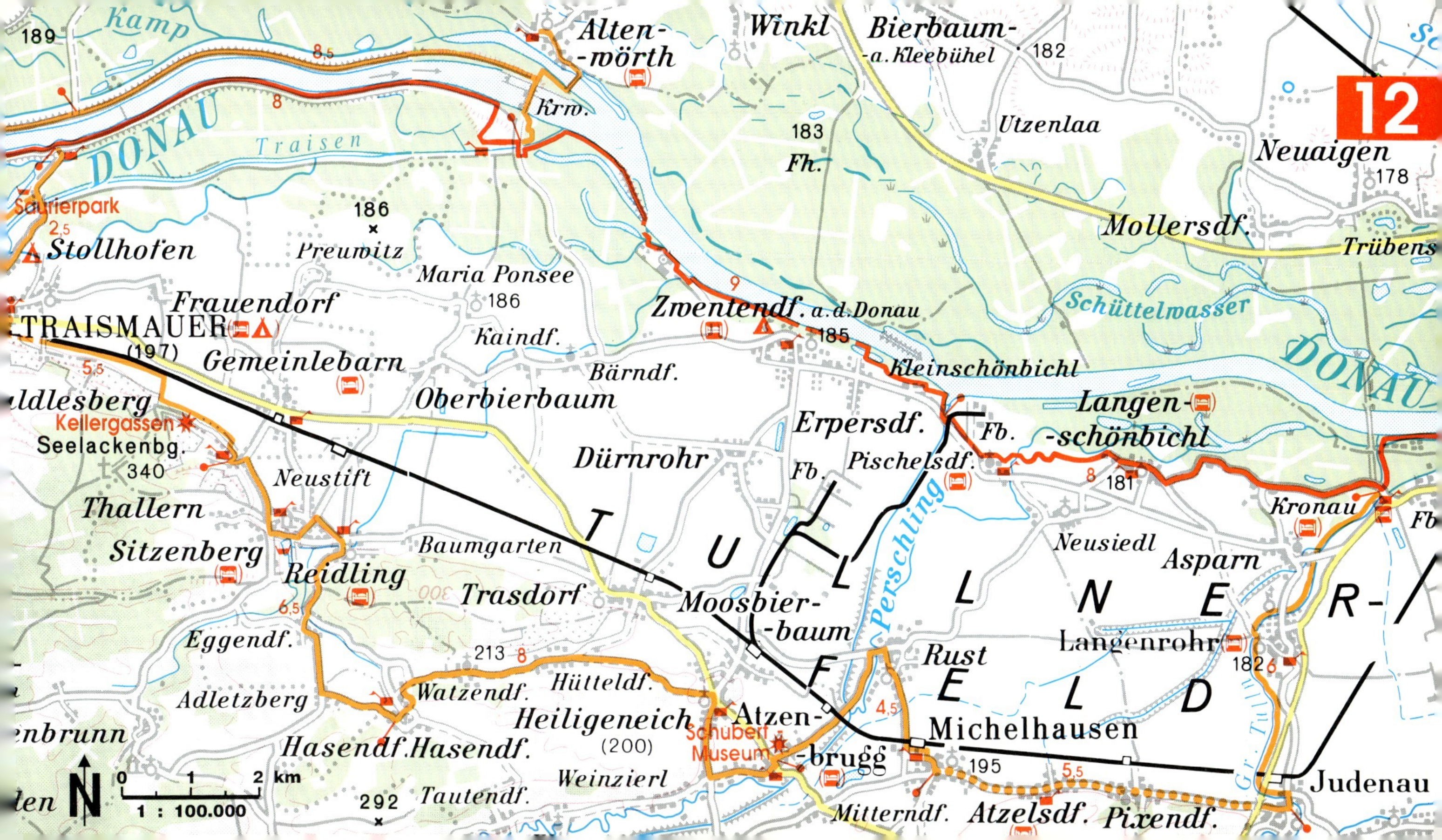
12
Kamp
189
Alten-
-wörth
Winkl
Bierbaum-
-a. Kleebühel
182
DONAU
Traisen
Krw.
183
Fh.
Utzenlaa
Neuaigen
178
Saurierpark
186
Preuwitz
Stollhofen
Mollersdf.
Trübens
Maria Ponsee
186
Frauendorf
Zwentendf. a.d.Donau
185
Schüttelwasser
TRAISMAUER
(197)
Kaindf.
Gemeinlebarn
Bärndf.
Kleinschönbichl
DONAU
ldlesberg
Oberbierbaum
Langen-
-schönbichl
Kellergassen
Seelackenbg.
340
Erpersdf.
Fb.
Dürnrohr
Pischelsdf.
181
Neustift
Fb.
Thallern
Kronau
Fb
Sitzenberg
Baumgarten
Perschling
Neusiedl
Asparn
Reidling
300
Trasdorf
TULLNER
FELD
Moosbier-
-baum
Eggendf.
Langenrohr
Rust
213
182
Adletzberg
Watzendf.
Hütteldf.
Heiligeneich
Atzen-
-brugg
Michelhausen
enbrunn
Schubert Museum
Hasendf.
Hasendf.
(200)
195
Gr. Tulln
Judenau
0
1
2 km
1 : 100.000
Weinzierl
len
N
292
Tautendf.
Mitterndf.
Atzelsdf.
Pixendf.

bei der zweiten Möglichkeit rechts ab und fahren auf die Kirche zu. Dort folgen Sie der Hauptstraße nach links und kommen zum Leopold-Figl-Museum.

MICHELHAUSEN-RUST

Vorwahl: 02275

- **Leopold-Figl-Museum**, Rust, ☎ 241, ÖZ: gegen Voranmeldung. Der in Rust gebürtige ehemalige österreichische Bundeskanzler brachte unter anderem 1955 den österreichischen Staatsvertrag zustande.

Gut einen Kilometer weiter fahren Sie in Michelhausen über die Bahn und radeln gleich nach links zum Bahnhof. Danach zweigen Sie rechts ab und erreichen die Bundesstraße. Nun folgt eine schnurgerade, 5,5 Kilometer lange Strecke mit mäßigem Verkehrsaufkommen nach Judenau. Unterwegs passieren Sie die Ortschaften Atzelsdorf und Pixendorf. Vor Judenau unterqueren Sie die Bundesstraße, danach wird es deutlich ruhiger.

JUDENAU

Vorwahl: 02274

- **Gemeindeamt**, ☎ 7216
- **Schloß**. Der von einem tiefen Wassergraben umgebene dreiflügelige Renaissancebau stammt aus dem 16. Jh.

Bei der Stopptafel im Ort ändern Sie die Richtung nicht, erst bei der nächsten Kreuzung zweigen Sie links ab. Sie fahren über die Große Tulln und biegen darauffolgend in den Uferweg nach links ein. Der Radweg folgt jetzt reizvoll dem Flußverlauf nach Langenrohr. Hier wechselt die Route auf das linke Ufer. Drei Brücken weiter, unmittelbar vor Tulln, schließt dann der Schubert-Radweg an den Donauradweg an, der hier die Große Tulln überquert und drüben nach links zur Donau abzweigt.

Im Gasthaus an der Donau bei Traismauer können Sie eine Rast einlegen, danach setzen Sie die Hauptroute am Donauufer fort. Nach 7 Kilometern gelangen Sie in den Bereich des Kraftwerks Altenwörth und verlassen kurz vor den Schleusen das Ufer. Vor der Traisen knickt der Weg nach links ab und führt zu einer Brücke. Dort fahren Sie rechts über den Fluß. Auf der anderen Seite der Traisen geht es dann in spitzem Winkel links hinunter. Sie folgen jetzt dem Verlauf des Flüßchens bis zur Mündung, wo sich das dunkle, klare Wasser der Traisen mit der hellen Brühe der Donau vermischt.

Am Treppelweg der Donau bestimmen nun zwei Kraftwerke das Bild: das thermische Kraftwerk Dürnrohr und das nie in Betrieb genommene Atomkraftwerk Zwentendorf. Im Hintergrund sehen Sie schon auf die nördlichen Ausläufer des Wienerwaldes. Nach 1,5 Kilometern biegt der Weg nach rechts ab und führt etwa 500 Meter unbefestigt durch den schattigen Auwald. Nach dem Steg über einen Donauarm mündet der Weg in eine Asphaltstraße, und Sie halten sich links.

Nun passieren Sie das völlig strahlungsfreie Kernkraftwerk. Danach mündet der Weg in eine Zufahrtsstraße und führt über eine Brücke. Drüben biegen Sie nach links auf den Treppelweg ab, der entlang der Donau in den Ort Zwentendorf führt. Kurz vor dem Flußkilometer 1975 können Sie nach rechts zum Campingplatz oder weiter ins Ortszentrum gelangen. Die Route verläuft hingegen geradeaus an der Donaufront.

ZWENTENDORF ≈km 1974

Vorwahl: 02277

- **Gemeindeamt**, ☎ 2209.
- **Römerkastell Piro Torto**, 2 km vor dem Ort. Die Anlage stammt aus dem 1. Jh. n. Chr. und wurde 1952 ausgegraben.
- **Atomkraftwerk Zwentendorf**. Das einzige und nie in Betrieb genommene Atomkraftwerk Österreichs ist neben Hainburg ein Erfolgssymbol für die heimische Umweltschutzbewegung, nach-

dem es 1979 per Volksentscheid stillgelegt wurde. Als mögliche Verwendung sind ein Gaskraftwerk oder das erste Atommuseum der Welt in Gespräch.

Ab Zwentendorf haben Sie am Donauufer eine 900 Meter lange geschotterte Strekke vor sich, die aber gut befahrbar ist. Sie endet vor einem Betonklotz unbekannter Bestimmung, dem Sie nach rechts über einen befestigten Fahrweg ausweichen. Gleich wieder geht es nach links Richtung Kleinschönbichl weiter. Hinter der Ortschaft kommen Sie am Bootshafen vorbei und schwenken vor dem Perschlingbach nach rechts. Den Bach überqueren Sie auf der nächsten Brücke und folgen dem Begleitradweg entlang der Straße nach Pischelsdorf. Die Route erhält durch das angrenzende Chemiewerk eine weitere industrielle Note. Am Ortsrand von **Pischelsdorf** biegen Sie dann unter einer großen Linde links ab. Wer das Wirtshaus im Dorf aufsuchen will, hält sich geradeaus.

Auf der Route umrunden Sie Pischelsdorf und biegen am Waldsaum links ab. Danach geht es über einen Bach und weiter dem Asphaltband folgend. Entlang der Geländestufe schlängelt sich der Weg zwischen Wald und Feldern dahin. Nach etwa 2 Kilometern mündet der Weg bei **Langenschönbichl** in eine Vorrangstraße und führt geradeaus durch den Ort. Am Ortsende biegen Sie dann links nach Kronau ab. Auf einer schwach frequentierten Landstraße rollen Sie durch größere Felder, nur die Ferne bietet Sehenswertes. In **Kronau** treffen Sie auf ein stilles Dorf und wechseln geradeaus auf die Hauptstraße.

2 Kilometer weiter trifft der Donauradweg auf den Schubert-Radweg und führt über die Große Tulln. Gleich darauf biegen Sie links ab und können wahlweise am Treppelweg oder am Damm fahren. Nach der Einmündung der Großen Tulln nähern Sie sich am Donauufer der „Gartenstadt" Tulln. Die zwei Wege trennen sich vor der Alpenvereinsherberge und laufen wieder beim Gästehafen zusammen. Von diesem Punkt aus können Sie die Erkundungstour in das Städtchen starten, indem Sie rechts in den Klosterweg abbiegen. So gelangen Sie am Museumsgebäude vorbei zum Hauptplatz. Das Egon-Schiele-Museum hingegen finden Sie direkt an der Donaufront.

Für weitere Touren im Weinviertel finden Sie den Anschluß im *bikeline*-Radtourenbuch „Weinviertel". Des Radfahrens müde, können Sie übrigens in Tulln bereits in die S-Bahn nach Wien einsteigen.

TULLN ≈km 1963

Vorwahl: 02272

- **Stadtamt**, Nußallee 4, ☎ 4285-44.
- **Egon-Schiele-Museum**, Donaulände, ☎ 4570, ÖZ: Di-So 9-12 und 14-18 Uhr. Im ehemaligen Stadtgefängnis werden 90 Originalwerke des Malers gezeigt, darunter die „Zerfallende Mühle" (1916) oder der „Blick über verschneite Weingärten auf Klosterneuburg" (1907). Dokumentation über Schieles Leben und seine Zeit.
- **Feuerwehrmuseum**, Nußallee 12, ☎ 2888, ÖZ: tägl. gegen Voranmeldung 8-16 Uhr. Geschichte der Feuerwehr von den Anfängen bis zur Gegenwart mit dem ältesten Nachweis eines organisierten Feuerschutzes in Niederösterreich, einem Denkmalfragment aus Carnuntum (100-200 n.Ch.).

- 🏛 **Museen im Minoritenkloster**, Minoritenpl. 1, ☎ 61915, ÖZ: Mi-Fr 15-18, Sa 14-18, So -Fei 10-18 Uhr. Ausstellungen zu Themen wie „Land am Strome", „Röm. Limesmuseum", „Tulln unter der Erde".
- **Pfarrkirche St. Stephan**, Wiener Str. Von der dreischiffigen Pfeilerbasilika aus dem 12. Jh. ist das besonders sehenswerte Westportal noch rein romanisch erhalten, es wird von je 6 Halbfiguren in Rundbogennischen verziert (vermutlich die 12 Apostel). Die wertvollsten Stücke der Einrichtung kommen aus aufgelassenen Klöstern wie z. B. der Kartause Gaming.
- **Karner - Dreikönigskapelle**, nebst St. Stephan. Das schönste und reichste österreichische Beispiel dieses Bautypus vereint spätromanische mit frühgotischen Elementen (13. Jh.). Beachtenswert das fünfeinhalbstufige Trichterportal und die Ausmalung aus dem 13. Jh. (1873 erneuert).
- **Minoritenkirche**, Minoritenplatz. Die Klosterkirche entstand 1732-39 und bietet eine sehenswerte stilistischen Einheitlichkeit des Innenraumes sowie qualitätsvolle Altarplastiken. Neben der unterirdischen barocken Gruft befindet sich auch eine Einsiedelei, deren Wände mit Muscheln, Steinen und Knochen verziert sind.
- **Stadtbild**. Geprägt von einstöckigen Häusern mit ländlichem Charakter, die häufig noch einen mittelalterlichen Kern besitzen.

Schiffer und Schopper

Am Anfang stand das „Naufahren", das Fahren stromab. Eine eigene Kunst, die schweren Zillen und Plätten so „rinnen" zu lassen, daß sie einen ordentlichen Gang bekamen und sie dann wieder aus dem Stromstrich herauszunehmen. Die allermeisten dieser „naufahrenden" Schiffe haben ihren Heimathafen nach dieser einen Fahrt nie mehr gesehen. Am Zielort kamen sie zum Plättenschinder, der sie zu Brennholz zerschlug. Sie mußten aber erst so weit kommen, denn Stromschnellen und Felsvorsprünge machten die Schiffahrt zu einem gefährlichen Unterfangen. Vor dem Greiner Struden, dem Schrecken aller Schiffleute, zogen es die Händler sogar oft vor, ihre Schiffe zu entladen und die Fracht auf dem Uferweg zu befördern.

Die Wende von der Einbahn des Naufahrens zum Schiffszug oder Gegenzug kam mit der steigenden Fracht von Getreide und Wein aus dem Osten. Und diese Prozedur muß man sich einmal vorstellen: Wenn die Schiffe in der schweren Strömung lagen und von Dutzenden berittenen und ledigen Pferden gegenwärts gezogen wurden. Dieses schräge Gehen am Treppelpfad im Zug und das Klettern über felsige Uferböschungen! Von Wien nach Linz brauchte ein solcher Schiffszug mehr als drei Wochen, von Linz nach Passau acht Tage.

Die Schopper tragen ihren Namen nach dem schwierigsten Teil ihrer Arbeit, dem Abdichten der Fugen zwischen den Holzpfosten. Unter den Donauschiffen (denn jeder Fluß hatte seine eigenen Schiffsformen!) gab es zunächst das bunte Volk der einfachen Plätten und Mutzen; dann die Gamsen, von denen allein die Inngamsen in Erinnerung geblieben sind: Am Inn dienten sie der Steinverfuhr, und wenn sie altersschwach geworden waren, kamen sie zum Scheiterführen an die Donau und dann erst zum Plättenschinder. Um 1850 entstand schließlich die schlanke und schöne Form der legendären „Siebnerin". Sie wurden zum elegantesten Schiff, das je die Donau befuhr.

Von Tulln nach Wien besteht wieder die Möglichkeit, auf beiden Seiten der Donau zu fahren. Die Hauptroute bleibt am Südufer und führt über Greifenstein und Klosterneuburg in die Innenstadt von Wien. Die spärlich beschilderte, aber unkomplizierte Variante am Nordufer verläuft bis Greifenstein in einsamer Stimmung entlang der Au und bietet einnehmende Panoramabilder über den Wienerwald mit der Burg Greifenstein.

Beim Kraftwerk Greifenstein können Sie bis zum Einbruch der Dunkelheit ans Süd-

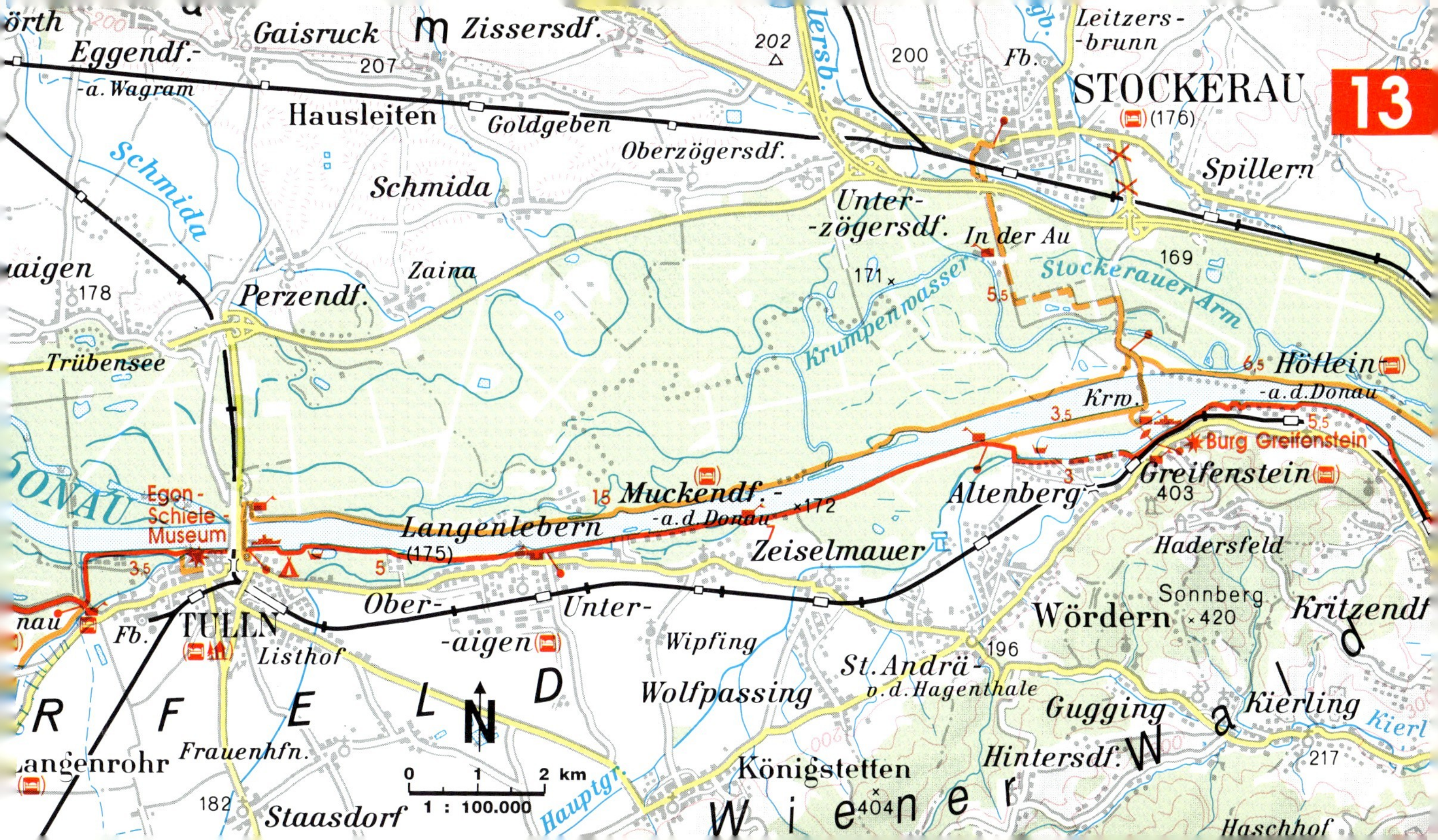
13
STOCKERAU
Gaisruck
Zissersdf.
Eggendf.-
-a. Wagram
Hausleiten
Goldgeben
Oberzögersdf.
Leitzers-
-brunn
Schmida
Unter-
-zögersdf.
In der Au
Spillern
Zaina
Perzendf.
Trübensee
Krumpenwasser
Stockerauer Arm
Höflein
-a.d.Donau
Krw.
Burg Greifenstein
Greifenstein
Altenberg
Muckendf.-
-a.d.Donau
Langenlebern
Zeiselmauer
Hadersfeld
Egon-
Schiele-
Museum
DONAU
TULLN
Fb.
Ober-
-aigen
Unter-
Wipfing
Wördern
Sonnberg
Kritzendf
Listhof
St. Andrä-
v. d. Hagenthale
Wolfpassing
Gugging
Kierling
Langenrohr
Frauenhfn.
Königstetten
Hintersdf.
Staasdorf
Haschhof
Hauptgr.
Kierl
Wiener Wald
0 1 2 km
1 : 100.000
N

ufer zurückkehren, einen Abstecher nach Stockerau unternehmen oder Richtung Korneuburg weiterradeln. Dort ermöglicht die Rollfähre eine Verbindung nach Klosterneuburg. Bleiben Sie aber weiterhin am linken Ufer, so kommen Sie entlang vom Freizeitparadies Neue Donau zur Reichsbrücke in Wien. Von dort brauchen Sie zwar länger in die Innenstadt, sind dafür schneller am Donauradweg weiter nach Bratislava.

Von der Donaupromenade bei **Tulln** gelangen Sie am unteren Treppelweg schnell zur Donaubrücke. Hier geht die Hauptroute am Dammweg geradeaus weiter, für die Nordufer-Variante zweigen Sie rechts ab und fahren auf der Rampe zur Brücke hinauf. Ein schmaler Radweg führt ans andere Ufer.

Am Nordufer von Tulln nach Wien

Nach Überquerung der Donau in Tulln kommen Sie rechtsherum durch eine Feriensiedlung zum Ufer zurück. Am gut ausgebauten Treppelweg lenken Sie Ihr Rad stromabwärts und verlassen den Damm bis zum Kraftwerk Greifenstein nicht. Es sei denn, Sie wollen auf verwinkelten Wegen einen Streifzug durch die Au machen. Der eigentliche Vorzug dieser Strecke ist aber die Landschaftsperspektive über das Tullner Feld bis hin zu den Alpen. Nach 14 Kilometern erreichen Sie das **Kraftwerk Greifenstein** und schwenken vor der Staumauer weg vom Ufer. Neben einem Trinkwasserbrunnen stoßen Sie auf die breite Zufahrtsstraße, wo die Route nach rechts weitergeht.

Wenn Sie hingegen nach Stockerau möchten, biegen Sie hier nach links ab. Sie fahren über das Krumpenwasser und biegen 500 Meter weiter links auf einen Forstweg ein. Mit Wegweisern versehen, fahren Sie dann im Zickzack durch die naturgeschützte Au und treffen nach 4 Kilometern in Stockerau ein.

STOCKERAU

Vorwahl: 02266

- **Stadtgemeinde**, Rathaus, ☎ 695.
- **Bezirksmuseum**, Belvedeschlößl, ☎ 65188, ÖZ: Sa 15-17 Uhr, So, Fei 9-11 Uhr. Außer der Geschichte des Bezirks und der Stadt eine Dokumentation über den Dichter Nikolaus Lenau, der 1818-22 in Stockerau lebte.
- **Automobilmuseum**, Jubiläumshalle, ☎ 64564, ÖZ: Sa 15-18 Uhr, So, Fei 10-12 und 14-17 Uhr.
- **Rathaus**, Rathauspl. Das ehem. Puchheimsche Schloß ist ein stattlicher Barockbau des 17. Jh. mit bemerkenswerter Pilastergliederung, nach Plänen von Fischer von Erlach d. J.
- **Pfarrkirche hl. Stephan**, Kirchenpl. Der 88 m hohe Kirchturm ist der höchste in Niederösterreich und wurde 1725 erbaut. Der frühklassizistische Bau der Kirche ist ein kreuzförmiger Zentralraum.
- **Naturschutzgebiet Stockerau**, zwischen Krumpenwasser und Autobahn. Seit dem Bau des Kraftwerkes bei Greifenstein kann die Au nur im „Gießgang", d. h. bei Hochwässern, Donauwasser erhalten. Jedoch leben in diesen Weich- und Hartauen u. a. noch 27 Sumpf- und Wasserpflanzenarten, die auf der Roten Liste der gefährdeten Arten stehen.

Am Nordufer kommen Sie nach der Abzweigung Richtung Stockerau zum Kraftwerkstor, das bis zum Einbruch der Dunkelheit einen Übertritt nach Greifenstein ermöglicht. Drüben zweigen Sie bei der ersten Gelegenheit links zur **Fähre** ab, die Sie zwischen 9 und 21 Uhr direkt ins Ortszentrum bringt. Eventuelle Wartezeiten können Sie im Terrassen-Restaurant überbrükken. Sind Sie früher oder später unterwegs, so fahren Sie am Donauufer 2,5 Kilometer flußaufwärts, wo Sie beim Yachthafen ebenfalls auf die Hauptroute stoßen.

Bleiben Sie aber weiterhin am Nordufer, so fahren Sie links an der Kraftwerkseinfahrt vorbei und gelangen nach einer Rechtskurve zum Treppelweg. Schnurgerade geht es jetzt Richtung Korneuburg. Schöne Exemplare der weißstämmigen Kanadischen Pappel markieren den Weg. Die Donau wendet sich allmählich gegen Süden, und gegenüber dem Klosterneuburger Strombad biegt der Weg nach links in den Wald ab. Sie fahren über zwei Wasseradern und halten sich danach rechts. Nach einer

Linkskurve geht es über einen weiteren Steg. Vor der Autobahnunterführung schwenken Sie nach rechts und passieren ein Schienenpaar. Für den Besuch in Korneuburg fahren Sie hingegen unter der Autobahn und auch unter der Bahn hindurch. Dann folgen Sie den Radwegen entlang der Hauptstraße nach rechts.

KORNEUBURG ≈km 1943

Vorwahl: 02262

- **Tourismusinformation**, Rathaus, ☎ 2576-229
- **Museum der Stadt**, Dr. Max-Burckhard-Ring 11, ☎ 2553, ÖZ: Sa 14-17 Uhr, So-Fei 9-12 Uhr.
- **Rathaus**, Hauptpl. Das neugotische Gebäude, dem mittelalterlichen Stadtturm harmonisch angegliedert, entstand 1894-96. Sehenswert die prächtige Wappendecke und der renovierte Stiegenaufgang im Foyer.
- **Augustinerkirche**. Eine 1745-48 erbaute ehem. Klosterkirche mit prächtigem Rokoko-Hochaltar, einer gemalten Scheinarchitektur mit der Darstellung des Letzten Abendmahles von F. A. Maulpertsch (1770).
- **Burg Kreuzenstein**, 5 km nordwestl. Die von dem schwedischen Heer verwüstete Burg wurde 1879 unter Graf Wilczek als Modellburg des 15. Jh. unter Verwendung von Originalbauteilen aus ganz Europa ausgebaut.

Auf Ihrem weiteren Weg Richtung Wien begleiten Sie kurz die Autobahn und zweigen dann nach rechts ab. Nun umfahren Sie linksherum eine schmucke alte Werftsiedlung und sind wieder am Ufer angelangt. Nach 1,5 Kilometern im Gewerbegebiet kommen Sie zur **Fähre nach Klosterneuburg** (ÖZ: März bis Nov. Mo-Fr 6.30 Uhr bis Sonnenuntergang, Sa, So, Fei 8 Uhr bis Sonnenuntergang). Drüben folgen Sie der breiten Asphaltstraße flußabwärts durch den Wald und erreichen nach 2,5 Kilometern bei der Brücke über den Klosterneuburger Durchstich die Hauptroute unweit des Bahnhofs Klosterneuburg-Kierling.

Weiter geht´s aber auch am linken Ufer, wo Sie 500 Meter nach der Korneuburger Fähre beim Wirtshaus Tuttendörfl auf den Treppelweg wechseln. Auf Ihrem Weg zwischen der Donau und der Autobahn passieren Sie die Schleusenanlage, an der die Neue Donau beginnt. Sie können die nun folgende 9 Kilometer lange Strecke bis zur Reichsbrücke in Wien entweder auf der Donauinsel oder weiter am linksseitigen Uferweg zurücklegen. Hier suchen Sie den jeweils höherliegenden Weg, damit Sie nicht vergeblich auf eine Feldzunge hinausfahren. In beiden Fällen bieten sich genug Möglichkeiten zum Baden oder zum Einkehren.

Die Reichsbrücke erreichen Sie nach dem Donauturm, hier türmt sich auch der Bau der UNO-City auf. Bei der Reichsbrücke können Sie entweder in die U-Bahn einsteigen oder dem Radweg auf der Brücke ins Zentrum von Wien folgen. Der Donauradweg ist aber hier noch nicht zu Ende, Richtung Bratislava und Budapest fahren Sie einfach entlang der Donau weiter. Ein guter Wegbegleiter ist das *bikeline*-Radtourenbuch „Donau-Radweg, Teil 3: Von Wien nach Budapest".

Auf der Hauptroute fahren Sie in **Tulln** unter der Brücke durch und folgen dem Dammverlauf nach Greifenstein, das sind noch rund 15 Kilometer. Nach dem Umfahren des Hafenbeckens bietet sich rechter Hand im Aubad Gelegenheit zur Erfrischung. Auf der Dammkrone fahren Sie nun Richtung Greifenstein, wo die nördlichen Ausläufer des Wienerwaldes die Donau erreichen. Die Donau selbst gleicht vor dem nächsten Kraftwerk einem riesigen See.

Nach ungefähr 3 Kilometern kommen Sie an der Donaulände von **Langenlebarn** und der „Dorflacke" der Kleinen Tulln vorbei. Entlang eines Erholungsgebietes erreichen Sie dann Muckendorf, wo der Weg um den Yachthafen einen Bogen beschreibt. Vorne am Horizont erscheint die hübsche Silhouette der Burg Kreuzenstein. Nach weiteren 4 Kilometern treffen vor dem **Kraftwerk Greifenstein** auf das Gasthaus

„Saunabäder". Hier gabelt sich der Weg: Geradeaus geht es zum Kraftwerk, wo Sie bis zum Einbruch der Dunkelheit ans Nordufer gelangen können.

Wenn Sie aber vor dem Kraftwerk den Weg nach rechts wählen, kommen Sie nach Greifenstein. Nach Überqueren eines Altarmes biegen Sie gleich links ab und radeln entlang von Bungalows weiter. Die Pfahlbauten erinnern daran, daß die Donau gelegentlich doch noch aus den Ufern tritt. Zur Linken erstreckt sich die Greifensteiner Bucht, in der auch gerne gebadet wird. Am Ende der Feriensiedlung schwenken Sie nach rechts und fahren um den Bootshafen herum. Der schmale Radweg mündet in einen Straße, der Sie nach links folgen. Entlang der Bahn radeln Sie an der Fährstation vorbei, hier können Sie auch ins Zentrum von Greifenstein abzweigen. Über den schmucken Häusern, unter denen sich bereits Villen im „Wiener Landhausstil" befinden, thront die alte Burg.

GREIFENSTEIN ≈km 1949

Vorwahl: 02242

Gemeindeamt, Hauptstr. 43, ☎ 2231.

Überfuhr zum Kraftwerk: tägl. 9-21 Uhr nach Bedarf.

Burg. Im 19. Jh. von Fürst Johann Liechtenstein auf Resten einer früheren Befestigung wiederaufgebaut, in der typischen Kleinburg mit Bering, Palas und Bergfried sind noch eine Knappenstube und Torraum aus den 12. Jh. zu sehen. Restaurant.

Ab Greifenstein geht´s entlang der Bahn weiter, und die Route kehrt zurück zur Donau. Schließlich erreichen Sie eine Querstraße, hier biegen Sie nach links zum Treppelweg ab. Zu Ortsbeginn von **Höflein** erfährt der Radweg eine kurze Ablenkung, kehrt aber gleich wieder ans Donauufer zurück. Kurz nach der Abzweigung in den Ort verlassen Sie die Wohnstraße und rollen hinunter zum Treppelweg. Ein kurzes Stück radeln Sie noch an der Donau, die sich hier gegen Süden wendet und die **Wiener Pforte** durchfließt. Dann weicht der Treppelweg von der Donau ab, und nur mehr ein kleines Gerinne, der Klosterneuburger Durchstich, begleitet linker Hand den Weg. Jenseits des Gerinnes breitet sich ein Auwald aus.

Beim Bahnhof **Kritzendorf** können Sie rechts in den Ort abzweigen. Ansonsten radeln Sie geradeaus nach Klosterneuburg. Nach 3,5 Kilometern ist der Bahnhof Klosterneuburg-Kierling erreicht. Hier fahren Sie nach links über den Klosterneuburger Durchstich.

Bevor Sie aber die Fahrt nach Wien fortsetzen, lassen Sie sich die sehenswerte Stiftsanlage von Klosterneuburg nicht entgehen. Sie beherrscht beeindruckend das Ortsbild und wird von den Wäldern des Kahlenberges und des Leopoldsberges, den Wiener Hausbergen, eingerahmt. Dazu fahren Sie am kürzesten und reizvollsten beim Bahnhof durch die Unterführung und dann geradeaus zum Stadtplatz. Dort biegen Sie nach links die in schmale Kreutzergasse ab.

KORNEUBURG
(168)
Rathaus
Flandf.
Klein-Engersdf.
227
Bisambg.
Bisamberg
358
Hagen
Langenzersdf.
170
Stamme
Kritzendf.
Kierlingb.
164
217
Stiftskirche
192
KLOSTERNEUBURG
Weidling
STREBERSDF.
Leopoldsbg.
425
Kahlenbg.
484
Kahlen-
-bergerdf.
GROSS-
Weidlingb.
542
Josefsdf.
Hermannskg.
Cobenzl
NUSSDORF
FLORIDSDORF
SALMANNSDF.
GRINZING
SIEVERING
163
PÖTZLEINSDF.
390
160
Bratislava
Stephansdom
Kunsthistorisches
Museum
Prater
WIEN
Schloß
Schönbrunn
14
0 1 2 km
1 : 100.000
N

Die nächste größere Straße wird überquert und nun können Sie das Rad über einen Fußweg zum Stiftsplateau hinaufschieben.

KLOSTERNEUBURG ≈km 1940

Vorwahl: 02243

- **Tourismus-Verein,** Niedermarkt 4 - im Bahnhof, ☎ (3)2038.
- **Mährisch-Schlesisches Heimatmuseum**, Schießstattg. 2, ÖZ: Di 10-16 Uhr, Sa 14-17 Uhr, So 10-13 Uhr. Die Sammlung stammt größtenteils aus dem östlichen Sudetenland und Beskidenland und zeigt religiöses Leben und Brauchtum.
- **Stiftsmuseum,** ☎ 6210, Stiftspl. 1, ÖZ: Mai-Nov. Sa, So 9-17 Uhr. Schwerpunkte der Sammlung sind gotische Tafelmalerei und Skulpturen, Bronzestatuetten der Renaissance, Elfenbein und Kleinplastik 10.-18. Jh., Klosterneuburger Ansichten. Unter den vertretenen Künstlern Giovanni Bellini, Rudolf v. Alt und Egon Schiele.
- **Archäologisches Museum - Unterkirche St. Martin**, Martinstr. 38, ÖZ: So 10-12 Uhr und nach Vereinbarung. Tausendjährige Kirchengeschichte in Originalen. Die ältesten Spuren in der Grabung gehen von einer fränkischen Holzkirche um 900 aus, u. a. bemerkenswert das spätgotische Taufbecken.
- **Stiftskirche Unsere Liebe Frau**. Der romanische Bau stammt von 1114-36, das Innere erhielt Mitte des 17. Jh. seine heutige Gestalt. In der Leopoldskapelle ist der berühmte Verduner Altar, das vielleicht großartigste Emailwerk des Mittelalters, bestehend aus 51 biblischen Bildtafeln, zu sehen.
- **Pfarrkirche St. Martin**, Martinstr. 38. Die Pfarre reicht vor die Mitte des 11. Jh. zurück, im Inneren fallen vor allem die 16 überlebensgroßen vergoldeten Holzstatuen auf Wandkonsolen auf.
- **Mittelalterliches Stiftsgebäude.** Ab 1108 auf der Stelle eines römischen Kastells errichtet und im 15. bis 19. Jh. weiter ausgebaut. Nur mit Führung zugänglich.
- **Barocker Stiftsneubau**. Die großartige Anlage entstand 1730-55 unter Karl VI. und wollte die barocke Einheit von Kirche und Kaiserstaat demonstrieren, die beginnende Säkularisierung setzte dem gigantischen Projekt jedoch ein vorzeitiges Ende. Im Rahmen der Führungen werden u. a. die Kaiserzimmer mit ihren hervorragenden Stukkaturen und der Gobelinsaal gezeigt.
- **Stiftsführungen**, Rathauspl. 20, ☎ 6210-212, tägl. 9.30-11 und 13.30-16 Uhr. Einige der bedeutendsten Kunstwerke des Stiftes wie der „Verduner Altar" sind im Rahmen dieser Führungen zu besichtigen.

Bevor sich die Babenberger in die von Ungarn und Slawen beherrschte Donauebene von Wien vorwagten, verlegten sie 1106 ihre Pfalz von Melk nach ***Klosterneuburg****. Auch nach der Verlegung der Residenz nach Wien Mitte des 12. Jahrhunderts spielte die geschützte Anhöhe in den Bergen des Wienerwaldes die Rolle des Rückzugsortes für die Kaiser. Nach den beendeten Türkenkriegen gab dann Kaiser Karl VI. dem jüngeren Fischer von Erlach den Auftrag, in Klosterneuburg ein kaiserliches Klosterschloß zu errichten.*

Nach dem Bahnhof Klosterneuburg-Kierling radeln Sie also über den Klosterneuburger Durchstich und biegen gleich darauf nach rechts zum Schützenhaus ab. Hier stoßen nun auch jene zur Hauptroute, die der Variante über Korneuburg gefolgt sind. Sie umfahren auf einer Straße mit mäßigem Verkehr ein Freizeitzentrum. Nach der Strandsiedlung können Sie nach links zum Freibad abzweigen. Sonst folgen Sie der Route nach rechts und passieren noch einmal den Klosterneuburger Durchstich. Als nächstes geht's über den Weidlingbach und gleich darauf nach links.

Sie sehen zur Rechten auf die letzten Erhöhungen des Wienerwaldes, nämlich den Kahlenberg und den Leopoldsberg, die auf ihrer Südseite die Wiener Weinhänge tragen. Die ausgezeichneten Weine werden in den berühmten Heurigen in Grinzing, Nußdorf oder Kahlenbergerdorf ausgeschenkt. Wein gedeiht aber auch jenseits der Donau an der linken Flanke der Wiener Pforte, am Bisamberg.

Auf der Donaustraße durchqueren Sie ein Gewerbegebiet, Sie haben den Stadtrand von Wien erreicht. Die Donaustraße mündet in die Kuchelauer Hafenstraße, der Sie nach links folgen. Die Straße führt schließlich unter der Bahn hindurch nach Kahlenbergerdorf, ein Winzerort mit Heurigen und romantischen Stiegen.

KAHLENBERGERDORF

Die Route ins Zentrum aber wechselt hier auf den Radweg links der Bahn. Ab hier führt der Weg kaum verfehlbar bis ins Zentrum von Wien. Sie durchfahren einen Park und sind damit wieder für kurze Zeit an der Donau. Hier verabschieden Sie sich von der Donau und folgen nunmehr dem Donaukanal. Vor den Schleusen können Sie über einen Durchschlupf unter der Bahn nach **Nußdorf**, einem Heurigenvorort, wo Sie noch nicht wie in Grinzing mit der Masse abgefertigt werden.

Auf einer kleinen Anhöhe passieren Sie das von Otto Wagner erbaute Absperrwerk des Donaukanals und zweigen nach einer kurzen Talfahrt vor der Bahnunterführung links ab. Auf dem Radweg ist jetzt die Urania, ein Volksbildungshaus, als Ziel angegeben. Sie folgen nun dem „Donaukanal-Radweg" und fahren unter unzähligen Straßenbrücken durch. Damit ist der Innenbereich von Wien unmißverständlich erreicht. Der Radweg führt an der von Friedensreich Hundertwasser verschönten Müllverbrennungsanlage vorbei.

Die Stadt verdichtet sich allmählich, und Sie können bald entscheiden, in welche Richtung es für Sie weitergehen soll. Wenn Sie bei der dritten Brücke nach dem Kraftwerk, genau vor dem Backsteinbau der Roßauer Kaserne, über die Rampe abzweigen, können Sie sich der **Ringstraße** anschließen. Davor überqueren Sie die Roßauer Lände und gleich links auch die Maria-Theresien-Straße und gelangen über eine weitere Kreuzung vor einem Hochhaus zum Ring-Radweg, der zur Rechten wegführt. Der Ring umkreist mit einem schönen Radweg die Altstadt und ist praktisch eine Aneinanderreihung der wichtigsten Sehenswürdigkeiten von Wien.

Am Donaukanal weitergefahren, haben Sie als nächstes die Möglichkeit einer reizvollen **Durchquerung der Altstadt**, allerdings ohne Radweg. Dazu fahren Sie bei der darauffolgenden Salztorbrücke, auf Höhe des Raiffeisen-Gebäudes, zum Kai hinauf und fahren im Verkehr rechts in die Salztorgasse weiter. In einer Linkskurve geht es zum Hohen Markt hinauf und geradeaus über die Tuchlauben zur Fußgängerzone am Graben. Hier brauchen Sie links nur einige Meter zu schieben (!) und stehen schon vor dem Wahrzeichen Wiens, dem Stephansdom. Zum Ring kommen Sie dann in Verlängerung der Tuchlauben über die Hofburg, wo sich die Nationalbibliothek und die Schatzkammer befinden.

Der Donaukanal-Radweg endet schließlich bei der **Urania-Sternwarte**, wo Sie ebenfalls auf den „Ring-Rund-Radweg" wechseln können, diesmal vom anderen Ende. Zum Donauradweg weiter nach Bratislava überqueren Sie den Donaukanal auf der Aspernbrücke und gelangen geradeaus auf dem Radweg der Praterstraße zum Praterstern. Von dort können Sie entweder die Prater Hauptallee oder die Lassallestraße Richtung Donau wählen. Die Beschreibung der gesamten Strecke bis Budapest finden Sie im *bikeline*-Radtourenbuch „Donau-Radweg Teil 3".

Der **Wiener Westbahnhof** ist am besten mit dem Rad vom Ring aus zu erreichen. Neben dem Kunsthistorischen Museum biegen Sie in die breite Babenbergerstraße ein und begeben sich weiter in die beliebteste Einkaufsstraße der Wiener und Wienerinnen, in die Mariahilfer Straße. Sie führt nun geradeaus, allerdings ohne Radstreifen, zum Westbahnhof. Sie können es aber auch bequemer haben, indem Sie zu den im Datenblock angegebenen Zeiten die U-Bahn (U 3) benutzen.

WIEN ≈km 1929

Vorwahl: innerhalb Österreichs 0222, sonst 01

- **Tourist-Information**, Kärntner Str. 38.
- **Wien-Tourismus**, Obere Augartenstr. 40, ☎ 21114-54
- **Stadtinfo**, ☎ 403 89 89
- **Fahrradbüro**, Frankenbergg. 11, ☎ 505 84 35
- **DDSG-Donaureisen**, Handelskai 265, ☎ 72750-454. Linienfahrten vom 28. Apr. bis 15. Mai Do-So zwischen Wien und Dürnstein tägl., 19. Mai bis 25. Sept. zwischen Wien und Passau tägl.
- **Wiener Donaurundfahrten,** DDSG. Ab Schwedenbrücke (Zentrum) vom 2. bis 22. Apr. und 26. Sept. bis 30. Okt. um 13 Uhr, vom 23. Apr. bis 25. Sept. um 10.30, 13, 14.30 und 16.30 Uhr.
- **Albertina**, Augustinerstr. 1, ☎ 53483, ÖZ: derzeit teilweise geschl. Die graphische Sammlung gehört zu den größten der Welt und verwahrt kostbare Werke u. a. von Dürer, Leonardo, Raffael, Michelangelo vom 15. Jh. bis zur Gegenwart.
- **Kunsthistorisches Museum**, Maria-Theresien-Platz, ☎ 52177-0, ÖZ: tägl. außer Mo 10-18 Uhr, Do 10-21 Uhr. Zählt zu den bedeutendsten Kunstsammlungen der Welt. Den Kern der Gemäldegalerie bilden Werke von Dürer, Rubens, Tizian und Bruegel d. Ä. (größte Bruegel-Sammlung der Welt). Noch besonders sehenswert: Ägyptisch-Orientalische Sammlung, Antikensammlung, Münzkabinett.
- **Naturhistorisches Museum**, Maria-Theresien-Platz, ☎ 52177-0, ÖZ: Mi-Mo 9-18 Uhr. Schwerpunkte: Mineraliensammlung mit seltenen Rohdiamanten und Meteoriten, Fossiliensammlung mit 15.000 Skeletten (darunter Dinosaurier), prähistorische Sammlung mit „Venus von Willendorf", Anthropologische Sammlung vom Jungpaläolithikum bis zur Gegenwart.
- **Österreichisches Museum für angewandte Kunst**, Stubenring 5, ☎ 71136-0, ÖZ: Di-So 10-18 Uhr, Do 10-21 Uhr. Schausammlungen ostasiatischer, islamischer Kunst, Bibliothek und Kunstblättersammlung, Glas und Keramik, Metalle, Wiener Werkstätte, Sammlung von Möbeln und Holzarbeiten, Textilien und Teppichen. Werke moderner KünstlerInnen.
- **Jüdisches Museum der Stadt Wien**, Dorotheergasse 11, ☎ 5350431, ÖZ: So-Fr 10-18 Uhr, Do 10-21 Uhr. Rund 50 Jahre nach Kriegsende öffnete wieder ein jüdisches Museum seine Tore in Wien. Die Wechselausstellungen zeigen jüdische Kulturgeschichte, bildende Kunst, Literaturgeschichte und Fotografie.
- **Museum für Völkerkunde**, Neue Burg - Heldenplatz, ☎ 52177-0, ÖZ: tägl. außer Di 10-16 Uhr. Neben Dauerausstellungen, wie der Mexikosammlung Kaiser Maximilians mit dem umstrittenen Federkopfschmuck von Montezuma, der polynesischen Sammlung von James Cook und den Bronzen aus Benin.
- **Österreichische Nationalbibliothek**, Josefsplatz 1, ☎ 53410-397, ÖZ: 28. Feb. bis 23. März und 22. Mai bis Ende Juni tägl. außer So-Fei 11-12 Uhr; 24. März bis 21. Mai und Juli bis 26. Okt. Mo-Sa 10-16 Uhr, So, Fei 10-13 Uhr. Vater und Sohn Fischer von Erlach schufen 1723-37 im Prunksaal einen der glanzvollsten Räume des Barock. Die Deckengemälde stammen von Daniel Gran. Im Mittelpunkt stehen jedoch die 15.000 goldgepreßten Bände des librophilen Prinzen Eugen von Savoyen.
- **KunstHausWien**, Untere Weißgerberstraße 13, ☎ 71 20 491, ÖZ: täglich 10-19 Uhr. Zu sehen sind vor allem die Werke von Hundertwasser (Malerei, Architektur, Skulpturen) und wechselnde Ausstellungen von Künstlern des 20. Jahrhunderts.
- **Kunsthalle Wien**, Karlsplatz, Treitlstraße 2, ☎ 5869776-0, ÖZ: tägl. außer Di 10-18 Uhr, Do 10-20 Uhr. In einer provisorischen Ausstellungshalle werden im Sinne eines „erweiterten Kunstbegriffs" Präsentationen zeitgenössischer Bildender Kunst (u. a. experimentelle Architektur) gezeigt.
- **Schatzkammer**, Hofburg - Schweizerhof, ☎ 5337931, ÖZ: tägl. außer Di 10-18 Uhr. Eine der bedeutendsten Schatzkammern der Welt verwahrt die Kaiserkrone des Heiligen Römischen Reiches (um 962), die österreichische Kaiserkrone, den Burgunderschatz und den Schatz des Ordens vom Goldenen Vlies.
- **Österreichische Galerie des 19. und 20. Jh.**, Oberes Belvedere, Prinz-Eugen-Str. 27, ☎ 784158-0. ÖZ: Di-So 10-17 Uhr. Die Schau bietet einen Überblick über die öst. Malerei vom Biedermeier über die Ringstraßenzeit bis zum Jugendstil. Neben der größten Sammlung der Werke von Klimt, Schiele und Kokoschka auch Waldmüller, Romako, Makart, Wotruba zu sehen.
- **Heeresgeschichtliches Museum**, Arsenal, Objekt 18, ☎ 79561-0, ÖZ: tägl. außer Fr 10-16 Uhr. Im orientalisch-klassizistischen Bau von 1857, dem ersten geplanten Museum Wiens, wertvolle Sammlungen zur Militärgeschichte Österreichs vom Dreißigjährigen Krieg bis zum Ersten Weltkrieg.
- **Sigmund-Freud-Haus**, Berggasse 19, ☎ 3191596, ÖZ: tägl. 9-16 Uhr. Von 1891 bis 1938 wohnte hier der Begründer der Psychoanalyse, bevor er Österreich verlassen mußte. Freuds einstige Ordination ist heute als Museum eingerichtet.

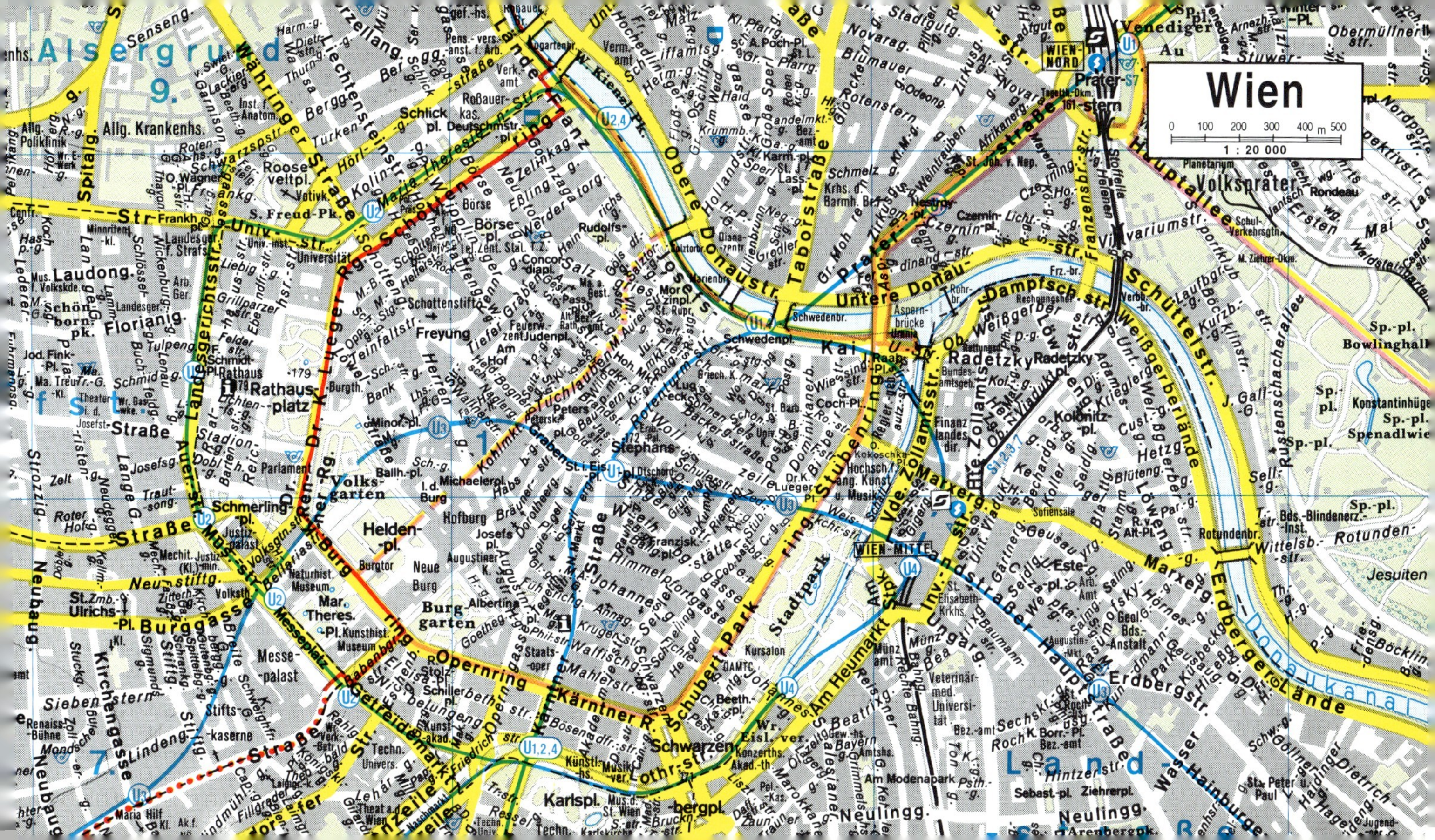
Wien
0 100 200 300 400 m 500
1 : 20 000
Alsergrund
9.
Allg. Krankenhs.
Währinger Straße
Roosevelt-pl.
Universität
Laudong.
Floriang.
Rathausplatz
Rathaus
Parlament
Volksgarten
Schmerling-pl.
Heldenpl.
Hofburg
Neue Burg
Burggarten
Mar.-Theres.-Pl.
Messepalast
Burggasse
Neustiftg.
Kirchengasse
Lindeng.
Opernring
Kärntner R.
Schwarzenbergpl.
Karlspl.
Stephans-pl.
Freyung
Schottenring
Schottentor
Börse
Obere Donaustr.
Taborstraße
Untere Donaustr.
Schwedenpl.
Schwedenbr.
Praterstern
Wien-Nord
Venediger Au
Volksprater
Hauptallee
Schüttelstr.
Radetzky
Stubenring
Zollamtsstr.
Wien-Mitte
Stadtpark
Am Heumarkt
Landstraßer Hauptstraße
Erdbergstr.
Erdberger Lände
Donaukanal
Rotundenbr.
Marxerg.
Ungarg.
Rennweg
Lothr.-str.
Getreidemarkt
Mariahilf
Naschmarkt
Neulingg.
Am Modenapark
Bowlinghall
Konstantinhügel
Jesuiten
Rotunden-
Land-

- **Secession**, Friedrichstr. 12, ☎ 5875307, ÖZ: Di-Fr 10-18, Sa, So, Fei 10-16 Uhr. Nach Plänen von Joseph Olbrich wurde das Haus 1897-98 für die progressive Künstlergruppe der „Wiener Sezession" errichtet. Neben Wechselausstellungen moderner Kunst ist hier der 34 m lange Beethoven-Fries von Gustav Klimt zu besichtigen.
- **Stephansdom**, Stephansplatz, ☎ 51553-526, Führungen: Mo-Sa 10.30 und 15 Uhr, So, Fei 15 Uhr. Österreichs bedeutendstes gotisches Bauwerk, neben dem Riesenrad im Prater das Wahrzeichen Wiens, repräsentiert die (Bau-)Geschichte von 800 Jahren. Sehenswertes: das Grabmal Kaiser Friedrichs III. aus rotem Marmor, die Kanzel Anton Pilgrams von 1514/15, der „Wiener Neustädter Altar" von 1447. Unter dem Dom weitverzweigtes Katakombensystem mit wertvollen historischen Zeugnissen, Führungen: tägl. 10, 11, 14, 16 Uhr.
- **Schloß Schönbrunn**, Schönbrunner Schloß-Straße (U-Bahn-Station), ☎ 81113, ÖZ: tägl. 8.30-17 Uhr. Das ursprünglich von Fischer von Erlach größer und prächtiger als Versailles geplante Barockschloß entstand mit 1441 Zimmern und Sälen in den Jahren 1696-1730. Es diente als Sommerresidenz der Habsburger, und hier fand der Wiener Kongreß statt.
- **Zoo - Tiergarten Schönbrunn**, Schloßpark nahe dem Hietzinger Tor (U-Bahn). In barocker Parkumgebung befindet sich einer der ältesten Tiergärten der Welt mit neuen Ideen für die Tierhaltung.
- **Ringstraße**. Nach Schleifung der früheren Stadtbefestigung 1857-58 entstand an der Stelle des Glacis einer der schönsten Boulevards mit Bauten wie Staatsoper, Burgtheater, Kunst- und Naturhistorisches Museum und Parlament. Ebenso setzte sich hier das liberale Großbürgertum mit ihren Palais ein Denkmal.
- **Belvedere**, Prinz-Eugen-Straße 27. Das Schloß, das als eines de schönsten barocken Bauwerke gilt, wurde als Sommerresidenz fü Prinz Eugen von Savoyen ab 1700 unter der Bauleitung von Lukas von Hildebrandt errichtet. Das Gebäude wird von einem elegante Terrassengarten mit Kaskaden und Plastiken ergänzt.

- **Spittelberg**. Der Stadtteil zwischen Breite Gasse und Stiftgasse besitzt Modellcharakter für eine Revitalisierung mit Erhaltung der historischen (in dem Fall biedermeierzeitlichen) Bausubstanz und präsentiert sich heute als ein „Beisl"- und Kunstviertel mit Flair.
- **Naschmarkt**, Wienzeile zwischen Getreidemarkt und Kettenbrükkengasse. Der größte Obst- und Gemüsemarkt Wiens zeigt voller Individualität und Atmosphäre die lebendige Antithese zu Supermärkten und die Begegnung vieler Kulturen. Samstags großer Flohmarkt.
- **Rad & U-Bahn**. Mit Ausnahme der Linie U6 Mo-Fr 9-15 und ab 18.30 Uhr, Sa ab 9 Uhr, So, Fei ganztägig. Für den Transport muß ein Halbpreisticket gelöst werden.
- **Rad & Schnellbahn**. Mo-Fr 9-15 und ab 18.30 Uhr, Sa ab 9 Uhr, So, Fei ganztägig. In Zügen, die im Kursbuch ein Fahrradsymbol tragen, ist die Mitnahme jederzeit möglich. In der Kernzone Wien (Zone 100) muß dafür ein Halbpreisfahrschein, auf allen anderen Strecken eine Fahrradtageskarte zu S 30,– gelöst werden.
- **Radrundfahrten**. Vienna-Bike, Wasag. 28, ☎ 3191258. Entdekkungsreisen durch Wien auf dem gewohnten oder einem gemieteten Sattel, ganzjährig, täglich, Anmeldung zwei Tage im voraus, Dauer etwa 2-3 Stunden. Radrundfahrten für Gruppen (ab 10 Pers.) organisiert auch Radverleih-City, ☎ 713 93 95.

Wien. *Wie läßt sich eine Donaumetropole kurz beschreiben, die über sieben Jahrhunderte Residenzstadt war, einst den Mittelpunkt eines Weltreiches bildete und traditionell zu den kulturellen Zentren Europas gehört, ohne daß bekannte Klischees wiederholt werden oder Wesentliches ausgelassen wird? Vielleicht, indem über das Verhältnis dieser Stadt zu „ihrem" Strom erzählt wird.*

Wien liegt ja bekanntlich an der Donau, die einmal sogar blau gewesen sein soll. Und trotz-

dem suchen Besucher vergeblich nach historischen Uferzeilen, beschaulichen Flußpromenaden, nach einer „gewachsenen" Stadt am Strom. Lediglich der Donaukanal durchfließt die Innenstadt der Donaumetropole. Wien büßte das Wesen einer Donaustadt im 19. Jahrhundert ein, als mit der ersten Flußregulierung die enge Bindung an den Strom verloren ging. Dabei wurde der bis dahin krause Stromverlauf der Donau durch einen schnurgeraden „Durchstich" in der Manier von Reißbrett-Ästheten zusammengefaßt und in den Eröffnungsreden 1875 als Meisterleistung österreichischer Ingenieurkunst gepriesen. Auch der namensgebende kleine Wienfluß sucht seit der Jahrhundertwende seinen Weg vom Wienerwald zu seinem Vorfluter in einer kahlen Steinwanne.

Wien und die Donau, ein unversöhnlicher Gegensatz? Landschaft ist jedenfalls machbar, und am Fluß kann wieder Leben einkehren; das demonstriert in jüngster Vergangenheit ein weiterer Eingriff am Strom. Der lange Überschwemmungsstreifen entlang der begradigten Donau, bis dahin einem städtischen Niemandsland gleich, wurde für ein Entlastungsgerinne ausgehoben und aus dem Material die Donauinsel aufgeschüttet. Seitdem sind beide Freizeitglück der Wiener und machen sogar vergessen, daß die Donau in Wien bald gerade noch träge dahinplätschern wird. Wenn nämlich in einigen Jahren das neueste in der Kette der Kraftwerke in Betrieb geht.

Übernachtungsverzeichnis

Im folgenden sind Hotels (H), Hotel garni (Hg), Gasthöfe (Gh), Bauernhöfe (Bh), Pensionen (P) und private Unterkünfte (Pz), aber auch Jugendherbergen und Campingplätze entlang der Donau und der Ausflugsrouten angeführt. Die Orte sind nicht in alphabetischer Reihenfolge, sondern analog zur Streckenführung aufgelistet.

Das Verzeichnis erhebt keinen Anspruch auf Vollständigkeit und stellt keine Empfehlung der einzelnen Betriebe dar. Wichtigstes Auswahlkriterium ist die Nähe zur Radstrecke, in Städten wurden vor allem Betriebe im Zentrum oder nahe zur Route ausgewählt. Betriebe, die Radreisende von der Radroute abholen, sind als solche gekennzeichnet.

Die römische Zahl (I-VI) hinter der Telefonnummer gibt die Preisgruppe des betreffenden Betriebes an. Dabei gibt es folgende Kategorien:

I unter DM 30,–/öS 200,–
II DM 30,–/öS 200,– bis DM 45,–/öS 300,–
III DM 45,–/öS 300,– bis DM 60,–/öS 400,–
IV DM 60,–/öS 400,- bis DM 70,–/öS 500,–
V DM 70,–/öS 500,– bis DM 100,–/öS 700,–
VI über DM 100,–/öS 700,–

Die Preisgruppen beziehen sich auf den Preis pro Person in einem Doppelzimmer mit Dusche oder Bad. Bei Betrieben, die Zimmer ohne Bad oder Dusche anbieten, ist dies durch das Symbol ✗ nach der Preisgruppe angegeben.

Da wir das Verzeichnis stets erweitern wollen, sind wir für Anregungen Ihrerseits dankbar. Die Eintragung erfolgt kostenfrei.

PASSAU (D)

Vorwahl: 0851
i Tourist-Information, ☎ 3919-0
H Weißer Hase, Ludwigstr. 23, ☎ 92110, V-VI
H Herdegen, Bahnhofstr. 5, ☎ 95516-0, IV-V

Hotel Dreiflüssehof, Danziger Str. 42/44, 94036 Passau, 130 Betten mit ☎, TV, Fön, Minibar, Fahrradkeller, Garagen, 🛏 DM 80.–, 90.–, 🛏🛏 DM 130.–, 140.–, ☎ 7204-0, Fax 72478

H Passauer Wolf, Rindermarkt 6, ☎ 34046, V-VI
Passau Tourist-H, Kapuzinerstr. 36 (Innstadt), ☎ 386401, IV-V
Hg König, Untere Donaulände 1, ☎ 3850, V
H Wilder Mann, Am Rathauspl., ☎ 35071-75, IV-VI
Hg Donaulände, Badhausg. 1, ☎ 6063-64, IV
Hg Spitzberg, Neuburger Str. 29, ☎ 955480, III-V
Altstadt-H, Bräug. 23-29, ☎ 337-0, IV-VI
H Zum König, Rindermarkt 2, ☎ 34098-99, III
Gh Rosencafé, Donaustr. 23 (Nordufer), ☎ 42811, II-III
Gh Bayer. Löwe, Dr.-Hans-Kapfinger-Straße. 3, ☎ 51274, III
Hg Deutscher Kaiser, Bahnhofstr. 30, ☎ 9556615, III
Gh Zur Brücke, Landrichterstr. 13 (Ilzstadt-Hals), ☎ 43475, II
Kabinenhotel Rotel Inn - Der Ruhende Mensch, Hbf./Donaulände, ☎ 95160, II
Gh Zum Hirschen, Im Ort 6, ☎ 36238, II
Gambrinus-Keller, Haibach 20 (Südufer), ☎ 2905, II
H Wienerwald 2000, Gr. Klingerg. 17, ☎ 33069, II
P Rößner, Bräug. 19, ☎ 2035, II-III
P Vilsmeier, Lindental 28a (Innstadt), ☎ 36313, II
Gasthof Kernmühle, bei Kellberg (Nordufer), ☎ 08501/567, II
Jugendherberge, Veste Oberhaus 125, ☎ 41351
▲ Zeltplatz an der Ilz, Halser Str. 34, ☎ 41457
▲ Drei-Flüsse-Camping, Irring (10 km Donau aufwärts), ☎ 08546/633

HINDING

Vorwahl: 07713
i Tourismusverband Freinberg, ☎ 8244
Donauhotel Faberhof, Hinding 18, ☎ 8144, III-IV
P Pfeiffer, Hinding 46, ☎ 8218, II
Pz Bachl, Unterhinding 43, ☎ 8202, I-II

PYRAWANG

Vorwahl: 07714
i Gemeindeamt Esternberg, ☎ 6655-0
Pz Holzapfel, Nr. 18, ☎ 6178, I
Pz Langbauer, Nr. 28, ☎ 6512, I

Pz Grasegger, Nr. 29, ☎ 6170, I
Pz Grasegger, Nr. 12, ☎ 6208, I
Pz Fischer, Nr. 9, ☎ 6504, I
⛺ Camping Fischer, Pyrawang 9, ☎ 6504, vom 1. Apr. bis 31. Okt.

OBERNZELL (D)

Vorwahl: 08591
ℹ Verkehrsamt, ☎ 1877 o. 555
Gh Zur Post - Alte Schiffspost, Marktpl. 1, ☎ 1030, III-V
H Zur Donau, Passauer Straße. 19, ☎ 2992, II-III
Landhaus Romana, Fam. Greiner-Schwager, ☎ 1035, III
Gh Post, Hauptstr. 22, ☎ 510, II
Gh „Zum Freischütz", Bachstr. 7, ☎ 1863, II
P Donaublick, Jochensteiner Str. 15, ☎ 408, I-II
P Rauscher, Kitzingweg 8, ☎ 713, II
P Zur Brücke, Bachstr. 13, ☎ 1379, I-II
P Jell, Siedlungsstr. 10, ☎ 1319, I
P Desing, Bachstr. 5, ☎ 1800, I
Erlau:
Gh Edlhof, Edlhofstr. 10, ☎ 466, II
H Zur Post, Hauptstr. 22, ☎ 510, II

KASTEN

Vorwahl: 07714
ℹ Tourismusverband Vichtenstein, ☎ 8055-0
Gh Pilsl-Wurmdobler, Kasten 19, ☎ 6502, III
Gh Klaffenböck, Kasten 15, ☎ 6505, I-II teilw.
P Donautal, Kasten 22, ☎ 6310-0, II
Bh Schusterbauer, Kasten 3, ☎ 6549, I
Bh Reierbauer, Kasten 8, ☎ 6531, I
Bh Petern, Kasten 13, ☎ 6529, I
Bh Sommer, Kasten 14, ☎ 6528, I

⛺ Campingplatz, an der Donau, ☎ 8055, ganzjährig

JOCHENSTEIN (D)

Vorwahl: 08591
ℹ Tourist-Information Gottsdorf, ☎ 08593/1066
Gh Kornexl, Am Jochenstein 10, ☎ 1802, I-II
Gh Fesl, Kohlbachmühle 1 (3,5 km vor dem Ort), ☎ 320, II-III
⛺ Camping Kohlbachmühle, ☎ 320

ENGELHARTSZELL

Vorwahl: 07717
ℹ Tourismusverband, ☎ 8245 (Sparkasse)
H „Zum Goldenen Schiff", ☎ 8009, III-IV
Jausenstation „Zum Jochenstein", Maierhof 17, ☎ 8123, I
Gh Mühlböck, Engelhartszell 35, ☎ 8013, I-II
P Hufschmiede, Engelhartszell 11, ☎ 8059, II-III
Fischhof Bankhammer, Engelhartszell 45, ☎ 8051, I-II
P Donaublick-Aichinger, Engelhartszell 122, ☎ 8172, I
Pz Reiter, Engelhartszell 76, ☎ 8131, I
Gh Ronthalerhof, Ronthal 2 (3,5 km südöstl. auf B 130), ☎ 8083, III-V
Jugend- und Radherberge, Engelhartszell 68, ☎ 8115, II
⛺ Freibad-Camping, ☎ 8132, vom 1. Apr. bis 15. Okt.

NIEDERRANNA

Vorwahl: 07285
ℹ Marktgemeindeamt Hofkirchen, ☎ 255
Pz Knogler, Nr. 31, ☎ 562, I-II
Gh Draxler, Nr. 3, ☎ 511, II-III
Pz Leitner, Nr. 46, ☎ 519, II
Pz Ecker, Nr. 60, ☎ 516, I
Pz Berger, Nr. 7, ☎ 512, I
Gh Ratzenböck, Freizell (3 km abwärts), ☎ 226, I
P Pumberger, Au 1 (ggb. Schlögen), ☎ 6317, II
⛺ Zeltplatz Ratzenböck, Freizell, ☎ 226
Marsbach:
H Falkner, Nr. 2, ☎ 223, IV
Gh Pühringer, Nr. 4, ☎ 293, II

NIEDERKAPPEL

Vorwahl: 07285
ℹ Gemeindeamt, ☎ 555
Bh Wögerbauer, Dorf 9, ☎ 312, I-II
Gh Bäderwirt, Nr. 32, ☎ 594, II
Gh „Zum Mühlviertler Dom", ☎ 507, I

Biobauernhof Ramesedt, Dorf 10, (Gratisabholung), ☎ 07286/6294, I-II

LEMBACH IM MÜHLKREIS

Vorwahl: 07286
ℹ Tourismusverband, ☎ 255-11
Gh Lembacherhof, Falkensteinstr. 4, ☎ 257, II
Gh Kislinger, Falkensteinerstr. 11, ☎ 251, II
Café Fierlinger, Falkensteinstr. 12, ☎ 325, II
Gh Bruckwirt, Graben 6 (in Kreuzung n. Altenfelden), ☎ 321, II-III
Bh Aiglstorfer, Graben 3 (Abholung), ☎ 7097, I

ALTENFELDEN

Vorwahl: 07282
ℹ Marktgemeinde, ☎ 5590
H Reiterhof Kleebauer, Mairhof 4/5 (1 km westl.), ☎ 5588
Gh Sigl, Marktpl. 4, ☎ 5516, II
Gh Zeller, Marktpl. 2, ☎ 5514, II
P Falkner, Böhmerwaldstr. 11, ☎ 6511, I
Pz Leibetseder, Veldenstr. 33, ☎ 5558, I

WESENUFER

Vorwahl: 07718
ℹ Tourismusverband Waldkirchen, ☎ 208
Gh Schütz, Wesenufer 17, ☎ 208, II
Pz „Donaubauer", Wesenufer 44, ☎ 206, I
Gh „Zum Schiffmeister", Wesenufer 19, ☎ 220, I-II
Pz Öttl, Wesenufer 10, ☎ 223, I
Pz Huber, Wesenufer-Kager 6, ☎ 492, I
Bh Viehböck, Wesenufer 15, ☎ 213, I
Pz Staufer, Oberranna 3 (3 km vor Wesenufer), ☎ 07717/8006, II
⛺ Nibelungen-Camping, Wesenufer 73, ☎ 589, vom 1. Apr. bis 30. Sept.
⛺ Gh Ratzenböck, Freizell 2, ☎ 226

HAIBACH-SCHLÖGEN

Vorwahl: 07279
ℹ Tourismusverband Haibach-Schlögen, ☎ 8235
Gh Pointner, Haibach 4 (mit Abholung), ☎ 8226, III
H Donauschlinge, ☎ 8212 od. 8240, III-IV
P Donauschlinge, Fam. Gugler, ☎ 8241, III
P Knogler, Moos 2 (3,5 km südöstlich, Abholung), ☎ 8522, II
Bh Niedernhager, Sieberstal 4 (Abholung), ☎ 8340, I-II
Bh Wolfartner, Linetshub 3 (Abholung), ☎ 8359, I-II

Bh Pechersdorfer, Dorf 3 (Abholung), ☎ 8204, I ✗
c Terrassencamping Donauschlinge, ☎ 8241, vom 1. Apr. bis 15. Okt.

Haibach:

Bh Schönhuber, Haibach 61 (Abholung), ☎ 8237, I ✗

Bh Lindner, Haibach 17 (Abholung), ☎ 8327, I ✗

OBERMÜHL

Vorwahl: 07282

Gemeinde Kirchberg o.d. Donau, ☎ 4055

Gh Aumüller, Obermühl 13, ☎ 07286/7126, II

Gh Gierlinger, Grafenau 17 (4,5 km vor Obermühl am li. Ufer), 266613, II

Bh Bumberger, Grafenau 3, ☎ 7633, II

Campingplatz; Erlau (5 km donauabwärts)

Untermühl:

Kaiserhof, Kaiserau 1, (ggb. Untermühl), ☎ 221

INZELL

Vorwahl: 07279

P Reisinger E., Inzell 9, ☎ 8581, I-II

P Reisinger G., Inzell 2, ☎ 8715, I-II

P Pointner, Inzell 10, ☎ 8297, I-II

Camping Steindl, Inzell 6, ☎ 8328

ASCHACH A.D. DONAU

Vorwahl: 07273

Zimmervermittlung, ☎ 7000 o. 6355-12

Gh "Zur Sonne", Kurzwernhartpl. 5, ☎ 6308, III

Gh Zum Goldenen Hirschen, Reitinger Str. 13, ☎ 6247, II

Gh Zum Bräuhaus, Abelstr. 23, ☎ 6225, I-II ✗

Gh Augustinerhof, Ritzbergerstr. 7, ☎ 6440, III

Gh Kaiserhof, Kaiserau 1, (6 km vor Aschach), ☎ 6221, II-III

P Köpplmayr, Stiftstr. 1, ☎ 6349, II

Pz Haus Lesczak, Sierner Str. 48, ☎ 8053, I

Pz Rammelmüller, Siernerstr. 72, ☎ 8982

Camping Kaiserhof, Kaiserau (6 km vor Aschach), ☎ 6221

OBERLANDSHAAG

Vorwahl: 07273

Gh Peterseil "Fischerhof", Nr.10, ☎ 07233/7412, II

H Faust-Schlößl, Nr. 2, ☎ 07233/7402, III

Pz Leirich, Nr. 58, ☎ 07233/7480, I

Pz Pichler, Unterlandshaag 13, ☎ 07233/7466, I ✗

Ehrengruber, Nr. 102, ☎ 7506, I

Hartkirchen:

Gh Stadler, Kirchenpl 12, ☎ 6367

Bh Gruber, Vornholz 7, ☎ 6651, I ✗

FELDKIRCHEN

Vorwahl: 07233

Tourismusverband, 7255-22

Gh Wögerer, Nr. 16, ☎ 7223, II

Pz Rothbauer, Nr. 54, ☎ 6733, I-II ✗

Pz Luger, Nr.24, ☎ 6486, I ✗

Gh Schloß Mühldorf, Mühldorf 1, ☎ 7241, II-III

Gh Danninger, Pesenbach 24, ☎ 7273, II

Gh Peter´s Stub´n, Freudentstein 66, ☎ 6055, II

Pz Leitner, Weidet 16, ☎ 7516, II

Zeltplatz Josef Gruber, (bei den Badeseen), ☎ 7268

Goldwörth:

Pz Karg, Bachstr. 5, ☎ 07234/2892, I-II ✗

Pz Satzinger, Donaustr. 2, ☎ 07234/2801, I-II ✗

Pz Übermasser, Goldwörther Str. 14, ☎ 07234/29172, I-II ✗

BRANDSTATT

Vorwahl: 07272

Gh Dieplinger, Brandstatt 4+2, ☎ 2324, III

Gh Klingelmayer, Pupping 14, ☎ 2427, II

Fischrest. Dannerbauer, Brandstatt 5, ☎ 2471

EFERDING

Vorwahl: 07272

Tourismusverband, ☎ 2331

Gh Kepler-Stuben, Stadtpl. 35, ☎ 2462

Gh Zum Goldenen Kreuz, Schmiedstr. 29, ☎ 4247-48, III

P Brunnmeier, Stadtplatz 35, ☎ 2462, IV

"Zum Stadtkrug", Stadtplatz 28, ☎ 2252, III

OTTENSHEIM

Vorwahl: 07234

Marktgemeindeamt, ☎ 2255-0

H Donauhof, An der Fähre, ☎ 3818, III

Gh Rodlhof, Rodl 41, ☎ 3790, II, Campingmögl.

Gh Schwarzer Adler, Marktpl. 19, ☎ 2224, III

Gh Zur Post, Linzer Str. 17, ☎ 2228, II

Pz Pumberger, Hanriedstr. 14, ☎ 2352, II

Pz Hemmelmayr, Sternstr. 9, ☎ 30442, II

Pz Pumberger, Jörgerstr.7, ☎ 21254, II

Pz Brem, Jörgerstr. 6, ☎ 4673

Pz Schwarz, Hagenau 16 (3 km westl), ☎ 29153, I-II

Gh Bergmayr, Walding Nr. 9, ☎ 2308, III

Gh Rdlhof, Rodl 41, ☎ 3790

Campingplatz Grünberger, Höflein 20 (1,5 km westl.), ☎ 2418

WILHERING

Vorwahl: 07226

Gemeindeamt, ☎ 2255

Gh "Zur Alm", Linzer Str. 32, ☎ 2212, III

"Zur Post", Höfer Str. 5, ☎ 2214

PUCHENAU

Vorwahl: 0732

"Zur Hammerschmiede", ☎ 22 10 46, II

Kepplinger, Großamberstr. 17, ☎ 22 17 59

Bamminger, Schloßholzweg 17, ☎ 22 16 86

Grubmüller, Kainzenbergstr. 10, ☎ 22 15 22

LINZ

Vorwahl: 0732

Tourist-Information, Hauptpl. 5, ☎ 2393-1777

City-H Schillerstr. 52, ☎ 652622, VI

H Landgraf Suites, Hauptstr. 12, ☎ 736441-0, VI

H Drei Mohren, Promenade 17, ☎ 772626, V

H Lokomotive, Weingartshofstr. 40 (Bahnhofsnähe), ☎ 654554/55, IV-V

H Nibelungenhof, Scharitzerstr. 7 (Bahnhofsnähe), ☎ 656047, V

H Wolfinger, Hauptplatz 19, ☎ 7732910, IV-V

H Kolping, Gesellenhausstr. 5, ☎ 661690-513, IV

H Goldener Adler, Hauptstr. 56, ☎ 731147, IV

Gh Donautal, Obere Donaulände 105 (vor Linz), ☎ 795566, III-IV

Gh Goldener Anker, Hofgasse 5, ☎ 771088, III

H Sommerhaus, Julius-Raab-Str. 10 (Katzbach), ☎ 2457-376, III

H Mühlviertlerhof, Graben 24, ☎ 772268, III

H Rimini, Turmstr. 3, ☎ 330559, III

Gh Rothmayr, St. Margarethen 17 (vor Linz), ☎

774849, III
Gh Wilder Mann, Goethestr. 14 (Bahnhofsnähe), ☎ 656078, III
P Goldener Hirsch, Hirschg. 9, ☎ 779835, II-III
Gh Goldenes Dachl, Hafnerstr. 27, ☎ 675480, II-III
Jugendherberge, Kapuzinerstr. 14, ☎ 782720
Jugendgästehaus, Stanglhofweg 3, ☎ 664434
Landesjugendherberge, Blütenstr. 23, ☎ 237078
Campingplatz Pichlinger See, Wiener Str. 937, ☎ 305314
Campingplatz Pleschinger See, ☎ 247870

STEYREGG

Vorwahl: 0732
Stadtgemeindeamt, ☎ 640155
H. Weissenwolff, Weissenwolffstr.4, ☎ 640039-0, IV
Gh „Zum Bahnhof", Windeggerstr.1, ☎ 640074, III
Windegg (1 km vor Doppelbrücke):
Pz Osterkorn, Nr. 23, ☎ 64097
Pz Reisinger, Nr. 24, ☎ 6409242
Pz Käferböck, Nr. 25, ☎ 6402482

LUFTENBERG-ABWINDEN

Vorwahl: 07237
Gh Mündl, Abwinden-Dorf 7, ☎ 2479, II
Mostschenke Reiter, Abwinden-Dorf 3, ☎ 2455, II
Pz Resanka, Abwinden-Dorf 227, ☎ 4530, II
Janusko, Steining, Fischerweg 9, ☎ 2689, I

ST. GEORGEN A. D. GUSEN

Vorwahl: 07237
Marktgemeinde, ☎ 2255-0
P Kogler, Linzer Str. 28, ☎ 2214
P Kram, Wimminger Str. 8, ☎ 3302
Pz Mühlböck, Trogstr. 30, ☎ 3196
Langenstein:
Rasthaus Langenstein-Ost, Hauptstr. 13, ☎ 5251, II
P Barth, Mühlbergstr. 25, ☎ 3593
Pz Bindreiter, Hauptstr. 42, ☎ 2212
Pz Primetzhofer, Hackstiegelweg 2, ☎ 4345

MAUTHAUSEN

Vorwahl: 07238
Fremdenverkehrsverband, ☎ 2243
Donauhof, Promenade 5, ☎ 2183, III
Gh Weindlhof, Kirchenberg 115, ☎ 2641, II
Mühlviertlerhof, Heindlkai 54, ☎ 2230, III
Lin & Yin, Heindlkai 58, ☎ 2180, III
Zur Traube, Heindlkai 60, ☎ 2023, III
Gh Lokomotive, Bahnhof, ☎ 2245, (Et.Du.), II
Gh Machlandblick, Oberzirking 4, ☎ 2516, II
Gh Maly, Heinrichsbrunn 4, ☎ 2249, (Et.Du.), II
Gh Gurhof, am Radweg in Albern (nach Mauthausen)

ASTEN

Vorwahl: 07224
Gh Reisinger, Zur Krone, Wiener Str. 6, ☎ 6122, II
Gh Stögmüller, Wiener Str. 13, ☎ 1976, II
Gh Födermayer, Wiener Str. 14, ☎ 6101, II
Astner Stubn, Bahnhofstr. 4, ☎ 6212

ST. FLORIAN

Vorwahl: 07224
Tourismusverband, ☎ 8955
Gh Zur Kanne, Marktpl. 7, ☎ 4288, III-IV
H Erzh. Franz Ferdinand, Marktpl. 13, ☎ 4254-0, IV
Gh Zur Grünen Traube, Tillysburg 14, ☎ 07223/3644, III
Pz Zum Goldenen Pflug, Speiserberg 3, ☎ 4226, II-III

ENNS

Vorwahl: 07223
Tourismusverband, Linzer Str. 1, ☎ 6240.
H Lauriacum, Wiener Str. 5-7, ☎ 2315, V
H Am Limes, Stadlg. 2b, ☎ 6401, III
Gh Zum Goldenen Schiff, Hauptpl. 23, ☎ 2327, IV-V
Gh Binder, Enghagen 17, ☎ 5203, I
Pz Leitner, Schulgraben 4, ☎ 2683 o. 2385, II
Pz Lehner, Waldstr. 3, ☎ 3613, I
Ennsdorf-Pyburg:
Gh Stöckler, Wiener Str. 5, ☎ 2600, II

AU A. D. DONAU

Vorwahl: 07262
Gh Jägerwirt, Oberer Markt 24, ☎ 8514, II
Gh Stadler, Marktstr. 19, ☎ 8591, I
Pz Froschauer, Marktstr. 28, ☎ 8509, I
Campinganlage, Hafenstr., ☎ 3090

NAARN

Vorwahl: 07262
Gemeindeamt, ☎ 8255
P Zur Traube, Pergerstr. 4, ☎ 8274, II
Landhaus-Café Hackner, Bäckerfeld 2, ☎ 89983, II
Pz Scheuwimmer, Straß 11, ☎ 8738, I

WALLSEE

Vorwahl: 07433
Gemeindeamt Wallsee-Sindelburg, ☎ 2216
Gh Neulinger, Marktpl. 11, ☎ 2238, II
Gh Grünling, Marktpl. 7, ☎ 2231, II
Gh Kirchenwirt, ☎ 2207, III
Gh Sengstbratl, Marktpl. 21, ☎ 2203, II
Gh Donau-Restaurant, Ufer 30, ☎ 2585, II
Gh Wallseerhof, Schulstr. 49, ☎ 2223, II
Pz Hickersberger, am Donau-Altarm Wallsee, ☎ 2550, II
Pz Weichinger, Wallsee 97, ☎ 2624, I
Pz Feirer, Wallsee 192, ☎ 2569, I-II
Pz Weber, Ufer 42, ☎ 2319, I
Bh Waser, Sommerau 20, ☎ 2452, I

MITTERKIRCHEN

Vorwahl: 07269
Marktgemeindeamt, ☎ 8255-0
P Freinhofer, Mitterkirchen 12, ☎ 8218, I
Pz. Moser, Mitterkirchen 27, ☎ 8311, II
Gh Stadlauer, Hörstorf 4 (1,5 km westl.), ☎ 8322, II
P Wallner, Hörstorf 49, ☎ 8362, I
P Pikous, Hörstorf 24, ☎ 8115, I
Zeltmöglichkeit beim Badesee Weisching
Hütting:
P Halbmayr, Nr. 5, ☎ 8382, I
P Hinterreiter, Nr. 33, ☎ 8314, I
P Buchinger, Nr. 16, ☎ 8393, I

METTENSDORF

Vorwahl: 07269
Gemeindeamt Baumgartenberg, ☎ 255-0
P Zur Untermühl, Mettensdorf 1, ☎ 281, I-II
Bh „Huber z'Mettensdorf", Mettensdorf 12, ☎ 275, I
Bh Lettner, Schneckenreitsberg 1 (vor Klam), ☎ 7195, I

Pz Holzmann, Mettensdorf 29, ☎ 6473, I ✗
Gh Kühberger, Eizendorf 5, ☎ 320, I
Baumgartenberg:
Gh Zum Klosterwirt, Nr. 8, ☎ 210
⛺ Radler-Camping Lettner, Mettensdorf 1, ☎ 281

KLAM

Vorwahl: 07269
ℹ Gemeindeamt, Nr. 43, ☎ 7255
Gh Kirchenwirt, Nr 1, ☎ 7206, II

ARDAGGER-MARKT

Vorwahl: 07479
ℹ Gemeindeamt, ☎ 312
Gh Zum Schatzkastl, Markt 120, ☎ 500, II
H Schiffsmeisterhaus, Markt 16, ☎ 6318, IV
Gh Zur Donaubrücke, Tiefenbach 49 (bei Brücke vor Grein), ☎ 6119, II
Pz Pressl, Markt 29, ☎ 445, I-II
Pz Kneissl, Markt 3, ☎ 6182, I
Pz Poustka, Markt 92, ☎ 62352, I
Stift Ardagger:
Gh Dorfwirt, Nr. 3, ☎ 6388, IV
Pz Brandstetter, Nr. 7, ☎ 393, I

GREIN A. D. DONAU

Vorwahl: 07268
ℹ Tourismusverband, ☎ 255.
Gh „Zur Traube", Greinburgstr. 6, ☎ 312, III
H Goldenes Kreuz, Stadtpl. 8, ☎ 316, III-IV
P Martha, Hauptstr. 12, ☎ 345, I-II
P Regina, Klosterg. 4, ☎ 275, II
P Tirol, Spitzfeldstr. 16, ☎ 256, I-II
Pz Hametner, Brucknerstr. 19, ☎ 386, I-II
Bh Haus Walch, Lettental 8, ☎ 7344, I-II ✗
Pz Lumesberger, Groißgraben 13, ☎ 7256, II
Bh Wurzergut, Herdmann 10 (Abholung), ☎ II
P Kloibhofer, Brucknerstr. 1, ☎ 378, I-II
Pz Schlossgangl, Groißgraben 3, ☎ 7308, I-II
P Binderalm, Herdmann 4 (Abholung), ☎ 434, III
Pz Pauckner, Groißgraben 1, ☎ 7550, II
P Faltinger, Kaiser-Fried.-Str. 1, ☎ 374, I
Pz Eder, Jubiläumsstr. 38, ☎ 410, I-II ✗
Pz Temper, Jubiläumsstr. 36, ☎ 209, I-II ✗
Pz Oberzaucher, Fadingerstr. 11, ☎ 495, I
Pz Windhaager, Fadingerstr. 19, ☎ 6641, II
Pz Prinz, Brucknerstr. 11, ☎ 71134, II
⛺ Campingplatz beim Hafen, ☎ 255, geöffnet 1. Mai bis 31. Okt.

ST. NIKOLA

Vorwahl: 07268
ℹ Gemeindeamt, ☎ 8155
H Zur Post, Nr. 31, ☎ 8140-0, III
Bh Wörthbauer, Struden 26, ☎ 8025, I
P Strudengauhof, Sarmingstein 13, ☎ 8302, II

HÖSSGANG-FREYENSTEIN

Vorwahl: 07471
Gh „Am Hößgang", Nr. 18, ☎ 2522, II-III
Gh „Zur Ruine Freyenstein", Nr. 8, ☎ 2272, II

WEINS-ISPERDORF

Vorwahl: 07414
Gh Donaublick, Isperdorf 3, ☎ 228
Gh „Zur Bahn", Weins 36, ☎ 203, III

YBBS A. D. DONAU

Vorwahl: 07412
ℹ Touristinformation, ☎ 55233
Gh Lindenhof, Stauwerkstr. 45, ☎ 53003, III
H Babenbergerhof, Wiener Str. 10, ☎ 54334, III
Hg Villa Vogelsang, Am Vogelsang, ☎ 54681, III-IV
Gh „Florianistubn", Sarling 10a, ☎ 56220, II
Gh Lindenhof, Stauwerkstr. 45, ☎ 53003, II-III
Gh „Zum Braunen Hirschen", Rathausg. 9, ☎ 52245, II-III
Gh „Zur Stadt Linz", Stauwerkstr. 29, ☎ 52445, I-II
Gh „Zum Goldenen Adler", Kircheng. 15, ☎ 52232, II ✗
Bh Glöcklhof, Bergingstr. 10, ☎ 8530, II
„Zur Blauen Weintraube", Herreng. 8, ☎ 2498, III
P Köck, Ortsteil Sarling, Unterhaus 36, ☎ 54374, I
⛺ Camping-Gasthaus Zur Alm, Oberegging 32 (4 km südöstlich), ☎ 52213-0
Säusenstein:
Bh Hell, Diedersdorf 3, ☎ 38372, I-II
Bh Zehetgruber, Diedersdorf 6, ☎ 55836, I ✗
P Daxbacher, Nr. 42, ☎ 55877, I-II

PERSENBEUG

Vorwahl: 07412
ℹ Marktgemeindeamt, ☎ 52206
Gh Zum Kirchenwirt, Donaustr. 31, ☎ 52772, II
Gh Zum Weißen Lamm, ☎ 58930, III
P Porranzl, Harland 263, ☎ 55484
Pz Leeb, Hagsdorf 19, ☎ 54718, I
Gottsdorf-Metzling:
Pz Donaublick, Wachaustr. 91, ☎ 52254, II
Gh Zum Goldenen Groschen, Wachaustr.57, ☎ 52443, I
Donaurast Nakovich, Wachaustr. 28, ☎ 52438, III-IV
Pz. Köfinger, Loja, Wachaustr. 101, ☎ 54212, I ✗
Pz Köck, Donaustr. 34, ☎ 3153, I ✗
Bh Köck, Donaustr. 25, ☎ 36182, I
Pz Pressl, Donaustr. 38, ☎ 2175, I ✗

MARBACH

Vorwahl: 07413
ℹ Fremdenverkehrsstelle, ☎ 311
H Nibelungenhof, Donau 10-11, ☎ 227, III
Gh Zur schönen Wienerin, Nr. 48, ☎ 359, III
Gh Zum Goldenen Stern, Nr. 63, ☎ 252, II ✗
Konditorei Braun, Wachaustr. 49, ☎ 203, II
Pz Hofmann, Donauuferstr. 44, ☎ 354, II
⛺ Camping Marbach, ☎ 466 oder 359

KRUMMNUSSBAUM A. D. DONAUUFERBAHN

Vorwahl: 07413
Gh Wachauerhof, Nr. 43, ☎ 335, IV-V
Gh Zum Alten Richter, Nr. 6, ☎ 355, II
Gh Zum Guten Kameraden, Nr. 14, ☎ 362, II
Pz Zeilinger, Nr. 126, ☎ 6187, II

MARIA TAFERL

Vorwahl: 07413
ℹ Marktgemeinde, ☎ 302
H Krone, Nr. 24, ☎ 6355, V (Abholung)
H Kaiserhof, ☎ 6355, V (Abholung)
H Rose, Nr. 20, ☎ 304, IV (Abholung)
P Rose, Marien-Hof, ☎ 304/410, III-IV (Abholung)
H Zum Guten Hirten, Nr. 23, ☎ 377, III (Abholung)
P Krone Kaiserhof, ☎ 6355, III (Abholung)
P Traube, Nr. 23, ☎ 377, III (Abholung)

Gh Goldener Löwe, Hauptstr. 6, ☎ 340, II (Abholung)
Gh Dobler, Nr. 10, ☎ 221, II-III (Abholung)
P Regina, Nr. 42, ☎ 266, II (Abholung)
Café Maria Theresia, Nr. 9, ☎ 223, II (Abholung)
P Schüller, Nr. 5, ☎ 303, II (Abholung)
Thalheim:
Gh Schindler, Oberthalheim 7, ☎ 323, I-II
Pz Reisinger, Unterthalheim 34, ☎ 66544, I
Gh Blumentalhof, Ziegelstadl 3, ☎ 8289, I-II

ARTSTETTEN

Vorwahl: 07413
Gemeindeamt, Artstetten 8, ☎ 8235.
H Schloßgasthof, Nr. 12, ☎ 8303, III

LEIBEN

Vorwahl: 02752
Marktgemeinde, ☎ 71287.
Gh Traube, Leiben 7, ☎ 71252, II

KRUMMNUSSBAUM

Vorwahl: 02757
Gemeindeamt, ☎ 2403
Gh Kirchenwirt, Haupstr. 36, ☎ 2331, I
P Jürgen, Bahnhofstr. 5, ☎ 7304, III
P Lechner, Hauptstr. 51, ☎ 7793, I

KLEINPÖCHLARN

Vorwahl: 07413
GhZum Dorfwirt, Marktpl. 2, ☎ 8420, II
Gh Schauer-Lahmer, Kremser Str. 6, ☎ 8224, II
Gh Zur Fähre, Zur Fähre 6, ☎ 8361, II

PÖCHLARN

Vorwahl: 02757
Fremdenverkehrsstelle, ☎ 2300-30
H Moser, Bahnhofpl. 3, ☎ 2448,III-IV
Gh Futtertrögl, Kirchenpl. 2, ☎ 2395, III
Gh Scheichelbauer, Wiener Str. 15, ☎ 2367, II
P „Haus Barbara", Wiener Str. 4, ☎ 2321, II
Gh „Haus Christine", Sägeweg 5, ☎ 8490, II
P Kronawetter, Bahnstraße 13, ☎ 71403, I
P Schmoll, Rüdigerstr. 28, ☎ 8490, II
P Waldbauer, Wiener Str. 36, ☎ 8553, II (nur Juli/August)
Zelt oder im Rudervereinshaus
Naturfreunde Bootshaus, max. 10 Pers., Zelt und Notlager(Du, WC)

EBERSDORF

Vorwahl: 02752
Gh Düregger, Ebersdorf 4, ☎ 71415, III
Gh Donaublick, Lehen 8, ☎ 71225, II
Weitenegg:
Gh Gruber,Weitenegg 10, ☎ 71445, II-III

MELK

Vorwahl: 02752
Touristen-Information, ☎ 2307-32.
Gh „Zur Post", Linzerstr. 1, ☎ 2345, IV-V
H Stadt Melk, Hauptpl. 1, ☎ 2547, IV-V
H Goldener Ochs, Nibelungenlände 7, ☎ 2367, IV
H Fürst, Rathauspl. 3, ☎ 2343, III
Café Central, Hauptpl. 10, ☎ 2278, II
Gh Goldener Stern, Sterng. 17, ☎ 2214, II
Wachauerhof, Wiener Str. 30, ☎ 2235, III
Gh Goldener Hirsch, Rathauspl. 13, ☎ 2257, II
P Horak, Wiener Str. 82, ☎ 2111, II
Gh Weißes Lamm, Linzer Str. 7, ☎ 2969, II
Pz Madar, Hauptpl. 10, ☎ 2278, II
Jugendherberge, Abt-Karl-Str. 42, ☎ 2681, von 1. Apr. bis 17. Okt.
Melker Fährhaus, ☎ 3291, öS 65,-
Camping Kolomaniau

EMMERSDORF

Vorwahl: 02752
Gemeindeamt, ☎ 71469.
H Donauhof, Nr. 40, ☎ 71777-0, V
Gh Zum Schwarzen Bären, Nr. 7, ☎ 71249, V-VI
Gh Zu den drei Linden, Schallemmersdorf 10, ☎ 71893, II-III
P Fleischmann, Nr. 92, ☎ 71972, II
P Hollerer, Nr. 86, ☎ 71608, II
P Kremser, Hofamt 29, ☎ 71878, II
Pz Lindenhofer, Hofamt 22, ☎ 71482, II
Bh Schwalbenhof, Grimsing 7, ☎ 210514, I-II
Bh Pemmer, Hofamt 24, ☎ 71291, II
P Sundl, Nr. 100, ☎ 71419, I-II
P Staffenberger, Hofamt 36, ☎ 71401, I
St. Georgen:
Gh Melkerblick, Luberegg 20, ☎ 71471-0, IV
P Brunner, Hain 28, ☎ 71767, II
Gh Donaufelsen, Nr. 7, ☎ 71431, II
Pz. A. Wintersperger, Nr. 4, ☎ 7726, I
Donaucamping, ☎ 71707, 71469

SCHÖNBÜHEL

Vorwahl: 02752
Gemeindeamt, ☎ 8619.
Gh "Zum Wachauertor", Nr. 2, ☎ 8460, II-III
Gh Stumpfer, Nr. 7, ☎ 8510, II
Pz Miedler, Nr. 81, ☎ 8421, I
Pz Plescher, Nr. 123, ☎ 8556, I
Pz Schreck, Nr. 120, ☎ 8580, II
Camping Stumpfer, Nr. 7, ☎ 8510

AGGSBACH-DORF

Vorwahl: 02753
Gemeindeamt, ☎ 8269.
H Donauterrasse, Nr. 19, ☎ 8221, III
Gh Lechner, Nr. 38, ☎ 8243, II-III
Gh Domino, Nr. 129, ☎ 8353, III
P Haidn, Nr. 100, ☎ 8277, II
Pz Reisinger, Nr. 20, ☎ 8372, II
Aggstein:
Bh Kienesberger, Nr. 8, ☎ 83212, II
Pz Lechner, Nr. 17, ☎ 83035, II
P Ringseis, Nr. 21, ☎ 83204, II

AGGSBACH-MARKT

Vorwahl: 02712
Gemeindeamt, ☎ 214.
Gh "Zum Kranz", Nr. 37, ☎ 210, II
P Angela, Nr.90, ☎ 541, I
P Franziska, Nr. 132, ☎ 371, I
P Donaublick, Nr. 139, ☎ 225, I-II
P Imme, Nr. 136, ☎ 548, I
P Mariandl, Nr. 128, ☎ 716, I-II
P Waldesruhe, Nr.118, ☎ 204, II
P Anna, Nr. 24, ☎ 253, I-II
P Philomena, Nr. 36, ☎ 249, I

WILLENDORF

Vorwahl: 02712
P Steinbrunner, Nr. 36, ☎ 290, II

P Maisser, Nr. 44, ☎ 367, I-II
Pz Weingut, Groisbach 30, ☎ 551, I-II
P Wilhelm, Groisbach 20, ☎ 557, I

SPITZ

Vorwahl: 02713
i Zimmernachweis, ☎ 2363
H Mariandl, Kremser Str. 2, ☎ 2311, II-III
H Wachauerhof, Hauptstr. 15, ☎ 2303, IV
H „Neue Welt", Ottenschläger Str. 30, ☎ 2254, III
H Goldenes Schiff, Mitterg. 5, ☎ 2326, III
Gh Cihal-Özelt, Kirchenpl. 3, ☎ 2302, II
Gh Prankl, Hinterhaus 16, ☎ 2323, II-III
Gh „Zwei Linden - Donauschlösserl", Donaulände 3, ☎ 2278, III
Hg Haus Burkhardt, Kremser Str. 19, ☎ 2356, III
Hg Ulrike, Rote Torg. 15, ☎ 2654, III-IV
Hg Weinberghof, Am Hinterweg 17, ☎ 2939, IV
P Donaublick, Schopperpl. 3, ☎ 2552, II
P „Haus Oestreicher", Hauptstr. 26, ☎ 2317, II
P 1000-Eimer-Berg, Marktstr. 3, ☎ 2334, III
Pz Gritsch, Kirchensteig 1, ☎ 2743, II
Pz Geppner, In der Spitz 1b, ☎ 2340, II
Pz Kausel, Am Hinterweg 10, ☎ 2514, I
P Leberzipf, Heidg. 2, ☎ 2553, I-II
Pz Donabaum Elfriede, In der Spitz 3, ☎ 2644, I-II

MÜHLDORF

Vorwahl: 02713
i Gemeindeamt, ☎ 8230
H Burg Ranna, Oberranna 1, ☎ 8221, V-VI
Gh Schwarzer Adler, Nr. 15, ☎ 8203, II
Gh Weißes Rößl, Nr. 8, ☎ 8257, II-III
Gh Munk, Elsarn 12, ☎ 8206, I-II
Pz Rixinger, Gut am Steg 8, ☎ 2304, II
Gh Zum Jauerling, Nr. 39, ☎ 8292, II
Pz Gritsch, Nr. 21, ☎ 8478, I

ARNSDORF

Vorwahl: 02714
Gh Zur Wachau, Mitterarnsdorf 55, ☎ 8217, II-III
Pz Fuchsbauer, Hofarnsdorf 20, ☎ 8358, I-II
Pz Fürstner, Oberarnsdorf 6, ☎ 8221, I
Pz Hick, Oberarnsdorf 58, ☎ 8214, II
P Hubmaier, Hofarnsdorf 26, ☎ 8367, II
P Pammer, Bacharnsdorf 18, ☎ 8438, I-II

WEISSENKIRCHEN

Vorwahl: 02715
i Zimmernachweis, ☎ 2600
Gh Donauwirt, Wachaustr. 47, ☎ 2247, IV
„Zum Kirchenwirt", Kremser Str. 17, ☎ 2332, IV-V
P Raffelsbergerhof, Nr. 54, ☎ 2201, IV-V
P Donauhof, Nr. 298, ☎ 2353, IV
P Heller, Nr. 14, ☎ 2221, II
P Salomon, Nr. 5, ☎ 2225, II
P Schmelz, Nr. 151, ☎ 2272, II
P Bernhard, Nr. 158, ☎ 21133, II
Pz Denk, Bachstr. 74, ☎ 2365, III
P Melitta, Kremser Str. 9, ☎ 2410, III
Pz Lehensteiner, Nr. 7, ☎ 2284, II-III
Pz Mang, Nr. 40, ☎ 2297, II
P Meyer, Nr. 20, ☎ 2256, III

WÖSENDORF

Vorwahl: 02716
P Gruber, Nr. 50, ☎ 21634, II
Pz Lengsteiner, Nr. 53, ☎ 2224, II-III
Pz Ebner, Joching 23, ☎ 2379, II

ROSSATZ

Vorwahl: 02714
i Gemeindeamt, ☎ 217
H Römerhof, Rossatzbach 3, ☎ 216, III
Gh Subenhof, Nr. 16, ☎ 252, II
P Annemarie, Nr. 164, ☎ 261, II
Pz Graf, Rührsdorf 35, ☎ 4343, I
P Steinmetz, Nr. 53, ☎ 307, II
Pz Träxler, Nr. 127, ☎ 367, I
▲ Rossatzbach, ☎ 317

DÜRNSTEIN

Vorwahl: 02711
i Zimmervermittlung, ☎ 219
H Richard Löwenherz, Nr. 8, ☎ 222, VI
Gartenhotel Dürnstein, Nr. 122, ☎ 206, IV-V
H Weinhof, Nr. 127, ☎ 272, IV-V
Gh Sänger Blondel, Nr. 64, ☎ 253, IV-V
P Böhmer, Nr. 22, ☎ 239, II
P Altes Rathaus, Nr. 26, ☎ 252, II-III
Pz Pritz, Nr. 111, ☎ 302, II
Pz Weixelbaum, Nr. 52, ☎ 422, II

Oberloiben:
P Stockinger, Nr. 40, ☎ 384, III
Pz Amon, Nr. 12, ☎ 81781, II
Pz Doppler, Nr. 47, ☎ 73711, II
P Scheibenpflug, Nr. 20, ☎ 42433, I
P Elfriede, Nr. 50, ☎ 73429, I-II

Unterloiben:
Pz Edlinger, Nr. 6, ☎ 70600, I
Pz Schmelz, Nr. 87, ☎ 78159, II-III
Pz Agis, Nr. 42, ☎ 59124,

STEIN A. D. DONAU

Vorwahl: 02732
i Tourismusbüro Krems-Stein, ☎ 82676
Gourmet-Hotel „Am Förthof", Förthofer Donaulände 8, ☎ 83345, IV-V
P Einzinger, Steiner Landstr. 82, ☎ 82316, II-III
P Rameis, Steiner Landstr. 16, ☎ 85169, II-III
Pz Stasny, Steiner Landstr. 22, ☎ 82843, II
Pz Fiala, Reisperbachtalstr. 24, ☎ 77581, I
Pz Petz, Förthofstr. 7, ☎ 81466, I-II

KREMS

Vorwahl: 02732
i Tourismusbüro, Undstr. 6, ☎ 82676
Donauhotel Krems, E.-Hofbauer-Str. 19, ☎ 87565-0, V
H Alte Post, Ob. Landstr. 32, ☎ 82276, III
Gh-Weinkellerei Jell, Hoher Markt 8-9, ☎ 82345, III
Gh „Unter den Linden", Schillerstr. 5, ☎ 82115, II-III
Gh Zur Wiener Brücke, Wiener Str. 2, ☎ 82143, III
Gh „Zum goldenen Engel", Wiener Str. 41, ☎ 82067, III
P „Schwarzes Rößl", Langenloiser Str. 7, ☎ 82192, III-IV
Gh Kaiser, Landersdorfer Str. 34, ☎ 83265, II-III
Kolping-Gästehaus, Ringstr. 46, ☎ 83541, III
Pz Andre, Ob. Landstr. 24, ☎ 78900, II
Gh „Kremsleithenhof", Kraxenweg 15, ☎ 85671, II
P Hietzgern, Unt. Landstraße 53, ☎ 76184, II
Pz. Pauser, Kaiser-Friedrich-Str. 12, ☎ 82668, I-II
ÖJHV, Ringstr. 77, ☎ 83452, 1. Apr. bis 30. Sept.
▲ Campingplatz, Parz. 1489-13, ☎ 84455

MAUTERN

Vorwahl: 02732
🅘 Gemeindeamt, ☎ 83151
Landhaus Bacher, Südtiroler Pl. 2, ☎ 82937, VI
H Zum Grünen Baum, Rathauspl. 2, ☎ 82909-0, III
Gh Siedler, Mauternbach 2, ☎ 82859, II
Gh Dietz, Südtiroler Pl. 3, ☎ 82919, III
Winzerhof Eder, Hundsheim 7, ☎ 74949, II
Pz Schweigl, Hundsheim 20, ☎ 57614, I

FURTH BEI GÖTTWEIG

Vorwahl: 02732
🅘 Gemeindeamt, ☎ 84622
Gh Zur Goldenen Krone, Unt. Landstr. 1, ☎ 84666, III
Pz Göbl, Villenweg 184, ☎ 81581, I-II
P Lipp, Unt. Landstr. 373, II

HOLLENBURG

Vorwahl: 02739
P Fidelsberger, Hollenburg 51, ☎ 2241, II
Angern:
P „Rethallerhof", Angern 5, ☎ 2232, II
„Weinhof" Aufreiter, Angern 7, ☎ 2205, IV-V

TRAISMAUER

Vorwahl: 02783
🅘 Informationsstelle, ☎ 8555
Gh Zur Weintraube, Wiener Str. 23, ☎ 349, III-IV
Gh Zum Schwan, Wiener Str. 12, ☎ 236-0, III-IV
Gh Venusberg, Venusberger Str. 65, ☎ 357, III
Gh Arkadenhof, Oberdorfer Str. 47, ☎ 566, II
Pz Raderer, Kremser Str. 82, ☎ 8903, II
Pz Stiegler, E-Werk-G. 23, ☎ 82692, I
Pz. Kaiblinger, Kriemhildstr. 6, ☎ 391, II
Gemeinlebarn:
Gh Zum Jägerwirt, Tullner Str. 24, ☎ 02276/566, II
Pz Schmidt, Ortsstr. 13, ☎ 02276/2388, II
⛺ Campingplatz Koller, Donaustr. 56, ☎ 7130, ÖZ: Ende März bis Anf. Okt.
⛺ Camping Marina, Am Hafen 13, ☎ 434, ÖZ: Juni-Sept.

SITZENBERG-REIDLING

Vorwahl: 02276
🅘 Gemeindeamt, ☎ 2241
Gh Schmid, ☎ 2274, II
Pz Marschik, Schloßbergstr. 20, ☎ 63893, II
Pz Klingenbrunner, Kremser Str. 51, ☎ 2385, I-II 🚲

ATZENBRUGG

Vorwahl: 02275
🅘 Gemeindeamt, ☎ 234
Gh Müllner, Moosbierbaum, J.-Haselmann-Str. 57, ☎ 281, I 🚲
H Messerer, Michelndorf 22, ☎ 278, III
H Hütt, Mitterndorf 12, ☎ 254, IV
Gh Schreiblehner, Atzelsdorf 30, ☎ 6812, II

LANGENROHR

Vorwahl: 02272
P Haus Silvia, Steinparzg. 5, ☎ 7401, I-II 🚲

ALTENWÖRTH

Vorwahl: 02279
Strandcafé, Donaustr. 4, ☎ 2562, III
Gh Werner, Schwemmg. 3, ☎ 2564

ZWENTENDORF

Vorwahl: 02277
🅘 Gemeindeamt, ☎ 2209
P Langsteiner, Hauptstr. 12, ☎ 2221, II
P Keiblinger, Ing.-A.-Kargl-Str. 7, ☎ 2271, I 🚲
Pz Bunzengruber, Gartenweg 3, ☎ 26114, I 🚲
Pischelsdorf:
Gh Hinterwallner, ☎ 2484, II
Pz Marschall, Nr. 16, ☎ 2480, II
P Bauer, Langenschönbichl, Hauptstr. 23, ☎ 02272/7261, II
⛺ Campingplatz, Pappelallee 1, ☎ 2444

TULLN

Vorwahl: 02272
🅘 Stadtamt, ☎ 4285-0
H Roßmühle, Hauptpl. 12-13, ☎ 2411-0, III-V
H Römerhof, Langenlebarner Str. 66, ☎ 2954, III
Gh Beim Salzturm, Donaulände 34, ☎ 2658, III
P Zum Springbrunnen, Hauptpl.14a, ☎ 3115, III
P Renate, Langenlebarner Str. 92, ☎ 5077, III
P Elisabeth, Nußalle 5, ☎ 4227, II
P Keindl, Wilhelmstr. 16, ☎ 2422, II
P Albrechtsstuben, Albrechtsg. 24, ☎ 2434, II
Pz Schwanzer, J.-Reither-Str. 14, ☎ 2950, III
🏠 Alpenvereinsherberge, Donaulände, ☎ 2692
⛺ Donaupark Camping, Hafenstraße, ☎ 5200

LANGENLEBARN

Vorwahl: 02272
Gh „Zum Roten Wolf", Bahnstr. 58, ☎ 2567, III
Gh Buchinger, Wiener Str. 5, ☎ 2527, III
Gh Zum Grünen Baum, Wiener Str. 43, ☎ 2505, II
Pz Elfriede, Menschigag. 1, ☎ 5413, II
Pz Ungrad, Bahnstr. 6, ☎ 3566, II 🚲
Gh „Wolf in der Au", Muckendorf, Tullner Str. 1, ☎ 02242/70223, III

GREIFENSTEIN

Vorwahl: 02242
🅘 Gemeindeamt, ☎ 2231
H Zum Braunen Bären, Hauptstr. 10, ☎ 32340, III
P Zur Frommen Helene, Hauptstr. 15, ☎ 32810, III
H Bauer, Stockerauer Str. 31, ☎ 2322, IV
Gh Schneider, Hauptpl. 5, ☎ 2331, III-IV
Pz Sappert, Hadersfelder Str. 3, ☎ 32828, II 🚲
Höflein a. d. Donau:
Gh Zum Roten Hahn, Hauptstr. 117, ☎ 02243/80180, IV

STOCKERAU

Vorwahl: 02266
🅘 Stadtgemeinde, ☎ 695
Hg City-Hotel, Hauptstr. 49, ☎ 62930, III-V
H Kolpinghaus, Adolf-Kolping-Str. 1, ☎ 62600, III
Gh Drei-Königshof, Hauptstr. 29, ☎ 62788-1
P Pummer, Adolf.-Kolping-Str. 8, ☎ 62477, I-II 🚲
P Neumayr, Hanuschg. 4, ☎ 62708

KORNEUBURG

Vorwahl: 02262
🅘 Tourismusbüro, ☎ 2576-229
H Jagdhaus, Stockerauer Str. 31a, ☎ 2322-87, III-IV
H Zur Sonne, Laaer Str. 12, ☎ 2198, II-III
Gh Zur Kaiserkrone, Hauptpl. 5, ☎ 2331, II-III

KLOSTERNEUBURG

Vorwahl: 02243

ℹ Tourismusverein, ☎ (3)2038
H Schrannenhof, Niedermarkt 17-19, ☎ 2072-13, IV-V
H Buschenreiter, Wiener Str. 188, ☎ 2385, IV
H Anker, Bachg. 13, ☎ 2134, III
P Alte Mühle, Mühleng. 36, ☎ 7788, III
Pz Burger, Wiener Str. 134, ☎86787, II
Pz Kranister, Leopoldstr. 4, ☎ 2252, III-IV
Pz Lechner, Erzh.-Rainer-G. 3, ☎ 7241, II-III
Pz. Ott, Wiener Str. 56, ☎ 814362, II-III
Pz Strohmer, Kritzendorf, Hauptstr. 90, ☎ 33885, III
Donauhaus Nußdorf, Heiligenstädter Str. 275, ☎ 0222/376667, III
🏠 CVJF-Ferienheim, Maria Gugging (5,5 km westwärts), Hütersteig 8, ☎ 83501
⛺ Donaupark-Camping, beim Bahnhof Klosterneuburg-Kierling, ☎ 85876
⛺ ÖCC-Österreichischer Camping-Club, Freizeitzentrum in der Au, ☎ 85877

WIEN

Vorwahl: innerhalb Österreichs 0222, sonst 01
ℹ Wien-Tourismus, ☎ 21114-54
H Austrotel, Felberstr. 4 (beim Westbahnhof), ☎ 98111-0, V-VI
H Apollo, Kaunitzg. 4, ☎ 5870159, VI
H Beethoven, Millöckerg. 6 (City), ☎ 5874482-0, V-VI
H Carlton Opera, Schikanederg. 4, ☎ 5875302, V-VI
H City-Central, Taborstr. 8a (City), ☎ 21105, VI
Westbahn-Hotel Wien, Pelzg. 1, ☎ 9821480, V-VI
H Nordbahn, Praterstr. 72, ☎ 21130-0, V-VI
H Mozart, Julius-Tandler-Pl. 4 (nahe Donaukanal), ☎ 341537, IV
H Tabor City, Taborstr. 25, ☎ 211170, IV
H Kugel, Siebensterng. 43, ☎ 933355, IV
H An der Wien, Keißlerg. 24, ☎ 942114, IV
H Stadt Bamberg, Mariahilfer Str. 167 (nahe Westbahnhof), ☎ 837608, IV
H Kolpingfamilie - Wien Zentral, Gumpendorfer Str. 39, ☎ 5875631, IV-V
H „Zu den drei Kronen", Schleifmühlg. 25, ☎ 5873289, III-IV
P Abschar, Weihburgg. 18-20 (City), ☎ 5139674, IV-VI
P Anna, Zieglerg. 18, ☎ 930160, V
H Zur Stadthalle, Hackeng. 20 (Westbahnhof), ☎ 9824272, III-IV
P Aviano, Marco d'Àviano-G. 1 (City), ☎ 5128330, V-VI
P Haydn, Mariahilfer Str. 57-59, ☎ 5874414,IV-V
P Aclon, Dorotheerg. 6-8 (City), ☎ 5127949-0, IV-V
P Geissler, Postg. 14 (City), ☎ 5332803, III-V
Schweizer P Solderer, Heinrichsg. 2 (City), ☎ 5338156, III-IV
Gh Strebersdorfer Hof, Rußbergstr. 46 (linkes Donauufer), ☎ 2925722, III-IV
H Franzenshof, Große Stadtgutg. 19, ☎ 2166282, III-IV
H Wilhelmshof, Kleine Stadtgutg. 4, ☎ 2145521, III-IV ♿
P Strodl, Pelzgasse 6 (beim Westbahnhof), ☎ 9851226, V
P Minu 3, Neubaug. 11, ☎ 5264652, IV
H Hospiz, Kenyong. 15, ☎ 931304, III
Haus Technik, Schäfferg. 2, ☎ 5876569, III, Juli-Sept.
H Westend, Fügerg. 3 (nahe Westbahnhof), ☎ 5976729, II-III ♿
P Esterházy, Nelkeng. 3, ☎ 5875159, II
P Lindenhof, Lindeng. 4, ☎ 930498, III-IV
🏠 Schloßherberge am Wilhelminenberg, Savoyenstr. 2, ☎ 458503-700
🏠 Jugendgästehaus Hütteldorf-Hacking, Schloßbergg. 8, ☎ 8770263
🏠 Jugendherberge, Myrtheng./Neustiftg. 85, ☎ 5236316
🏠 Jugendgästehaus Brigittenau, Friedrich-Engels-Pl. 24, ☎ 3328294-0
🏠 Jugendgästehaus Kolpingfamilie, Bendlg. 10-12, ☎ 835487
🏠 Haus Döbling, Gymnasiumstr. 85, ☎ 347631-16, Juli bis Sept.
🏠 Hostel Ruthensteiner, Robert-Hammerling-G. 24, ☎ 8308265
🏠 Hostel Zöhrer, Skodag. 26, ☎ 430730
🏠 Turmherberge Don Bosco, Lechnerstr. 12, ☎ 7131494, März bis Nov.
⛺ Wien-West I, Hüttelbergstr. 40 (U4 bis Hütteldorf), ☎ 941449, 15. Juli bis 28. Aug.
⛺ Wien-West II, Hüttelbergstr. 80, ☎ 942314
⛺ Wien-Süd, Breitenfurter Str. 267 (S-Bahn bis Liesing), ☎ 8659218, 29. Juli bis 28. Aug.
⛺ Aktiv-Camping Neue Donau, Am Kleehäufl (Praterbrücke), ☎ 2209310, 11. Mai bis 18. Sept.
⛺ Schwimmbad-Camping Rodaun, An der Au 2 (S-Bahn bis Liesing), ☎ 884154, 25. März bis 20. Nov.

Index

Das aktuelle bikeline-Programm

Radtourenbücher

Altmühl-Radweg; Von Rothenburg o. d. Tauber nach Kelheim a. d. Donau. Karten 1 : 100.000
(100 Seiten, ISBN 3-900869-42-1)

Bodensee; Karten 1 : 100.000
(120 Seiten, ISBN 3-900869-37-5)

Deutsche Märchenstraße; Hanau - Kassel - Bremen. Karten 1 : 100.000
(120 Seiten, ISBN 3-900869-43-X)

Donau-Radweg, Teil 1; Von Donaueschingen nach Passau. Mit Tour de Baroque. Karten 1 : 100.000
(120 Seiten, ISBN 3-900869-23-5)

Donau-Radweg, Teil 2; Von Passau nach Wien. Karten 1 : 100.000
(120 Seiten, ISBN 3-900869-39-1)

Donau-Radweg, Teil 3; Von Wien nach Budapest. Karten 1 : 100.000
(120 Seiten, ISBN 3-900869-24-3)

Inn-Radweg; Von Innsbruck nach Passau. Karten 1 : 60.000
(120 Seiten, ISBN 3-900869-21-9)

Kamptal Karten 1 : 125.000
(110 Seiten, ISBN 3-900869-38-3)

Kärnten; Drau-Radweg und Kärntner Seen. Karten 1 : 60.000
(120 Seiten, ISBN 3-900869-19-7)

Main-Radweg; Bayreuth - Würzburg - Mainz. Karten 1 : 100.000
(120 Seiten, ISBN 3-900869-29-4)

Mur-Radweg; Karten 1 : 100.000
(100 Seiten, ISBN 3-900869-33-2)

Rund um München; Karten 1 : 60.000
(160 Seiten, ISBN 3-900869-17-0)

Neckar-Radweg; Karten 1 : 100.000
(120 Seiten, ISBN 3-900869-45-2)

Neusiedler See; Karten 1 : 60.000
(120 Seiten, ISBN 3-900869-16-2)

Niederbayern; Karten 1 : 100.000
(120 Seiten, ISBN 3-900869-48-0)

Radatlas Niederösterreich; Karten 1 : 125.000
(ca. 180 Seiten, ISBN 3-900869-44-8)

RadFernWege Österreich; Übersicht über alle österreichischen Radfernwege
(ca. 120 Seiten, ISBN 3-900869-49-9)

Radlkönig an der Mur; Mur-Radweg für Kinder. Karten 1 : 100.000
(100 Seiten, ISBN 3-900869-50-2)

Rhein-Radweg, Teil 2; Von Basel nach Mainz. Karten 1 : 100.000
(120 Seiten, ISBN 3-900869-25-1)

Rhein-Radweg, Teil 3; Von Mainz nach Rotterdam. Karten 1 : 100.000
(120 Seiten, ISBN 3-900869-35-9)

Romantische Straße; Würzburg - Augsburg - Füssen. Karten 1 : 100.000
(120 Seiten, ISBN 3-900869-20-0)

Saale-Radweg; Vom Fichtelgebirge zur Elbe. Karten 1 : 100.000
(120 Seiten, ISBN 3-900869-40-5)